地上２５８ｍにいてやっぱり君が好きだと思う

デニーズはまだ入れない
デニーズを見るたび君を思い出してる

ボロボロでギリギリにたどりついたときさっとあたしは笑ってしまう

いつだってギリギリだったよ
気にしてないふりしてたけどギリギリだったよ

大切な写真はいつもピンボケでそんなものだと割り切っている

どこまでも続いてる海
幸福をピンボケでしか捉えられない

どこだって行きたい場所に行けばいい
そこであたしの夢でも見てよ

眩しくて寂しい夜に起きていてまとまりのない夢を見ている

よく晴れたいつかの昼に会いましょう
あたしはそんなに変わってません

雨だけの国に行きたい
よく晴れた日にはあなたを思い出すから

バスの中
曇りガラスにlove&peace と書いて消してまた書く

曇り空ばかり見ている
わたしたち一緒に生きていけなかったね

あとがき

かなり久しぶりの短歌集になります。

お気づきの方もいらっしゃるかもしれませんが、本書の半分は『たぶん絶対』（マーブルトロン）として刊行した本の中の短歌を再収録しています。1首目から始まり、3首目、5首目、というふうに、奇数のものはすべて『たぶん絶対』収録のものです。

『たぶん絶対』が刊行されたのは2002年、今から約20年（！）ほど前になります。

読み返しながら、タイムカプセルみたいだと思いました。かつて自分が書いたのだとは信じられない短歌ばかりで（単に記憶力が悪いというだけかもしれませんが）、時におもしろがったり、時に恥ずかしさをおぼえたりしました。

正直に言うと、修正したいと感じたり、省いてしまいたいなと感じたりした短歌もありました。ただそれらも含めて、やはり改めて残しておきたいという気持ちのほうが、最終的には上回った感じです。

こちらも同様にお気づきの方もいらっしゃるかもしれませんが、偶数のものはどれも、奇数のものと対になるように、同じ単語を用いた短歌を収録しました。どれも『たぶん絶対』刊行後、20年のあいだに詠んだもので、半数以上は、本書のための書きおろしです。

タイムカプセルみたいだとさっき書きましたが、一方ではまた、手紙みたいだとも感じていました。20年以上前に書かれた手紙を読むように、そしてそれに返事を書くようにして、出来あがっていった本です。

本書の制作にかかわってくださったすべてのみなさまに、そしてお読みくださったすべてのみなさまに、心から感謝します。

二〇二四年　秋　　　加藤千恵

加藤千恵（Kato Chie）
1983年生まれ、北海道出身。立教大学文学部日本文学科卒業。
歌人・小説家。2001年に短歌集『ハッピーアイスクリーム』でデビュー。
小説、詩、エッセイの他、ラジオなどのメディアでも幅広く活動中。
主な著作に『そして旅にいる』『この街でわたしたちは』
『この場所であなたの名前を呼んだ』『マッチング！』
『一万回話しても、彼女には伝わらなかったこと』『あなたと食べたフィナンシェ』など。

友だちじゃなくなっていく

2024年12月2日　初版第1刷発行

著　　者　加藤千恵
発 行 人　中村 航
発 行 所　ステキブックス
　　　　　https://sutekibooks.com/
発 売 元　星雲社（共同出版社・流通責任出版社）
　　　　　住所：〒112-0005 東京都文京区水道 1-3-30
印刷・製本　シナノ書籍印刷株式会社

Printed in Japan
ISBN978-4-434-35052-8
C0092
本書は、2002年に刊行された『たぶん絶対』（マーブルトロン）に書き下ろしを含む87首を加え刊行されました。
https://sutekibungei.com/

フェリックス・ガタリの哲学

スキゾ分析の再生

Yuki Yamamori
山森裕毅

人文書院

フェリックス・ガタリの哲学　目次

フェリックス・ガタリの哲学——スキゾ分析の再生

導入

フェリックス・ガタリ。一九三〇年にフランスで生まれ、一九九二年にこの世を去った。彼は社会変革をめざしてさまざまなグループを率いた活動家であり、また精神を病んだ人々と向き合う精神分析家あるいは臨床の実践者であった[1]。著名な哲学者ジル・ドゥルーズと共同執筆した著作『アンチ・オイディプス』と『千のプラトー』は哲学・思想の領域に大きな衝撃を与え、現在でも広く読み継がれている。そのため知名度は低くないはずだが、今世紀に入ってようやく研究されることが増えてきた人物である。

このガタリが着想し、終生その更新に取り組んだ謎めいた実践に〈スキゾ分析〉がある。本書はこの実践についての研究書である。ここではできるかぎりガタリの著作を精読する仕方でスキゾ分析を追う。できるかぎりというのは、スキゾ分析にかんする重要な著作のうちの数冊はドゥルーズとの共著となっており、そこではガタリとドゥルーズの発想が識別しがたく混じり合っているからである。とはいえこ

(1) ガタリが「哲学者」だったのかという判断は難しいところである。それを確定することにどれくらい意味があるのかもわからない。とはいえまったくの私見でいえば、その思想がアカデミックに馴染まないという観点から、彼をphilosophasterと呼ぶべき哲学者だったと考えている。そしてそのことを肯定的な意味で捉えている。

の混じり合いもまたスキゾ分析の重要な成立要因であるため、避けて通ることはせずにまるごと本書の研究対象に含めた。

なぜガタリのスキゾ分析を扱うのか。私はドゥルーズの研究者としてキャリアをはじめたが、その過程でドゥルーズ研究の文脈にはまだ十分に探究されていない大きな謎がふたつあると考えるようになった。そのひとつが『差異と反復』で論じられる〈超越論的経験論〉であり、もうひとつが『アンチ・オイディプス』と『千のプラトー』で登場する〈スキゾ分析〉だった。何度読み返してもその核心をつかむことができないこれらの考え方をどうしても自分の手で解き明かしたかった。

前者にかんして私は自身の博士論文の主題として考察することでその研究にどうにか一区切りつけることができた。[2] そして次なる主題として〈スキゾ分析〉に取りかかることにした。私はドゥルーズ研究を続ければスキゾ分析の内実に迫ることができると考えていた。というのもスキゾ分析はこれまでしばしばドゥルーズの名とともに取り上げられていたからである。しかし研究を進めるうちに知ることになったのは、スキゾ分析はその根幹の部分がドゥルーズではなくガタリの発想に基づいており、かつスキゾ分析はガタリの実践としていつも彼とともにあったということである。だからスキゾ分析を研究するということはドゥルーズからガタリへと研究の軸足を移すことでもあった。こうして私はガタリの残した言葉を拾う日々へと入っていった（そして同時に精神科臨床の現場や精神疾患・精神障害を持つ当事者らの自助活動にも飛び込んだ）。

スキゾ分析の研究は難航を極めた。その理由は大きく三つある。ひとつ目は概念を濫造し濫用するというガタリの思考の傾向性にある。これが十分な説明なしに行われるため、読者は書かれた言葉を追うことが非常に困難になり、やがて理解をあきらめることになる。本書では概念群をできるかぎり整理し、また説明を尽くしたつもりだが、それでもまだ理解に苦しむ部分は多いだろう。

二つ目はガタリの活動の複数性と越境性にある。彼はトロツキーやサルトルに影響を受けた左派の活動家であった。彼は資本主義や国家による支配と抑圧に抗して、労働運動に加担したり、女性や子ども、若者、セクシャルマイノリティ、移民、失業者などが置かれているマージナルな状況を変革するための活動を行ったりしていた。やがてエコロジーの問題にも取り組んでいくことになる。他方で精神分析の重要人物であるジャック・ラカンから教育分析を受けた分析家でもあり、実際にクライアントとの寝椅子を用いた分析も晩年まで行っていたが[3]、精神分析が内包している危険性に対する辛辣な批判者でもあった。さらにはラボルド精神病院において精神を病んだ人々との共同生活に熱心に取り組みながら、精神医学の使われ方や精神医療制度の在り方などについてさまざまな問題提起を行っていった。こうした複数の活動はガタリのなかでは互いに関連し合っていて切り分けることは難しい。

そこにガタリの知的越境性が加わって、物事はより複雑になっていく。彼は自身の活動の知的参照としてマルクス主義や精神分析だけでなく、哲学や文学、言語学、記号論、動物行動学、生化学、人類学、考古学などを独自の理解のもとに取り込んでいく。スキゾ分析はこの越境性のなかで機能するよう構築されているため、これらを念頭に置きつつ考察する必要がある。しかし本書ではこれらすべてを考慮することはできなかった。それは情報の氾濫による理路の錯綜を防ぐためでもあるが、実情としては私自身の傾向性（関心と限界）に負うところが大きい。そのためここではおもに精神の病いをめぐる問題系を探究の軸としてスキゾ分析を追うことにする。

最後はスキゾ分析が実践としては失われてしまっているという点にある。ガタリはスキゾ分析を精神分析の批判を通して練り上げていった。残された記述を読めば実際に彼がそれを実践していたのは確か

（2）この博士論文は『ジル・ドゥルーズの哲学――超越論的経験論の生成と構造』（人文書院、二〇一三年）として公刊した。

（3）cf. Jean-Claud Polack, "L'analyse entre psycho et schizo", *Multitudes*, No. 34, 2008, pp. 54-62.

だといえる。しかしその実践を正式に受け継いだ者がいるという話を聞いたことはない。トレーニング・メニューなども残されていないか、そもそも作られていない。スキゾ分析にかんする数冊の著作が残されているが、概念の濫用によって理論的には曖昧で錯綜しておりその内実は把握しがたい。かつ事例の報告が少なく、あったとしても記述が薄い。つまり著作のなかからガタリの実践そのものを確認することも非常に難しい。端的にいえばスキゾ分析はガタリ一代で途絶えた謎多き実践なのである。

このような状況において本書が取り組むのは、この失われた実践を文字通り実践として可能なかぎり再生してみるということである。それを試みるために必要なことは、次のような問いに答えていくことだろう。

・スキゾ分析は誰を／何をターゲットにしているのか
・スキゾ分析はどのような効果をもたらすのか
・スキゾ分析はいつ／どこで／誰が／どのように行うのか
・スキゾ分析は精神分析やその他の実践と何が同じで、何が違うのか
・スキゾ分析はどのような前提や理論、世界観を備えているのか

本論に先立って述べておけば、これらの問いに十全に答えることはできていない。しかし突き詰め切れていないところが残るとしても、これまでの先行研究にはないクオリティでの応答はできていると考える。また右の問いに対する答えは、ガタリの考えが更新されるのに連動して変わっていく。この点にかんしてはガタリの活動を時系列に沿って辿っていくことである程度応答できているだろう。

本書はガタリのスキゾ分析研究の第一巻として、五〇年代にはじまるガタリの活動初期から八〇年に公刊となった『千のプラトー』の手前までを対象範囲としている。この範囲の設定理由はスキゾ分析に

内在するものというよりは、本書の構成上の理由が大きい。というのも『アンチ・オイディプス』と『千のプラトー』の研究を一冊に収めるのは内容的に重たくなりすぎてしまうし、同時に本としての美しさを欠いてしまうからである。研究の全体としては二巻をもって完結することを予定している。

＊

以上を受けて本書の構成は以下の通りとなる。先ほども述べた通り、本書はガタリの思考の軌跡を愚直に時系列に沿って追っていく。その時間の線を本書では大きく三つに区切り三部構成とした。

その第一部はスキゾ分析が大々的に世に出た『アンチ・オイディプス』の公刊以前、つまり七二年以前の活動についてまとめたものである。

具体的には、第一章をガタリの実践していた制度精神療法と制度分析の考察に充てている。第一章第一節では制度精神療法を扱っているが、これはガタリの師であり友であるジャン・ウリの考える制度精神療法を簡易にまとめたものであり、ガタリ自身の思考を直接追ったものではないという点には注意が必要である。続く第二節からガタリ自身の思考を直接扱っていくが、ここで扱うのは制度分析という制度精神療法からガタリが発展させた分析技法である。この時期のガタリについては〈横断性〉という概念や「機械と構造」という論考ばかりが注目されてしまい、制度分析の内実の解明は長いあいだ足踏み状態にあった。そうした研究状況を踏まえて、ここでは制度分析を構成する重要概念群の洗い出しとそれらの連関の仕方についての考察を徹底して行うことで、制度分析の内実に迫ろうと努めている。

第二章は『アンチ・オイディプス』の草稿段階でのスキゾ分析を主題にしている。『アンチ・オイディプス』の草稿はガタリがドゥルーズへ送った手紙や日記からなるため非常に断片的であるが、『アンチ・オイディプス』自体にはないガタリ独自の構想が書きつけられている。本章はそれらを極力筋の通る形で取り出すことを試みた。第二章第一節ではガタリが手紙のなかでドゥルーズの自然哲学に対して反論をしている箇所に着目し、そこにガタリ独自の機械哲学の構想を見出そうと努めた。第二節では、いよいよ本書のターゲットであるスキゾ分析を直接取り上げ、『アンチ・オイディプス』に先立ってガタリの考えるスキゾ分析の初期設定を浮き彫りにしていく。スキゾ分析の再生を目指す本書にとっては重要な節である。ただし第二章は、考察の基となるテキストの性質上、全体的に非常に難解な論述となってしまったため、読みにくければ飛ばしてもらっても構わない。

第二部は『アンチ・オイディプス』と『カフカ』を〈アンチ・オイディプス的思考圏〉としてひとまとめにして扱う。時期は七二年から七五年まで。このまとまりはガタリ自身がそう考えているものである。ただし、この二著作はガタリ単独ではなくドゥルーズとの共著になるので、著者の名前が必要な場面ではD－Gという略号を用いた（それでも本書としては極力ガタリに軸足を置くよう心がけて論を進めている）。

第二部第三章は『アンチ・オイディプス』のスキゾ分析を論じた章であり、三つの節からなる。第一節は『アンチ・オイディプス』におけるスキゾ分析の原理の体系的な整理に努めたものである。ガタリ自身としてはこのような整理に意義を見出さないだろうが『アンチ・オイディプス』を読むうえでのガイドとして使いやすいだろう。第二節は『アンチ・オイディプス』の世界史的記述の意義を「罪責性」や「負債」、「縁組と出自」といった概念群を通して明らかにしたものであり、本書で最もドゥルーズ寄りの議論となっている論考である。第三節は実践としてのスキゾ分析の再生に向けて、スキゾ分析の実践例として登場するンデンブ族の呪医の治療実践について考察を行った。このなかではD－Gが精神分析の誤謬と考えるものについても触れている。スキゾ分析の実践を考えるうえで非常に重要な節といえる。

第四章は『カフカ』からスキゾ分析の実践を取り出すという実験的な章である。これはD－Gがカフカの作品やその制作過程、つまり書くという営み自体がカフカにとってのスキゾ分析だったと考えている点を率直に引き受けて、それをスキゾ分析カフカ式として展開したものである。本書のなかでスキゾ分析の再生に最も近づくことができた章といえるかもしれない。

　第三部はガタリが〈アンチ・オイディプス的思考圏〉を離れてより先へ進もうとする時期で、かつ『千のプラトー』の直前までの時期の著作を扱っている。本書では『千のプラトー』への助走期として位置づけている。時期としては七二年から八〇年までとなる。七二年とは『分子革命』に収められている最も早い時期の論考の初出年であり、八〇年とは『逃走線』（邦題『人はなぜ記号に従属するのか』）の元となる行政宛ての報告書が提出された年である。

　第三部第五章は『分子革命』を扱ったものである。この著作ではスキゾ分析という言葉がまったくではないがほとんど登場しないため、スキゾ分析について考察するのはテキスト上難しいが、それでも二つの節で考察を行った。第一節では『分子革命』で為されたガタリによる反精神医学への批判に着目して、反精神医学とスキゾ分析の比較を通してスキゾ分析の特性を明らかにするように努めた。第二節ではガタリがこの時期に徹底して取り組んだ記号論についての議論に焦点を当て、スキゾ分析の観点からその議論に込められたガタリの狙いと彼の記号論の内実について掘り下げた。ガタリ独自の記号論の構想は六〇年代からあったが、それがはっきりと形を取り出したのはまさにこの時期であり、『機械状無意識』や『千のプラトー』など、これ以降の著作を読むうえでは必ず押さえておくべき論点である。

　第六章は本来であれば『機械状無意識』を扱うのが筋だろうが、私が前著に補論としてその論考を収めてしまったため、ここでは『機械状無意識』と同時期に書かれた姉妹編のような著作である『逃走線』を扱った。この著作（元々は報告書）自体が非常に密度の高い優れたものであるが、その密度ゆえに扱い方が難しく、ここでは〈顔貌性〉という概念に絞ってスキゾ分析との関連を考察している。

　第三部は全体を通してスキゾ分析に対する直接的・積極的な接近が難しかったが、それでも『千のプラトー』への助走として必要な議論はできていると考える。

　難解な部分の多い本書の締め括りとして簡潔なまとめをつけた。スキゾ分析の再生という試みがどこまで進んだのか（つまりどれほど進まなかったのか）を確認することができるだろう。同時に、続く『千のプラトー』以降の研究で何に注意を向ける必要があるのかについての指針ともなるだろう。何にせよ現時点での成果の記録として記しておく。

＊

最後に補論を付した。これはガタリがデンマークの言語学者ルイ・イェルムスレウをどのように受容したかを辿った論考である。テキストとしては『アンチ・オイディプス草稿』と『分子革命』をおもに扱っている。スキゾ分析の研究と直接の関係はないが、それでもガタリの思想を捉えるうえで有益な補助線となるだろう。

＊

ガタリと親交が深く、その翻訳を一手に引き受けたといっても過言ではない杉村昌昭は最近の論考で次のような忠告を書き記している。「ガタリの思想を体系的解説の対象として」扱うことで「ガタリの思想も［彼の思想の］受容主体の自立性（…）も共に死滅することになるだろう[4]」。これはガタリ自身が望んだことでもないと杉村は述べている。杉村の忠告はよく理解できるが、これに反して本書はスキゾ分析の体系的あるいは理論的な考察を行けるところまで突き詰める。それが本書の一貫した態度である。はたしてそれがガタリを裏切り、死滅の道を行くことになるのだろうか。私はそうは考えない。むしろ現状では、ガタリの思想やスキゾ分析について体系的・理論的な考察を行うことが本当にその実践上の価値を貶めるのかどうかの検証材料をもっと出していくべきではないだろうか。説明できないほど不十分にしかその理論が考察されていない状態で為される実践など、それこそ有害化するか死滅するだろう[5]。

ガタリやスキゾ分析についてよりよく理解するためのたったひとつの冴えたやり方があるといえるほど研究は蓄積されていない。「あれはダメ、これはするな」というよりは、とりあえず千の方法を試してみるという段階にいると私には思われる。本書はその方法のたかだかひとつを試みようとするものに過

ぎない。(6)

（4）杉村昌昭、「フェリックス・ガタリのアール・ブリュット的思想機械」、『フェリックス・ガタリと現代世界』、ナカニシヤ出版、二〇二二年、三一八頁。［　］内は引用者による補足。

（5）少なくともガタリは『機械状無意識』において、スキゾ分析の八原則の最後にして事実上第一の原則のなかに「理論的な練り上げがいっそう必要である」と書き記しており、スキゾ分析の理論性を排除も軽視もしていない。むしろ「理論的な練り上げを止めるな！」というのがガタリの考えである。cf. *L'inconscient machinique : Essais de schizo-analyse*, Recherches, 1979, p. 221.（＝『機械状無意識――スキゾ分析』、高岡幸一訳、法政大学出版局、二〇〇四年、二二〇頁。）

（6）野中モモ・ばるぼら、『日本のＺＩＮＥについて知っていることすべて』、誠文堂新光社、二〇一七年、九頁を参照。

第一部　スキゾ分析前史――一九七二年以前

第一章　制度の頃

本書第一部は「スキゾ分析前史」である。ガタリがスキゾ分析を着想する以前に彼が何に関心を持ち、何に携わっていたか、それがどのようにスキゾ分析につながっていくのかを見ていく。

スキゾ分析が公に登場するのは一九七二年の『アンチ・オイディプス』の出版においてである。それ以前の一九五〇年代から六〇年代にかけてガタリは「制度」の問題系に取り組んでいた。彼はラボルド精神病院の院長であるジャン・ウリと出会い、ウリの指導を受けつつ、その病院で行われていた〈制度精神療法〉(psychothérapie institutionnelle) と呼ばれる実践に力を注いでいた（また、この期間中に精神分析の訓練を受けて分析家になっている）。それと連動して、ガタリは制度精神療法を発展させて、病院での実践という枠を超えて自身の政治的・社会的活動の領域においても機能する〈制度分析〉(analyse institutionnelle) を構想していく。

第一節はガタリが影響を受けた制度精神療法の基本的な考え方をおもにウリの論考から手短に見ていく。続く第二節ではガタリが自身の独創性を発揮しはじめる制度分析がどのような実践だったかを考察する。本章で制度精神療法と制度分析を概観しておくことで、スキゾ分析とこれらの実践の混同を避けることができるだろう。

第一節　制度精神療法

ここで紹介する制度精神療法は、フランスのロワール＝エ＝シェール県にあるラボルド精神病院で現在も実践されているものである。その主導者のひとりがジャン・ウリである。彼はラボルド病院の院長を務めた精神科医であり、また精神分析家でもあった。ウリは多くの著作を残しており、そのいくつかは日本語に翻訳されているので、ここではそれらを参照しつつ制度精神療法の基本的な考え方に触れる。ただし、制度精神療法はその実践の理論的根拠を難解極まるラカンの精神分析に置いており、そのため制度精神療法にも高度に複雑な部分がある。ここはあくまでガタリの思想形成につながる導入部であるため、あまり深入りせずに嚙み砕いて説明していく。

歴史・背景

まずは制度精神療法が登場する歴史と背景について簡単にまとめておきたい。フランスでは一八世紀末から一九世紀にかけて、精神病院を社会の治安維持のために狂人を収容しておく監置施設から、精神の病いに苦しむ患者を治療する医療機関にする活動が行われた。これは人道的な運動として広まったが、やがて病院が持つ「施設の論理」としばしば呼ばれる管理的な側面が現れてくることで、患者に対する非人間的な（ときに残虐な）対応が常態化する環境が生じてきた[1]。こうした環境では患者の治療や回復が見込めないという発想のもと、病院環境そのものを病んだものと捉えて治療していこうという運動がさまざまな場所で起こりはじめる。たとえば一九二〇年代にはヘルマン・ジモンが患者を拘束せず、彼らに農作業などを行ってもらうことで病状を軽減する療法、いわゆる作業療法をはじめている。これは患者を拘束して何もさせない状況に置いておく病院の収容的な環境を打破しようとするものであった。その他、病院環境の治療を目的とするさまざまな試みが各地で行われ、そうした試みを五二年にジョルジュ・ドーメゾンらがはじめて「制度精神療法」という名称でまとめたとされる。

ウリの実践に直接影響を与えたのは、サンタルバン病院のフランソワ・トスケイェスによる思想と実践である。スペインの精神科医であったトスケイェスは、その政治的立場により一九三九年に当時のファシズム政権から死刑を宣告され、死刑から逃れるためにフランスへと亡命し、そしてサンタルバン病院にたどり着く。そこで彼は戦中・戦後の物資の乏しい状況を医療スタッフや患者たちと一緒に農作業などのさまざまな活動をすることで乗り切ったが、そのことで患者たちの病状がよくなっていることを認めた。このことがやがて制度精神療法と呼ばれることになる思想と実践の種となり、大切に育まれていくことになる。ウリは四七年からそのサンタルバン病院で研修を受け、他の病院での勤務を経て五三年にラボルド病院を開設し、そこで自身の理論と実践を深めていく[2]。

ウリによれば制度精神療法は精神病、とりわけ統合失調症（スキゾフレニー[3]）の治療に焦点を当てたも

（1）　日本国内においては二〇二〇年代に入ってからも神出病院事件や滝山病院事件など、精神病院の入院患者への虐待事件が起こっており、歴史上の問題では決してなく、現在進行形の問題として捉えなければならない。

（2）　合田正人「制度とゲシュタルト――トスケイェス・ウリ・ガタリ」、『医療環境を変える』、京都大学学術出版会、二〇〇八年、二九〇―二九一頁を参照。

（3）　統合失調症もスキゾフレニーも両方ともフランス語で schizophrénie のことである。本書ではこれらの表記を便宜上使い分けることがあるが、それはガタリの思想と関連してのことである。簡略に述べれば、ガタリは前者を精神医学によって作り出される病いであり、統合失調症者をその臨床実体と考えている。それに対して後者を精神医学から（それだけでなく権力構成体や資本主義から）解放された〈生きられた状態〉とみなし、スキゾフレーヌをその状態を生きている主体と考えている。現時点でこの説明はあまり適切とはいないが、本書全体を読み進めていくうちに（あるいは二回、三回と読み返していくうちに）使い分ける理由やその必要性が徐々に理解できていくだろう。

のである。この背景のひとつにあるのは精神分析との関係である。精神分析は神経症の治療として発達してきた技法であり、精神病の治療は精神分析では理論上できないか非常に困難であると考えられてきた。実際、病院に入院する患者はしばしば精神病者であった。彼らの治療を病院環境のなかでどうするのかということは現在でも大きな課題であるが、この難題にウリは精神分析を用いつつ正面から向かい合ったのである。

前提となる考え

制度精神療法においてまず押さえておくべき点は、それが処置の仕方が具体的に定まっている治療技法ではないという点である。(4) とはいえそれが治療実践であることは間違いない。しかも高度に複雑な概念群を用いる治療実践である。ウリは疎外と精神病の両方を意味するフランス語 aliénation に注目する(疎外とはヘーゲルやマルクスによって練られた哲学用語であり、複雑な含意がある。ここでは社会構造や環境、集団から、さらには自分自身からも自分の特異性をないがしろにされている状態と捉えておこう)。精神病の治療のためには社会的疎外と精神的疎外(精神病)の両方に目を向ける必要があると説く。そして患者個人の精神病の治療に取り組もうとするためには、まず患者が社会的に疎外されている状況を改善しなければならないと考える。さらにそのためには医師や看護師などの医療スタッフ自身が病院の医療体制下で疎外されてしまわないように配慮しなければならないという。つまり制度精神療法は患者だけでなく、医療スタッフも含めた医療環境の治療(疎外の解消)に取り組む実践である。(5) しかし、この実践は病院のなかでの役割や責任の所在、ヒエラルキー、そして自分自身の在り方・振る舞い方をつねに問い直すことになるため抵抗にぶつかりやすい。こうした抵抗との闘いのために、制度精神療法は定まった技法を設定するのではなく、その都度の状況の分析とそれに合わせた工夫をしていくという実践の形になったのだろう。

次に押さえておきたいのは制度精神療法における精神病者の理解である。制度精神療法はその治療対象の中核に統合失調症者を据えている。[6] そして統合失調症者に三つの特徴を見出している。ひとつは身体の境界の範囲が限定されていないということ、次にそこにいながらにしてどこにもいないということ、三つ目は転移が分裂しているということである。[7]

ところで「そこにいながらにしてどこにもいない」とはどういうことだろうか。端的にいえば、自分の空間を持つことができないということである。もっと踏み込んでいえば、自分が自分としていることができる空間がないということである。ここで「いることができる」というのは、その空間に現れてい

（4） cf., Jean Oury, "Psychanalyse & psychiatrie et psychothérapie institutionnelles", *L'apport freudien: éléments pour une encyclopédie de la psychanalyse*, Sous la direction de Pierre Kaufmann, Larousse, 1998 (1993), pp. 822-839.（「精神分析と病院精神医学及び精神療法」、『フロイト&ラカン事典』、ピエール・コフマン編、佐々木孝次監訳、弘文堂、一九九七年、五五二―五六〇頁。）

（5） より詳細にいえば制度精神療法には、医療スタッフだけでなく調理師や庭師、清掃業者など、その医療環境に出入りするすべての人々がかかわることになる。精神病院における看護師と医師の疎外状況にかんしては、ウリとガタリの対談「看護師‐医師の関係について」（一九五五年）がガタリの論集『精神分析と横断性』に収められている。やや時代がかっている部分もあるが、ひとつの病院の内部での看護師と医師の関係にだけ焦点を当てるのではなく、国家と精神科医との関係、社会のなかでの精神病院の位置づけ、社会のなかでの狂気のイメージ、狂気と精神疾患の差異など、より広い問題圏内にて看護師と医師の関係について考察するよう促しており、論点としては現在でも有効である。

（6） cf., Jean Oury, "Psychanalyse & psychiatrie et psychothérapie institutionnelles".（「精神分析と病院精神医学及び精神療法」。）

（7） cf., Jean Oury, *Le Collectif : le séminaire de Sainte-Anne*, Champe social éditions, 2005.（『コレクティフ――サン・タンヌ病院におけるセミネール』、多賀茂ほか訳、月曜社、二〇一七年。）

ることを意味するが、現れているためにはその空間にともにいる他者によって自分が歪められることなく認知される必要があると制度精神療法では考える。逆にいえば統合失調症者は他者とともにいることに困難を抱えているがゆえに空間に現れることができないか、歪んだ形でしか現れることができない。これが「そこにいながらにしてどこにもいない」ということである[8]。

「転移が分裂している」というのも難しい考え方だが治療において非常に重要な要素である。転移とは患者がかつて形成していた対人関係（たとえば父親や母親といった患者にとってキーパーソンといえる人物との関係）の在り方が分析家とのあいだで再演（反復）されることを指す精神分析の用語である。もっと簡単にいえば、あるひとに向けられている強い関心が、以前別のひとに向けられていたものと同じ質のものであるということである。神経症の治療では患者による分析家への転移を分析に利用する。つまり転移が起こらなければ治療はうまく進められない。精神分析では統合失調症者には転移が生じないと考えられていたが、制度精神療法では統合失調症者にも転移は生じるが、それが分裂していてひとにかぎらず物や場所に部分的に生じることになると考える[9]。これは統合失調症者の身体の境界が曖昧で限定されないこと、つまり自分の身体がひとつにまとまっておらずバラバラであることと連動していると考えられている。

ここから制度精神療法の治療観が導かれる。ラボルド病院とかかわりの深い精神科医のダニエル・ルロによれば「散らばった備給［＝分裂した転移］の断片を生じさせ、それらを収集し、弁証法によってひとまとまりにしていくために、集合態（collectif）を用いた手段を獲得すること、それが「制度精神療法」と私たちが呼ぶものの歩んでいく方向である[10]」。つまり、この精神療法では統合失調症者の分裂した転移を集めてひとつにまとめていくことがその治療になると考えるのである。そしてその手段となるのが「集合態」だといわれる。しかし集合態とは何なのか、なぜ集合態なのか。

実践

以上の治療観から導き出される実践を追っていこう。分裂した転移を取りまとめるために重要になるのは集合態であるといわれた。分裂した転移とはひとや物、場所、動物などに部分的に転移が起こる（関心が向かう）ことである。ということは周りにひとや物がなければ転移は起こりにくいか、その数が少ないということになる。逆にひとや物が複数あれば転移は豊かになるといえるかもしれない。また、そのなかで自身にとって大切なものを選択できるようになるかもしれない。こうして選択された大切なひとたちや物たちはそれらを選んだ統合失調症者にとっての「布置」と呼ばれる。[11] 集合態の重要性のひとつはこの複数性にあるといえる。

ところで広く精神医学の観点から、統合失調症者はその疾患の特性として世界との接触を欠いて自分の妄想のなかに閉じこもりやすいとされる（自閉）。また病院環境がひどい場合、医療スタッフは患者を

（8） これをウリは「「他者とともにいる」ことの障害」あるいは「出現の障害」と呼ぶ。cf., Jean Oury, “Psychanalyse & psychiatrie et psychothérapie institutionnelles”, pp. 830-838.（「精神分析と病院精神医学及び精神療法」、五五五―五六〇頁。）

（9） cf., Jean Oury, “Psychanalyse & psychiatrie et psychothérapie institutionnelles”, et Danielle Roulot, “Schizophrénie”, *L'apport freudien: éléments pour une encyclopédie de la psychanalyse*, Sous la direction de Pierre Kaufmann, Larousse, 1998 (1993), pp. 499-512.（「精神分析と病院精神医学及び精神療法」、ダニエル・ルロ「精神分裂病」、『フロイト&ラカン事典』、一七一―一八一頁。）

（10） Danielle Roulot, “Schizophrénie”, p. 511.（ダニエル・ルロ「精神分裂病」、一八〇頁。［ ］内は引用者による補足。）

（11） cf., Jean Oury, “Psychanalyse & psychiatrie et psychothérapie institutionnelles”, p. 830.（「精神分析と病院精神医学及び精神療法」、五五五―五五六頁。）布置の原語はconstellationで「星座」という意味も持つ。要するに個々別々のものが結びつきを持ってひとつの意味を持ったまとまりをなす事象を表している。

拘束あるいは監置したり、薬で鎮静をかけたりするなどして患者が何もできない状態におくこともありえる。こうした状態や状況では統合失調症者は何にも出会えないので分裂した転移が起こりにくい。そのため制度精神療法では「歩き回る自由」、「循環する自由」という考えを大切にしている。病院内を歩き回ることができることでひとや物に出会う機会が確保されるのである。この出会いによって統合失調症者は豊かな布置を描くことができるようになるかもしれない。この布置を形成する人々が、その統合失調症者に解決しがたい問題が生じたときに緊急のミーティングに集められる人々となる。ただし、制度精神療法が警戒しているのはこの布置がひとつのグループを形成してしまうことである。グループはしばしばそのメンバーで同一化（画一化）してしまい、相互で依存し合って閉じこもってしまう。これは統合失調症者が自分のなかに閉じこもってしまうことと同型であり、出会いの機会を失ってしまうことになる。

では出会いの機会を失ってしまうことの何がいけないのか。それは統合失調症者の特徴のひとつとされる「そこにいながらにしてどこにもいない」ことにかかわっている。「歩き回る自由」と「出会い」という概念は「空間」についての考え方と連動する。空間は、ウリが制度精神療法は「空間の水準で仕事を行う」[12]といっているほど、重要な論点となっている。というのも、統合失調症者が自分の居場所、つまり自分が存在する空間を再獲得することが治療であり、回復となるからである。分裂した転移との関係でいえば、転移は場所に対しても起こりうるので歩き回る自由のなかで自分の関心のある場所を見つけることは治療や回復の観点からよいことだと考えられる。それが自分にとって居心地のいい場所であればなおよいだろう。しかし、そういった場所を見つけるためには空間もまた画一化していてはいけない。そのために制度精神療法では空間の異質性とそこを移行していく動きが大切だと考えられるのである。病院内のリネン室や台所、バーや庭、あるいは病院の外の散歩道やたばこ屋なども含めてさまざまな場所が他のようであってはならないし、どこか一か所に留まるよりもそれらを循環するほうがよいとされる。「移行すること」は統合失調症者の治療や回復を考えるうえで制度精神療法にとって重要な分析の要素となるようだ。

また、その空間論において最も重要な論点がある。それは「言う行為」（dire）のある空間、「言うことの空間」という概念である。これは統合失調症者が「言う」という行為ができる空間かどうかということである。どういうことだろうか。ここには次のような考えがある。統合失調症者は「そこにいながらにしてどこにもいない」ことにその病的な苦しみがある。この状態を脱するためには、空間のなかに現れなければならない。つまりウリは、統合失調症者はその病によって「出現の障害」を負ったのだから、空間に自身を再出現させる実践が必要と考える。[13] その空間への再出現を可能にするものが「言う行為」である。言う行為とは言われた内容でも、何かを描写的に話すことでも、おしゃべりすることでもなく、自分自身を表明することだとされる。そして自分の気持ちを表していれば言葉によるものでなくてもよい。[14] すると、この言う行為ができる空間をどのように作るのかが制度精神療法の実践として求められるが、いったい何がこの行為を可能にするのだろうか。それは（ここでもまた）転移である。つまり転移が生じる空間であれば言う行為ができると考えるのである。

言う行為ができるということは制度精神療法の治療観において大きな意味を持つ。そこでは統合失調症者は、身体の境界が曖昧で空間のどこにもいない者であった。そのことは他者とともに生きることができない者であることも意味している。しかし、言う行為とは自分自身を表明することであり、もっと

（12） Jean Oury, *Le Collectif*, p. 88.（『コレクティフ』、一六二頁。）
（13） cf., Jean Oury, "Psychanalyse & psychiatrie et psychothérapie institutionnelles", pp. 836–839.（「精神分析と病院精神医学及び精神療法」、五五九－五六〇頁。）
（14） cf., Jean Oury, *Le Collectif*, p. 65.（『コレクティフ』、一二一頁。）

いえばそれは転移した相手に対して表明することである。つまり言う行為は空間に現れるだけでなく、他者の前に自分を現すことでもある。このとき統合失調症者はその病いから（完全ではなくとも）治癒している、あるいは治癒に向かっているといえるのではないだろうか。

ここまでくれば次のようにまとめることができる。統合失調症者の治療のために言う行為ができる空間を作るには、分裂した転移を十分に活かすための集合態の存在や「歩き回る自由」、出会いの機会、そして異質性を保障する必要がある。ウリはそれを病院という舞台において行う。もっといえば医療体制下にある病院を治療し、医療スタッフの社会的疎外を解消していくと同時にそれを行っていく。このことは病院内の制度をどう構成するかという次元にかかわる作業であり、だからこそ「制度」精神療法と呼ばれるのである。

本節のまとめ

以上が制度精神療法の概要である。若きガタリはラボルド精神病院に一九五五年から住み込んで働くようになり、以上のような理論と実践にどっぷりと携わることで精神の病いをめぐる問題圏に踏み込んでいった。しかし、彼はその理論と実践に満足して留まることはなかった。彼はラボルド病院での日々の臨床実践だけでなく、街頭や工場での政治闘争の現場でも「制度」についての見方を応用しようと考えるようになった。やがてそれはガタリによって「制度分析」と呼ばれるものになる。これが次節のテーマである。

第二節　制度分析のプロトコル――幻想・集団・横断性

ここからガタリの思想に踏み込んでいこう。一九七二年、つまり『アンチ・オイディプス』と同じ年に出版された『精神分析と横断性』という著作は、五五年から七一年までのガタリの初期論考を集成したものとなっており、そのほとんどが六〇年代に書かれている。

ガタリにとって六〇年代とはどんな時代だったのか。ここで詳細に述べることはしないが、『精神分析と横断性』を読むうえでは少なくとも次のことを知っておくことは有益だろう。まず、マルクス主義の観点から集団論を扱ったサルトルの『弁証法的理性批判』の出版が六〇年である。サルトルの思想は、精神医学批判や精神病院の改革に悪戦苦闘しながら取り組んでいたレインやバザーリアといった精神科医らの背中を強く押した[15]。ガタリも同様に大きな影響を受けており、『精神分析と横断性』のなかにはしばしばサルトル由来と思われる概念が登場する。次に、ガタリがラカンのセミネールに出席しはじめたのが五〇年代中頃からである。その後、ラカンの教育分析を受けはじめたのが六二年、分析家として認められ、ラカンの立ち上げた分析家の組織であるパリ・フロイト派に参加したのが六九年である。もちろん実際に分析の実践も行っている。そして哲学・思想的には構造主義が勢いを増して大きな潮流となり、その反面で実存主義が退潮していった時期でもある。

社会運動にも積極的にかかわっていた。工場労働者の闘争に加わったり大学生の共産主義グループと交流したり、「左翼反対派」などの左派のグループに属したりしていた[16]。その流れのなかで六八年の「パ

（15）　精神医療の領域を揺り動かしたこの運動については本書第五章第一節で詳しく取り上げる。

リ五月革命」を経験している。制度精神療法との関係では、もちろんラボルド病院での仕事を続けつつ、ウリの立ち上げたおもに精神科医からなる「制度にかんする心理学的・社会学的作業グループ」(GTPSI)[17]に参加している。また六五年にはガタリが「制度についての研究・調査グループ連合」(FGERI)[18]を設立している。この連合は精神科医、看護師、精神分析家といった精神科領域の専門職だけでなく、人類学者や教育者、建築家、都市計画の専門家など多分野の人々が参加した学際的な集まりであった(機関紙 *Recherches* を発行)。以上のようなさまざまな活動や環境、時代の雰囲気が『精神分析と横断性』のなかには流れ込んでいる。

本書の主題は「スキゾ分析とは何か」だが、『精神分析と横断性』のなかではまだスキゾ分析という言葉は出てこない。ではガタリはここで何をしているのか。彼が熱心に取り組んでいるのは当初は制度精神療法の練り上げだった。しかし、その過程は制度精神療法から徐々にはみ出していき、やがて〈制度分析〉と呼ばれる実践と理論の構築へと移っていく。たとえば、制度精神療法について考察したいくつかの論考のあと、その仕事について「集団と個人」[19]という論考で次のようにまとめている。

> さまざまな場所、さまざまな情勢下で、さまざまなことを私は主張してきた。たとえば私は〈超自我の受容与件〉について話したし、個人の超自我に十分な効果を与える隷属集団の能力についても話した。この万力[＝超自我]を緩めるよう努めつつ、またそのことに多少とも成功しながら、私は制度分析の実施要領《プロトコル》を提案しようと試みた。(PT, p. 151／二三九—二四〇頁。[ ]内は引用者による補足)[20]

ここで登場する「〈超自我の受容与件〉」や「隷属集団」は制度分析にとって非常に重要な概念であるため後で丁寧に論じることにしたい。この引用から確認したかったことは、ガタリがこれまで制度精神療法について考案してきたはずの事柄がここに来て制度分析へ収斂していく様子であり、また彼がそのプロトコルを提案しようとしていたという事実である。制度分析は、制度精神療法という土壌から発芽したガタリのオリジナルの実践であり、かつスキゾ分析とも異なる実践である。では、制度分析はいかなる実践なのか、そのプロトコルはどのようなものなのか。これらの問いを答えておくことはスキゾ分析を理解するうえでも重要な参照点となるだろう。

以上から本節の主題を「制度分析とは何か」とする（ただし、制度分析の形成過程の性質上、本節を進め

(16) あるグループでは『共産主義の道』という雑誌の発行にも携わり、クロード・アリウーという筆名で論説を書いていた。

(17) Groupe de travail de psychologie et de sociologie institutionnelles の略称。

(18) Fédération des groups d'études et de recherches institutionnelles の略称。

(19) 「集団と個人」は六六年の論考で、自身の経歴を振り返る語りからはじまり、それまでガタリのなかでまだ二つの側面に留まっていた政治的活動と制度精神療法の経験とが、はじめて同じ土俵に乗ることになる記念碑的論考である。ここにおいて制度精神療法がはっきりと制度分析に拡張されたと捉えてもいいだろう。それまで制度分析は、制度精神療法の補助作業に見えていたり、社会の動きを分析するために制度精神療法を適用・応用したものに見えていたりしたのだが、ここに来てその二つの側面が統合を果たしたと考えられる。こうした統合の背景にはフロイトとマルクスの統合、つまり精神分析に「政治」を、階級闘争に「欲望」を導入するという企図があった。こうした統合がスキゾ分析の生まれる素地を作ったといえるだろう。また「脱コード化」、「脱領土化」など『アンチ・オイディプス』を構成する基礎概念もこの論考で登場している。

(20) ガタリとドゥルーズそれぞれの単著、および二人の共著からの引用については（著作の略号、原著頁数／邦訳頁数）という形で表示する。それぞれの著作とその略号については巻末の文献表を参照のこと。引用文は既存の邦訳のあるものにかんしてはそれらを参照しつつ、原著から筆者が翻訳したものである。そのため引用文は既訳と完全には一致しないのだが、それでも引用文が元々置かれていたより広い文脈を読者が確認しやすいようにと邦訳頁数を表示した。

ていくなかで制度精神療法と制度分析を厳密に区別することが難しい箇所が複数出てくる。そのため、どうしてもうまく区別できない箇所にかんしては便宜上「制度精神療法／制度分析」と表記する）。この主題を追うための入り口として、ガタリの初期思想のなかで最も知名度の高い概念である横断性（transversalité）から見ていくことにしよう。

横断性とは

横断性という概念の整理からはじめる。この概念が作り出されたのは制度精神療法の練り上げ作業においてである。第一節で見たように、制度精神療法の目的のひとつは病院の医療環境から疎外をなくすことである。ガタリは自身の問題意識を、ウリのいう「疾病形成」という概念を用いて次のように述べている。

> 実際、これら強制収容所さながらの巨大機械装置［＝精神病院］は、さまざまな心身の不調の見通しの悪さ、病者たちの孤独、彼らが存在することの意味のなさをさらに強くする。この機械装置は、反作用によって精神を病んだ人々に対する一種の社会的疾病形成を発達させ、彼らを無感覚にさせたり自閉させたりするのだ。それは精神病理学的次元での疎外［≠精神疾患］のより個別的な審級に積み重なってくる社会的疎外である。（PT, p. 91／一四八頁。［　］内は引用者による補足）

精神病院が病者をさらに病気（社会的疾病形成による社会的疎外）に追い込むという問題状況が粗描されており、横断性はこうした状況を崩すために考案された実践的な概念である。そのため横断性についての説明は、先行研究のなかでは、ガタリ自身が用いた次の例を参照して行われることが多い。

横断性（transversalité）は純粋な垂直性と単なる水平性という二つの袋小路を乗り越えようとするひとつの次元である。それは、最大限のコミュニケーションがさまざまに異なる階層のあいだで、とりわけさまざまに異なる方向で行われるときに、現実のものとなる。（PT, p.80／一三二頁）

この引用からコミュニケーションの在り方にかんして、硬直したヒエラルキーのタテ関係に代表される垂直の次元と、スタッフや仲間同士の緩やかなヨコのつながりに代表される水平性の次元とに対して、このどちらかに収まってしまわない第三の関係性あるいは次元をガタリは transversalité と呼ぶと説明されることがある。大きな間違いというわけではないが、これについて二点批判を加えておきたい。

一点目。先の説明はわかりやすいが、水平性にかんしてはもう少し慎重な考察が必要だろう。というのもガタリは「横断性」論考のなかで、水平性についてもう少し厄介な説明を与えているからである。

病院の中庭、興奮状態にある患者のための一区画、さらにもっとよい例は認知症患者のための一区画において実現されうるものとしての水平性。いわば自分たちの置かれている状況に対してモノとヒトがそれなりに折り合いをつけているある状態。（PT, p.79／一三一頁）

この引用を見るかぎり、ガタリはこのとき病院スタッフの話をしていない。むしろ患者らが病院や特別な一区画（隔離棟など）のなかで、そこにある備品やそこの環境と「折り合いをつけている」、つまりそこに適用しようと努力している状態を述べているように解釈できる。あえて極端に悪く捉えるなら、これは患者がモノ化し病院の備品と同程度の存在になってしまっているひどい疎外状況といえるだろう。水平性が袋小路だといわれるのはここまでの事態を想定してのことだとすれば、これはスタッフ間のヨコのつながりどころの話ではない（もちろんスタッフが病院の備品と同等になってしまう疎外状況もありうるかもしれないが）。ヒトとヒトとの水平性だけでなくモノとヒトとの水平性にまで注意を払うこと、これがガタリのいわんとしたことではないだろうか。

二点目。これまでの国内での先行研究において transversalité には〈横断性〉にかぎらず〈横切り性〉、〈斜行性〉、〈斜め性〉などの訳語が提案されてきた。ここには垂直性／水平性に対する第三の次元という見解が色濃く反映されている。本書ではそのなかで最もその見解が薄い〈横断性〉という訳語を採用する。というのも transversalité は、従来であればつながりそうもない異質な項と項のあいだにコミュニケーションの経路を打ち立てるという機能を含んでいるからである。それに対して垂直／水平／第三の次元という見方は、たとえば病院のような、すでに組織化された単一の構造体の範囲内にのみ考えを限定してしまいかねない[21]。とすれば、垂直性／水平性に対置されるものとしてだけ横断性を考えてはむしろ理解が狭まると思われる。

その根拠を示しておこう。『精神分析と横断性』のなかで横断性についての言及があるのは以下の六本の論考においてである。

- 「転移」（六四年）
- 「横断性」（六四年）
- 「記号から記号へ」（六六年）
- 「集団と個人」（六六年）
- 「因果性、主観性、歴史」（六六―六七年）
- 「一九六八年六月末の討論から」（六八年）

このなかでガタリが横断性を垂直性／水平性との関係で説明したものは「横断性」の一本にすぎない。

それに対して複数の論考からひとつの共通した規定を見出すことができる。いくつか引用してみよう。たとえば「転移」論考では次のようにいわれる。

集団が他の諸集団の対象［客体］に属しているかぎり、その集団は外部から無意味や死を受け取る。そこにいれば、ひとは自身の無知の構造のなかへの逃避をつねに当てにできるのである。しかし集団が自らの運命の主体となり、自身の有限性、自身の死を引き受けるようになると、そのとき超自我の受容与件が修正され、既成の社会秩序に特有の去勢コンプレックスの閾値が局所的に修正される。集団のなかでひとが強迫神経症へと向かう集合的過程に組み込まれるのは、欲望や死から隠れるためではなくて、何らかの個人的な問題のせいであり、またその状態は永遠に続くものではなく、過渡的なものである——これが横断性の構造と私が呼んだものに他ならない。（PT, p. 54／九一—九二頁。［ ］内は引用者による補足）

次に「一九六八年六月末の討論から」を参照しておく。

そこで生じたことは、すでにずっと前から私が横断性という用語で提起してきた何かだと思う。すなわち、超自我の備給にかかわる集合的受容の一定の開放と閉鎖、去勢コンプレックスにかんして常態化していたオイディプス的与件の修正、個人の抑制と引き換えに集団に集合的力能を返す何か、警棒で殴られたり迫害されたりする恐怖の低減、こういったことが起こるのは無意識のシニフィアン連

（21）あるいは、あるコミュニケーションの在り方が transversalité かどうかを、垂直性／水平性だけを基準にして判断してしまいかねない。

鎖の水準で生じる侵犯のためなのだ。(PT, p. 218／三四五頁)

これらに類似した表現は、右に示した横断性に言及のある六本の論考以外でも見つけることができる。[22] ガタリ自身に端的にまとめてもらおう。彼は『分子革命』(七七年)において自身の試みをこのように振り返っている。

ある種の症候や抑制が取り除かれるよう「超自我の受容与件」を修正する制度の能力を示すために、横断性という概念を打ち出したことがある。(RM, p. 30／八頁)

以上のことから、横断性の核心にあるのは〈超自我の受容与件の修正〉(modification des données d'accueil du surmoi)だといえる。また、彼が「横断性」論考のなかでこの〈修正〉を制度精神療法の目標だと述べている点にも注目しておこう(PT, p. 75／一二四頁)。これは制度精神療法から発展した制度分析にも当てはまるだろう。では〈超自我の受容与件の修正〉とは一体どのようなことを表しているのか。超自我という精神分析用語が用いられているが、ガタリ初期思想に精神分析はどのように絡んでくるのか。制度精神療法／制度分析についての理解を理論的にも実践的にも深めるためには、これらの問いを避けて通ることはできない。

〈集団〉と〈幻想〉

〈超自我の受容与件の修正〉を取り出したところで、私たちはもはや横断性を垂直性／水平性との対置では捉えきれない地点に来ている。では今後どのように考察を進めればよいのか。ここで〈集団〉と〈幻想〉の二つの概念が必要となってくる。

正確にいえば〈集団〉と〈幻想〉は二つの概念群である。〈集団〉概念群のなかでガタリが重視するのは「主体‐集団」(groupe-sujet)と「隷属集団」(groupe assujetti)の対である。[23]〈幻想〉概念群には「集団幻想」(fantasme de groupe)と「個人幻想」(fantasme individuel)、「過渡的幻想」(fantasme transitionnel)の三つの概念があり、それらの連関が重視される。

これらの概念の考察に入る前に、なぜこれらが横断性あるいは制度精神療法/制度分析において必要かを示しておきたい。たとえば『精神分析と横断性』の序文でドゥルーズは次のようにガタリの思想を紹介している。

> 制度精神療法に対するガタリに固有の貢献はいくつかの概念からなる。ここでその成立を追うなら、二種類の集団[主体‐集団と隷属集団]の区別、集団幻想と個人幻想の対置、横断性の構想ということになるだろう。(PT, p.x/一四頁。[ ]内は引用者による補足)

ドゥルーズの解説を真に受けるなら〈集団〉と〈幻想〉の考察が横断性概念の成立に先立つことになる。事実、『精神分析と横断性』では横断性がはじめて登場するのは「転移」論考であるが、それに先立つ「制度精神療法入門」(六二―六三年)において主体‐集団/隷属集団の対概念が登場している。また

(22)「オイディプス的与件の修正」とあるように、ガタリは六〇年代の段階ですでに『アンチ・オイディプス』につながるオイディプス批判を行っている。最も古いものでは六二―六三年とクレジットのある「制度精神療法入門」のなかで数行の短い批判を確認することができる。重要な点ではあるが『精神分析と横断性』のなかではまだ体系的な批判とはなっていないので本節では扱わない。

(23) 隷属集団は客体‐集団(groupe-objet)とも言い換えられる。

『アンチ・オイディプス』では次のようにも語られている。

（ジャン・ウリの周囲に集まったラボルド病院のスタッフがチームでこなす諸々の仕事のなかで）集団幻想の概念が制度分析のパースペクティヴから練り上げられたとき、第一の課題は、集団幻想と個人幻想の本性上の差異を示すことにあった。（AŒ, p. 73／上、一二〇頁）

集団幻想と個人幻想のあいだにある種々の区別を展開していくと、最後には個人幻想など存在しないことがはっきりする。むしろ二つの種類の集団が存在するのだ。それは〈主体 - 集団〉と〈隷属集団〉である。（AŒ, p. 75／上、一二三頁）

〈集団〉概念群と〈幻想〉概念群のどちらが先かに若干の曖昧さがあるものの、ドゥルーズの序文と『アンチ・オイディプス』で共通しているのは、〈集団〉と〈幻想〉の考察が第一の課題であったという見解である。こうした見解に立って改めて『精神分析と横断性』を見直すとある事実に気づく。それはガタリによる横断性への言及が思いのほか少ないということである。それに対してより労力が費やされているのは〈集団〉と〈幻想〉についての考察である。そのなかでもとくにガタリの思考が集中しているのが集団幻想である。とすれば、制度分析をよりよく理解するために目を凝らすべきは、集団幻想を軸とした〈集団〉概念群と〈幻想〉概念群からなる概念布置ではないか。本節ではこれを仮説として立てたうえで、いよいよ制度分析の原理探究に踏み込むことにしよう。

〈集団〉概念群

ガタリは若い頃からユースホステル運動やトロツキスト政治グループなどにかかわり、集団での活動を積極的に行っている。そんな彼に集団を捉える理論的支柱を与えたのは、精神分析のエッセンスを取り込んだ制度精神療法だろう。ガタリはそれを理論的にも実践的にもラボルド病院で学ぶことになる。

前節で触れたように、この病院はおもに精神病の患者を受け入れていた。精神病の患者は神経症の患者と違って、精神分析技法（面接室における医師と患者の一対一の関係、自由連想とその解釈、契約関係など）では治療効果が出ないとされていた。また、ガタリは精神病が（どのような仕方でかは不明瞭ではあるが）社会や政治の動態と密接に関連していると考えていた。[24] 制度精神療法は、こうした患者を含む病院構成メンバーを集団として捉え、そこでの日々の活動を治療につなげていく療法である。医師と患者だけでなく、看護師や用務員、調理師なども療法にかかわることになる。そして制度精神療法の考え方は、六八年のパリ五月革命に前後してガタリの政治的な発言が増してくるなかで、活動家や学生、労働者などの集団行動と社会の動きとの連関の分析に向けて拡張されることで「療法」という枠を越えて、「制度分析」と呼ばれるものになっていく。

制度精神療法／制度分析における集団論は次のようなものである。まず集団を二つに区別する。主体‐集団と隷属集団である。これらには多くの規定があるので基本的な部分を整理しておく。

まず隷属集団であるが、これは「外部から自らの法則を受け取る集団」（PT, p. 42／七三頁）のことであり、「他の諸集団の言説から疎外された」（PT, p. 52／八八頁）集団のことである。さらにいえば「他の諸集団の対象に留まって」（PT, p. 54／九一頁）いて、「他の集団に適合しようとする際に階層化を被る」（PT, p. 76／一二五頁）集団のことである。要するに、集団としての主体性を他の集団に奪われている、

（24）「制度精神療法の特徴は次のような意志にあった。つまり精神疾患の分析をその制度的・社会的文脈から決して切り分けないこと、かつそのことに相関して、個々人に降りかかる社会の想像的、象徴的、現実的な影響の解明から出発して制度分析を行うことである」（PT, p. 230／三六四頁）。

あるいは譲渡してしまっている集団のことである。たとえば、企業に労働条件改善を訴える労働組合に対抗するために作られた、企業側の意向で動く第二労働組合というものを考えてみよう。この場合、第二労働組合は企業に隷属した集団であり、第二労働組合からの発言は主体的なものではなく、企業に発言させられているということになる。

対して主体-集団とは「内的な法則を引き受けることによって自らを根拠づける」(PT, p. 42／七三頁)集団であり、「自らの言表行為の主体」(PT, p. 52／八八頁)であろうとする集団であり、そして「自らの立場を解釈しようと努める集団」(PT, p. 47／八一頁)である。これも端的に言い換えておけば、その集団の存在理由、行動の根拠、発言の主体性を手放さず持ち続けているような集団である。そしてガタリはこの集団の在り方に精神の病いへの治療効果があると考えている。

> ところで、まさしく集団自身の症状を決まって培養してしまうことのない集団、つまり主体-集団のなかでは、無意味と直面する危険ははるかにずっと大きいが、個人的な症状の行き詰まりが取り除かれる可能性もまたずっと大きいのである。(PT, p. 54／九一頁)

ガタリによれば、隷属集団と主体-集団は理論上区別されるとしても実践においては相反するものではない。ひとつの集団が、それが置かれている環境・状況との関係でどちらの様態を取ることもありうる。すると制度精神療法／制度分析の実践で求められるのは、自分たちの集団がいま隷属集団なのか主体-集団なのかを認識することであり、できるかぎり主体-集団の方へと近づけるようにすることである。

ところでまだ主体-集団について触れておくべきことが二点残っている。ひとつは横断性との関係である。ガタリは「横断性」のなかで次のように書いている。

横断性は（…）最大限のコミュニケーションがさまざまに異なる階層のあいだで、とりわけさまざまに異なる方向で行われるときに、現実のものとなる。それこそが主体 - 集団の探究の対象である。（PT, p. 80／一三二頁）

この引用が示しているのは実践上の順序である。集団が主体 - 集団だからこそ横断性の探究がはじまるのだとガタリは考えている。見方を変えれば、横断性の実践は隷属集団を主体 - 集団に変えるためのものではないということになる。そうするとどのように隷属集団から主体 - 集団へと移行することができるのか。この問いの答えはガタリの幻想論のなかにある。こうして私たちは〈幻想〉概念群の考察に導かれることになる。

主体 - 集団についてもうひとつ大事な点に触れておきたい。それは集団の実践にも深くかかわってくるが、ガタリ研究においてはあまり触れられない考えである。それは、主体 - 集団では集団の死の本能が働くということである。集団の死の本能が働いているときが主体 - 集団だと考えてもよい。そしてその本能をガタリは次のようなものだと認めている。

集団の死の本能というものによって、団結したいという羨望を引き起こす欲動とは逆の欲動を私は理解する。（PT, p. 44-45／七七頁）

奇妙なことにガタリは、主体 - 集団とはその集団が解体するよう欲動が向かう集団だと規定しているのである。また先に挙げた引用のなかに「しかし集団が自らの運命の主体となり、自身の有限性、自身の死を引き受けるようになると、そのとき超自我の受容与件が修正され（…）」という文言があったことを思い出そう。「自身の死を引き受ける」を集団の死の本能を引き受けることだと解釈するなら、この本能は超自我の受容与件の修正、つまり横断性ともかかわっていることになる。とすれば次のように問いたくなる。なぜ主体‐集団が集団として治療や革命、横断性というガタリの望む機能を果たそうとするときに、その集団の解体に欲動が向かうのか。むしろこう問うのが正しいかもしれない。なぜ集団の解体に欲動が向かうときに、集団において治療や変革への道筋が開くのか。こうした問いへの応答もまたガタリの幻想論のなかに見出すことができる。

〈幻想〉の議論に入る前にあと半歩だけ踏みとどまらせてほしい。根本的な問いがあることを示しておきたい。ここで前提とされている集団なるものはそもそもどうやって形成されたのか。あるいはある一群がひとつの集団とみなされるのは何によってなのか。実はこの応答もまた幻想論に求められる。つまりガタリの集団論にかんする多くの問いが彼の幻想論に収斂するのである。

〈幻想〉概念群

すでに触れたように、『精神分析と横断性』のなかのガタリの思考は集団幻想という概念をめぐって展開されている。実際、『精神分析と横断性』の全二四論考のうち一〇論考に集団幻想への言及がある。[25]論考数だけでも横断性への言及より多いが、その内容を追えば理論的にも実践的にもガタリの初期思想の中核をなす概念だといっても過言ではない。『アンチ・オイディプス』にも引き続き登場する基礎概念である（それに対して横断性はほとんど登場しない）。

そもそもガタリの使う幻想とは精神分析に由来する概念である。[26]では精神分析における幻想とはどのような概念なのか。ここではガタリ理解に必要な最低限の範囲で押さえておく。六七年に出版されたラプランシュとポンタリスによる『精神分析用語辞典』の「幻想」を参照してみよう。第一義は次のようなものである。

そのなかに主体が登場する想像上の脚本であり、そしてその脚本は、防衛過程によって多少とも歪曲されたかたちで、欲望の、つまるところ無意識的欲望の充足をあらわしている。幻想は種々の形態であらわれる。つまり、意識された幻想あるいは白昼夢、分析によって顕在内容の基礎構造であることが明らかになる無意識的幻想、原幻想、などがそれである。(27)続いて実践にかかわる部分を引用しておこう。

したがって、治療にさいして、分析家は、夢、症状、行為化、反復行動などのような無意識の産物の背後に隠されている幻想を引き出そうと努めるのである。分析がすすむにつれて、想像行為とはかけ離れていて、最初は現実の要求のみによって支配されているとみえた行為の諸相さえ、無意識的幻想の流出、「派生物」であることが明らかになるのである。この観点に立てば、まさしく主体の生活全

(25) 集団幻想への言及がある一〇本の論考は次の通り。「転移」、「横断性」、「制度精神療法にかんする哲学者のための考察」、「記号から記号へ」、「集団と個人」、「因果性、主観性、歴史」、「一九六八年六月末の討論から」、「学生、狂人、カタンガ兵」、「機械と構造」、「分析の裏返しとしての教育にかんする考察」、「われわれはみな小集団なり」。

(26) 流派・学派が重要なトピックとなる精神分析であるが、ガタリの場合、彼自身がラカンの教育分析を受け、また彼の師でもあるウリがラカン理論を明確に支持しているのに対して、フロイトへの愛好を示している。たとえば、精神病患者に精神分析を有効に使うためには集団形成が必要であるという考えをフロイトの論考「集団心理学と自我分析」を大胆に解釈することで取り出してみたり(『精神分析と横断性』)、集団幻想の例として論考「子どもがぶたれる」を挙げたりするなど(『アンチ・オイディプス』)、フロイトへの直接的な言及がしばしばみられる。

(27) ジャン・ラプランシュ/J-B・ポンタリス『精神分析用語辞典』、村上仁監訳、みすず書房、一九七七年、一一四頁。

体が幻想体系と呼びうるもの（…）によって形づくられ、秩序づけられていることが明らかになる。(28)

注意しておくべきことは、ここでの幻想は精神の正常／異常に関係なく形成されるものであり、幻想形成は精神に備わった基本的な機能だという点である。また重要なのは、主体の生活全体が幻想によって秩序づけられているという点であり、主体‐集団を考えるガタリにとっては集団生活を秩序づける幻想、要するに集団にとっての幻想を考えることは理論上当然の要請であったといえる。そして被分析者の幻想を引き出すことが治療上の実践のひとつであるからには、集団にとっての幻想を引き出すことも治療実践となりうると考えられる。ガタリの提示する制度精神療法／制度分析はここを狙うのである。

ガタリの幻想論に踏み込もう。最初に、ある一群がひとつの集団だとみなされるのは何によってかという問いを考えていこう。ガタリは制度精神療法で実践されているＵＴＢ（基礎的治療ユニット）という集団の形成についてこう解説している。

ＵＴＢは平均して八人プラス／マイナス二人の在院者と、二人もしくはそれに一人を足した人数の指導員からなり、共同で最大限のことに取り組む。（…）ＵＴＢの独創性は、そのなかで「看護を受ける人」と「看護をする人」とのあいだの違いが最大限に撤廃されているところにある。どんな問題であっても、外部の機関は「正常あるいは健康な」人々にではなく、主体‐集団としてのＵＴＢの集合体に問い合わせるのである。もちろんＵＴＢの共立性（consistance）はその［メンバーの］数に依存するのではない。それは何よりもそのメンバーらによって持ち込まれる幻想に依存しているのである。

（PT, p. 266／四二一頁）

consistance とは「密度」や「一貫性」を意味する語であるが、ここでは異質な特性や機能が排除し合わずにともに成り立つ状態と理解して「共立性」と訳しておきたい。UTBを集団として成り立たせているのは、その人数によってではなく、そこに持ち込まれたり、そこで形成されたりする幻想によってである。[29]では集団を形成するにいたる幻想とはいったいどのようなものなのか。それが「集団幻想」である。この集団幻想は個人幻想と対をなす概念であり、注意すべきは個人の集まりがそのまま集団になるのではないように、[30]個人幻想の総和が集団幻想になるのではないという点である。

ガタリによれば個人幻想は、孤独のなかで欲望する個人に送り返されるか、集団的な幻想形成の分割された通貨だと考えられる。後者は言い換えれば、集団幻想を切り崩すことによって個人幻想が成立するという考えであり、はじめに集団幻想ありきということである（同様の考えとして、集団的主観性が個人的主観性の出現の絶対的な前提条件だと述べてもいる。個人の集まりが集団を形成するのではなく、集団から個人が析出されてくるというこの考えは『アンチ・オイディプス』でさらに徹底されることになる）。また個人幻想とは、主体を有機体としての人間に従属させる想像作用であり、いわば主体にひとつの顔や身体を与える働きをする。そして見落としてはいけないのは、ある集団を隷属集団と呼ばれるものの方へと移

(28) ジャン・ラプランシュ／J‐B・ポンタリス、同書、一一六―一一七頁。
(29) ダリアン・リーダーの言葉は、ガタリのこうした考えを裏付けてくれるかもしれない。「意味との関係を組織するとともに、幻想はリビドーとの関係も調整します。リビドーの備給は幻想を通じて流れるのです。したがって、もしこの枠組みにぴったり合うような人がいれば、そうした人びとは欲望されるようになるでしょう。もしその人びとが枠組みの外に出れば、彼らは認識されないか、あるいは根本的に主体の世界の平穏を乱すものとなるでしょう」（「クラインとラカンにおける幻想」、『クライン‐ラカン　ダイアローグ』、バゴーイン＆サリヴァン編、新宮一成監訳、誠信書房、二〇〇六年、一二八―一二九頁）。
(30) 個々人が共通の利害関心だけで集まっている受動的な集合状態を、ガタリはサルトル『弁証法的理性批判』の用語を使って「集列性」（sérialité）と呼ぶ。

行させる諸条件を結集させる働きが個人幻想にはある、とガタリが考えている点である。

とすれば集団幻想が個人幻想に陥らないようにすることが治療実践となるだろうか。ガタリはそう考えているだろう。彼は幻想への介入を〈解釈〉あるいは〈切断〉と呼んでいた。ただし個人幻想を扱う実践についてはほとんど語っていない。その点は残念だが、裏を返せば個人幻想への介入はガタリの制度精神療法／制度分析にとっては最重要事項ではなかったとも考えられる。というのも『精神分析と横断性』においてガタリが最も危惧し、介入しなければと強く意識しているのは集団幻想のほうだからである。

集団幻想

集団幻想という概念は『アンチ・オイディプス』においては、個人幻想が否定的な特性を与えられているのに対して、肯定的な特性を与えられている。しかし、集団幻想が横断性とともに登場した当初、この概念は個人幻想とともに否定的な特性を与えられていた。それどころか『精神分析と横断性』全体を通して、集団幻想はガタリによって否定的な評価を繰り返し与えられることになる。

たとえば「転移」論考において集団幻想は、隷属集団において機能する「見せかけの窓」（PT. p. 53／九〇頁）と説明される。見せかけの窓とは、壁に描かれた窓とそこから見える風景の絵のことである。この隠喩はその集団が自らの行為、発言、存在の意味を直視しようとせず、欲望を充足する想像物でそれらを代替していることを指している。「横断性」論考では、凝固した組織になってしまっている病院を分析した次のような一節でこの概念が使用されている。「眩惑的で反動的な一連の集団幻想を伴ったカースト現象のアルカイックで人工的、そして反復的な再湧出によるブルジョワ的抑圧のひとつの内化形態」（PT. p. 79／一三〇頁）。これは集団幻想が病院業務を構成する集団をヒエラルキー的に組織化することに一役買っているということだろう。最も厳しい表現は「機械と構造」という論考のなかにあって、

「集団幻想の究極段階は自滅死（mort en soi）、支柱なしの解体作業、一切の正確な測定の全面的な廃止」（PT. p. 246／三八六頁）だというものである。ある集団が、自身の周囲の状況や情勢などの直視したくない真理や現実を避けるあまり、幻想に妄執してしまうことで分裂や解体、あるいはそれ以上の破局といった事態にまでいたるということだろう。ファシズムや狂信的な宗教団体を思わせる記述である。

ガタリはこうした集団幻想の否定的な特性が機能する場面を党や組合、大学、軍隊、教会、官僚機構、そして国家のなかにも見出していく。その機能がよからぬものをもたらすのであれ、まさしく実際に機能するからこそ、ガタリにとってこの概念は注意され続けなければならないのである。とはいえ、ガタリは制度精神療法／制度分析において、集団幻想の一切を排するような介入を実践とはしない。というのも集団幻想は、その集団の構造や性格がどうであれ、集団を形成することを基本的な働きとするからである。そこに参加する人々が集団幻想を共有するからこそ、集団は単なる個々人の集まりではなく、ひとつの集団となるのだった。そしてこの集団形成において制度精神療法／制度分析は「治癒」と「革命」の契機を見出すのである。つまり集団幻想はなくてはならないものなのである。となればガタリの実践とは、集団幻想が個人幻想に陥るでもなく、集団の破局という最終段階にいたるでもない地点で介入することであるはずだ。

この議論を詳しく押さえるために「集団と個人」という論考に焦点を絞ることにする。というのも、集団幻想にかんして最も充実した考察が展開されるのがこの論考だからである。そしてこの論考のなかで、集団幻想と主体－集団、隷属集団がどうかかわるか、なぜ集団の死の本能が必要なのかも論じられることになる。

〈集団〉概念群と〈幻想〉概念群の連動

「集団と個人」の要点は、ある状態がそれとは別の状態へと移行する現象の考察にある。これに先行するガタリの論考にこの移行現象についての考察がなかったわけではないが、集団幻想という核となる概念と移行現象とを結び合わせたところに理論的にも実践的にも大きな進展がある。ではそれはどういったものか。次の引用からはじめよう。

労働者であること、若者であること、それはすでに最も欠陥のある特定の型の集団幻想を備えているということである。労働者の活動家であること、革命的な活動家であること、それはある組織の現実的な構造（texture）と有機的に結びつくために、この想像的な領野［集団幻想］から身を引き離すことであり、歴史的過程の開かれた形式化の延長線上に自身を位置づけることである。（PT, p. 161／二五四頁。［　］内は引用者による補足）

ここでいわれる労働者や若者の集団とは、「最も欠陥のある集団幻想」という言葉から推測して、隷属集団を指すと思われる。この集団から主体－集団への移行のために、労働者から活動家への移行を促している。これは集団幻想の変更や離脱が可能だということを意味しているが、ではそれはどのように行われるのか。組織や歴史にかんする言及があるがここでは置いておいて、原理的考察の方を追っていこう。

ガタリは論考のなかで国家や社会保険などの社会秩序に隷属している精神病院の分析に移りつつ、集団幻想にかかわる移行現象を考察している。それによれば、集団幻想を持っている医療機関のなかに、社会秩序から切り離された対象が局地的に生み出されることがあるという。これは「局地的対象」と呼ばれ、たとえば院内のクラブ活動(31)がそれであることもあるが、こうした対象が集団幻想の再編成を促すことにつながるとガタリは考える。こうした現象について彼は次のように説明している。

事実、集団の全体主義的理想と、種々異なる部分的な幻想過程との切断が分裂（clivage）を生み出し、この分裂を起点にして、その集団は身体化され空間化された自らの想像上の表象から抜け出すことができるのである。（PT, p. 166／二六三頁）

注目すべきは、切り離された局地的対象が「部分的幻想過程」（processus fantasmatique partiel）と言い換えられている点である。ガタリによれば部分的幻想過程は、集団の全体主義的理想（idéal totalitaire du groupe）へ向かう過程でもあり、集団の幻想に寄与するものであるが、逆に集団の革命的再編成への道筋も開くという。要するに、集団幻想のなかに蠢く諸々の部分的幻想過程をガタリは見出したのである。さらにこの議論のなかにガタリは主体の理論を合流させようと、ラカンを引き合いに出して次のように述べている。

ラカンの定式にしたがって、主体の表象とはひとつのシニフィアンが別のシニフィアンと関係づけられることとなのだとすれば、私たちのほうでは、集団的主観性はむしろ亀裂のなかに、分裂（Spaltung）のなかに、集団の「全体性」の正当性を代表しようとするある部分集合からの離脱のなかに見出されるものということになる。（PT, p. 167／二六四頁）

亀裂や分裂、全体を代表しようとする部分集合（たとえば民衆に対する党）からの離脱の運動が部分的幻想過程にあたるわけだが、ガタリはここに隷属集団から主体 - 集団への移行の可能性を見ている。ま

（31）「治療クラブ」（clubs thérapeutiques）と呼ばれ、病院内での単なる余暇活動ではなく、制度精神療法の理論に基づいた非常に積極的な実践のひとつである。

たこうした議論から彼は集団幻想を下位区分するにいたる。ひとつは「集団の隷属状態の性格に依存している基礎的幻想」(PT. p. 167/二六五頁)であり、もうひとつは「集団のさまざまな内的再編成に対応する主観化の内的過程に結びついた過渡的幻想」(PT. 167/二六五頁)である。局地的対象は、部分的幻想過程を経て「過渡的幻想」となった。もちろんすべての部分的幻想過程が過渡的幻想ではないということに注意する必要はある。部分的幻想過程のうちで集団幻想からの離脱やその再編成を主体的に実行する幻想だけが過渡的幻想である。ここに、隷属集団と集団幻想のカップリングと、主体‐集団と過渡的幻想のカップリングが構成されたことになる。

以上のことから、制度精神療法/制度分析の実践をひとまずシンプルに提示することができる。①集団現象のなかでそこで抱かれている幻想を取り出し、②個人幻想と集団幻想を区別し、③どちらに問題があるかを分析し、④集団幻想に問題があれば介入して部分的幻想過程を過渡的幻想へと導き、⑤それによって集団幻想の再編成を促す、というところだろう。

とはいえこれでもまだ抽象度が高い感は否めない。しかし、ようやくここから少し具体的な議論をすることができるだろう。というのは、ここまで来たおかげで〈制度〉という概念が使用可能になるからである。そして集団における死の本能は制度との関係でその機能を発揮することになる。

制度と死の本能

集団幻想が、隷属集団にかかわる基礎的幻想と主体‐集団にかかわる過渡的幻想とに区分されるのを見た。この区分にともなって幻想が形成する対象も二つに区分されるという。基礎的幻想の対象は「確立された制度」(institution constituée)であり、過渡的幻想の対象は「過渡的対象」(objet transitionnel)と呼ばれる。[32] 過渡的対象といっても物のような何かではなく、すでに述べた院内のクラブ活動のようなものであり、これもまた制度といえる。確立した制度に対するものなので、可塑性があり融通の利く制度くらいに考えてもいいだろう。さらに考えるならば、確立した制度は集団幻想にかかわる全体的な制度であり、可塑的で融通の利く制度は部分的幻想過程にかかわる部分的な制度だといえる。

ガタリ自身は、過渡的対象とは自身に問いを課すものだと規定している。その問いとは、この制度自体は過ちを犯していないだろうか、自身の軌道を修正すべきではないかなど、部分的な制度の在り方を自問するものである。それに対して確立した制度はこうした問いを自身に課すことはない。ガタリは教会を例に挙げている。それによれば、教会は神というその制度が作り出した対象を持っているが、これを変えようなどという気は起こさない。また、制度内の支配階級は権力を持っているが、それを誰が真に持つべきかを自問することもない。制度の在り方についての問いは自発的なものではなく、つきまとってくるものであるが、だからといって確立したものを変えようとも思わない。

確立した制度におけるこうした態度をガタリは集団幻想の形成する不死性あるいは永遠性だと考える。ここに彼はある軍人のモノローグを挿入している。そこで語られるのは、フランス軍が永遠であるという幻想であり、永遠の存在であるフランス軍において上級曹長である自分はこの永遠性にいくらかあずかれるという幻想である。ガタリは、このような幻想によってこの軍人は自身の個人的な死を否定し、あらゆる弾圧の実行者になりうると述べる。集団幻想が隷属集団に与える永遠性によって、個々人の生死が直視されなくなるということだろう。『アンチ・オイディプス』では、集団の永遠性に奉仕するために喜んで死ぬ個人が出てくるとも述べ、これを個人幻想のひとつの効果だとしている。

(32) 精神分析家ウィニコットの考案した「移行対象」と原語は同じだが、ガタリはより広い意味でこの概念を使用していると注釈を付けている。ウィニコットの概念と区別するために便宜上ここでは「移行」を「過渡的」と訳した。ガタリによるウィニコットへの言及は少なく、ガタリ自身が実際どの程度ウィニコットから影響を受けたかは明らかではない。

ここまで来ればわかるだろう。集団の死の本能とはまさしく隷属集団の永遠性・不死性に対抗するために要請されるものである。主体 - 集団が集団の死の本能を必要とするのにこれ以上の理由はない。とすればこの本能や欲動を取り扱うことのできる技能が分析実践として要求されることになる。とはいえこのような技能を身につけるためには集団に対する臨床実践をしっかりと積んでいく必要があるだろう。臨床実践に携わる機会の乏しい私ではこれ以上この議論を追うのは難しい。そのため無理にこれ以上は進まず、すでに出た内容に立ち返る形で議論を深めていくことにしたい。

横断性と制度

ガタリの初期思想における概念の連関を確認してきた。そのおかげで私たちは垂直性／水平性とは別の言葉で横断性を論じることができるようになっている。では横断性という概念はこの連関のなかでどのような位置を占めるのか。改めて考えてみたい。

横断性を説明するときにガタリが使う比喩がある。調節可能な遮眼革をつけた馬の比喩である。遮眼革とは馬の視野（約三五〇度）を制限する道具であり、余計な情報が入ってきて注意が逸れることを防ぐという効果がある。調節可能な遮眼革とは、視野の開閉を調節できるということであり、その開閉の度合をガタリは「横断性の係数」と呼ぶ。横断性の係数の高低は視野の開放度に比例すると考えてよい。視野の閉鎖が馬の生態にとって不自然なように、横断性の係数が低い状態は集団の生態として不自然だということになる。そして集団にとっての視野の制限とは垂直であれ水平であれ極端な方向に関係が固定されることである。

遮眼革の比喩から何が学べるのか。重要な点が三つある。横断性の係数の低さは、ある目的のために馬の視野が狭められるように、権威者あるいは支配層による抑制の結果である。主体性を持たない隷属集団の横断性の係数が低いのは、こうした抑制力が外部から働くためだといえる。ここに重要な点のひとつ目がある。この抑制力を持った外部は実際に実在する集団や支配層のことであるが、それらが必ずしも直接抑制を行う必要はない。ガタリが「超自我」を導入するのがここである。つまり抑制は個々人に備わる心的な審級のひとつである超自我を通して各人に作用するのである。すると超自我の受容与件とは、遮眼革で制限された視野で見ることができるもののことであり、見ることが許されているもののことである。だから超自我の受容与件の修正とは、視野の制限を緩めることであり、それによって入ってくる与件（データ）の質や量を豊かにすることである。豊かにすることで超自我を攪乱し、抑制を修正しようとするのである。これが横断性の係数を上げることの効果だといえる。[33]

二つ目の重要な点は、横断性の係数を議論するために前提となっている事柄である。馬に遮眼革をつけなければいけないのは、そもそも馬が広い範囲を視野に収めることができるからである。つまり集団もまたそれが形成される時点で、集団の規模や力能に応じたかぎりでの開かれた領野を備えているということである。

三つ目の要点は、比喩で使われる「視野」の表しているものが制度精神療法／制度分析にとっては

（33）「超自我」は道徳、理想、法、罪責性などを司り、自我に現実への適応を促す心的な審級である。ガタリはこの超自我が「社会環境に由来し、家族を媒介して［個々人に］伝達される」（RM, p. 29-30／七頁。［ ］内は引用者による補足）と考えている。たとえば家父長制‐異性愛優位‐男性優位を採用する社会のなかでは、そのような道徳や価値観、それらを反映した法や制度に基づいて物事を裁く超自我が家族を通して個々人に伝達されるのである。換言すれば、自分がどのような家族のもとで育ったか、その家族はどのような道徳や価値観を持つ集団に属しているか、さらにその集団はどのような社会のなかで生きているのか、などによって超自我が受容する与件に違いが出てくるということである。制度精神療法／制度分析は超自我のこのような伝達の仕組みを利用する。つまり現在属している自身の集団の道徳や制度を分析し、その在り方を問い直し、実際に生活し直すことを通じて、これまでの超自我の縛りをほぐしていこうとするのである。

「話すこと」、つまり言表行為だということである。そのため、視野の制限とは言表行為の制限のことであり、広い視野を回復することとは話すことを回復することを意味する。ただし、ここでいう言表行為とは集団的なものだということには注意しておきたい。ガタリにとって言表行為の主体は個人としては存在しない。話す個々人は彼らが属する集団の言表行為のエージェント（担い手）とされる。主体－集団が自らの言表行為の主体であろうとする集団であるという規定はここにかかわってくる。

以上の三つの要点から横断性の構造が整理できただろう。しかしまだ集団に備わる開かれた領野への考察が手つかずで残されている。この理論の空白部分に制度の議論を流し込んでみよう。

制度についてここまでの議論を整理すれば、集団の全体主義的理想（集団幻想）を体現する確立された制度と、局地的に展開される部分的幻想過程を体現する可塑的な制度とが区別される。制度精神療法／制度分析は後者に介入し利用することで、前者の再編成を狙っていく。すると次のように考えることができる。確立された制度とは横断性の係数の低い集団のことであるが、集団の全体あるいは外枠を表現してもいる。それに対して可塑的な制度の方は垂直／水平にとらわれず、院内でのクラブ活動のように、全体に対する部分として比較的自由な活動が許される（たとえば院外の別の団体とつながって共同で活動を行うことも可能だろう）。横断性の係数を高めるとは、こうした部分的で可塑的な制度に介入し利用していく実践となるだろう。

しかし、ここまでの議論では部分的幻想過程＝可塑的な制度があらかじめ存在していることが前提となっている。視野を広げたところで特段見るべきものがないことがありうるように、横断性の係数を高めるといったところでそこに介入可能な可塑的な制度があるとはかぎらないのではないか。この問いに対するガタリの応答は至極真っ当かつ単純である。

> 主体－集団は（…）制度を生産し、制度化を生産するものである。（PT, p. 161／二五五頁）

集団は開かれた領野を備えている。それは集団にとっての余白ともいえるだろう。横断性の係数が高まるということは、閉ざされていたこの余白部分が開放されるということでもある。そこには制度を新たに作る余地がある。部分的幻想過程が駆動しはじめ、可塑的な制度が生まれる。ラボルド病院の実践を考えるなら、そのような可塑的な制度がひとつである必要はないだろう。それらが過渡的対象となるか、集団幻想に取り込まれてしまうのか、それはやってみなければわからない。それを実験してみることが制度精神療法／制度分析の実践といえるだろう。(34)

分断と横断

さて、最後にもう一点だけ触れておきたい。本節の前の方で、横断性は「従来であればつながりそうもない異質な項と項のあいだにコミュニケーションの経路を打ち立てるという機能」と述べておいた。この事例を確認しておこう。ガタリはパリ五月革命において労働者と学生のあいだで対話が起こり、連帯が生じたことを特別な出来事だと考えた（とりわけ労働者が学生の街頭闘争に参加したことよりも、学生が労働者の自主管理闘争に参加したことにガタリは意義を見出している）。なぜそう考えるのかを事細かに彼は分析していないが、ここまでの議論を援用すればこう述べることが許される。労働者と学生はそれぞれ異なる集団幻想によって集団形成しているので本来まとまったりはしない。集団的言表行為で表現される内容も異なっていただろう。つまり集団幻想の違いによって〈分断〉されていた。ところがここに対話が起こったのであり、〈横断〉が起こったのである。

(34) 制度を生み出す実践についてガタリは社会運動の側面から次のようにも述べている。「プロレタリアートによる自分たち固有の諸制度の創造、すなわち革命的な主観性の介入が要請されている。革命的な主観性が歴史上出現していないことがブルジョワジーの諸制度が維持される土台なのである」(PT. p. 101／一六三頁)。

ガタリの記述からは、どんな部分的幻想過程によってそれぞれの集団の超自我の受容与件が修正されたのか、どのように修正されたのか、どこから介入が起こったのかはわからない。そこに新しい集団幻想が生まれたのかどうか、集団的言表行為においてどんな新しい言葉が発せられたのかも定かではない。ただこの事例によって、（いつも病院が例となる）ひとつの集団幻想の内部においてだけ横断性が見出されるのではないということ、すなわち垂直性も水平性も斜め性もないところで跳躍のような横断が起こることが確認できる。これこそが横断性の深化であり真価ではないだろうか[35]。

本節のまとめ

本節では『精神分析と横断性』からガタリの考案した制度分析を明らかにしようと努めた。一言でまとめるならガタリ初期思想とは〈制度を触媒にした幻想の臨床〉だといえる。実践にかかわる部分で追いきれない部分や、文献読解として論じきれなかった部分はまだまだ残っているものの、今後それらを探究していくための足場を作ることはできたと考える。最後に『精神分析と横断性』から読み取れるかぎりでの制度精神療法／制度分析のプロトコルを簡略に整理して本節を閉じることにする[36]。

①個々人の精神の病いや社会的疾病形成、問題を抱えている集団現象（隷属集団）などがあれば、そこで形成されている幻想を探る。
②取り出された幻想が個人幻想なのか集団幻想なのかを判別する。
③どちらに問題があるかを分析する。
④集団幻想に問題がある場合、それは確立された制度に問題があることを意味する。この場合、集団幻想（＝確立された制度）のなかに部分的幻想過程（＝部分的で可塑的な制度）がないかを探る。
⑤－1．部分的幻想過程（可塑的制度）がある場合、それに介入して過渡的幻想（過渡的対象）へと導く。

－2．部分的幻想過程がない場合、それを新たに作って過渡的幻想へと導く。
⑥主体－集団の形成に向けて、過渡的幻想によって集団幻想の再編成を促す。
⑦集団幻想の再編成の指針として横断性の係数（＝超自我の受容与件の修正）に注意を向けておく。あるいは集団内および集団間での言表行為に変化があるかどうかに気を配っておく。

---

(35) とはいえ分断の状態から横断が起こったということを喜んでばかりもいられない。そこでのコミュニケーションにおいて誰に権威があって、誰がそれに従うのかをめぐる覇権争いやそれに続く搾取構造の形成などが生じる危険性につねに注意を払っておく必要があるだろう。
(36) 注意を促しておくと、この整理は実践で利用できることを念頭に置いているが、もちろん完全無欠で絶対不変のマニュアルというものではない。あくまで現段階で得られる部分解であり、今後の開かれた議論のための呼び水である。

第二章　『アンチ・オイディプス草稿』より

第一章ではスキゾ分析に先立つガタリの制度精神療法／制度分析を考察してきた。すでに高度に複雑な議論を経てきたが、ガタリの思索活動にとってはまだ助走でしかない。ガタリの特異性が閃き出るのは、やはりスキゾ分析の構想がはじまってからである。

そしてここからいよいよスキゾ分析についての考察に入っていく。ここで参照するのは二〇一二年（ガタリの死後二〇年）に世に出された『アンチ・オイディプス草稿』（以下『草稿』と略記）である。『草稿』は、ガタリが大著『アンチ・オイディプス』を書き進めていくために共著者であるドゥルーズに送った数十通の手紙、いくつかのノートと日記から構成されている。『アンチ・オイディプス』が著されるにあたって、ガタリがどのようなことを考えていたのかを確認できる貴重な資料となっている。

しかし慎重さも必要である。『草稿』の編者であるステファヌ・ナドーの注記を見るかぎりでは、この著作に掲載されなかった資料も複数あるようで、網羅的なものとはなっていない。[1] また、ガタリとドゥルーズは手紙だけでなく、直接会って相互にアイデアを検討し合う機会も持っていたため、文面上

（1）『草稿』では書簡が時系列ではなく、ナドーによる分類に基づいて配置されているという点でも慎重さが求められる。

に現われてこない影響関係もあると考えられる。そのうえ、ガタリ自身の暴れ馬のような思考がそれぞれの手紙に書きつけられているため、ひとつひとつの理解が難しく、かつそれらのあいだで辻褄の合わないところも多い。これらの事情が相まって、『草稿』では四〇篇の断片が奇妙な距離を持って並んでいるように感じられる。結局、『草稿』全体を見渡せば錯綜状態に陥っているといえるだろう（『草稿』はガタリの残した難読テキスト群のなかで最悪の部類といっても過言ではない。そのため本章も本書のなかで最難読箇所となっているだろう。読むのに無理を感じたら本章は読み飛ばしていただいて構わない）。

このような問題含みの『草稿』を研究する意義はどこにあるのか。確かなことは、『草稿』には『アンチ・オイディプス』では薄められるか採用されなかったガタリに固有の思考が、どんな形であれ残されているということである。ここから意義を二点挙げることができる。一点目は『精神分析と横断性』と『アンチ・オイディプス』のあいだにあるガタリの思考の変遷を追うことができることである。それは、精神分析や制度分析からスキゾ分析へと思考を展開するためにガタリが考え抜いた過程といえる。二点目は、ドゥルーズとの思想上の違いについてはっきりと知ることができることである。

どちらの点もガタリの思想の独自性にかかわるものだが、ではその独自性とはどのようなものなのか。第二章の狙いはそれをこの錯綜した著作から一貫性のある姿で取り出すことにある。そのためにまず本章第一節で焦点を当てるのは「artifice」という語である。この語に私たちはドゥルーズとは根本的に異なるガタリの基本思想を見出す。続く第二節では『アンチ・オイディプス』で描かれる以前のスキゾ分析の初期設定を明らかにする。

第一節　artifice の哲学

artifice について

artifice とは辞書的には「策略」や「トリック」、「技巧」、「工夫」を意味する語であり、人為的で不自然、あるいは自然に反するという含意がある。ガタリは『アンチ・オイディプス』第二章の修正箇所を伝える手紙のなかで、ドゥルーズに対してこの語について次のように見解を述べている。

あなたの定式のなかでは、(…) この転移の *artifice* は軽蔑的な意味を持つようだ。それはむしろ良いものではないか。それはひとつの脱領土化の過程である。(EAŒ, p. 121／一一七頁)

「artificiel」という語のここでの用法については少し留保する。逆に、artificiel であるのはスキゾ分析によって生産された無意識だと私は考えている。(…) オイディプス的無意識はむしろ「自然主義的な使命を持ってアルカイック化することを好む」だろう。(EAŒ, p. 122／一一九頁)

これらの引用から、ガタリはドゥルーズに対して artifice および artificiel の用法を捉え直すように促していることがわかる。(2) スキゾ分析の発案者であるガタリにとって、その分析が機能する領域は artificiel なものである。この見解に対して自然哲学の立場を取るドゥルーズは否定的だったとうかがえ

(2)『草稿』では artificialité や artificialisé、artificialisme という語も使われる。

る。[3] ここにガタリとドゥルーズのはっきりした対立線が現われている。実際、『アンチ・オイディプス』ではガタリの修正や見解はあまり反映されず、artifice および artificiel という語の使用頻度はそれほど高くない。それに対して『草稿』では四〇編の断片のうち三二編でこれらの語が使用されている。以上のことから、『アンチ・オイディプス』が偉大な自然哲学の書になりえたその背後には、ドゥルーズには受け入れられなかったガタリの artifice にかんする哲学があったのではないかと考えることができる。

では、ガタリは artifice という語で何を考えていたのだろうか。この語の用法で重要なものを三つの引用から確認しておこう。

> 分析としての革命、それは言表行為の artificiel で前-人称的な諸々のエージェント（＝欲望する転覆の単位＝基礎治療共同体）を生産しようとする労働である。それは *artificiel* な現実的なものとしての無意識を構築することであって、不可能な現実的なものを観想すること（＝資本主義的なマゾヒスト的倒錯＝罪責性の文明化）ではない。（EAŒ, p. 46／四四頁）

> オイディプス的還元に「さらに付け足す」くらいなら、欲望はその本質によれば artifice の欲望である、と想像することもできる。（EAŒ, p. 108／一〇八頁）

> 重要なのは現実的な享楽することだ。それが「自然」のなかで見出されることはありえず――おあいにくさま！――artifice のなかで見出されうるのである。いつも次の公式。現実的なもの、それは artifice である。そしてラカンのいうような不可能なものではない。（EAŒ, pp. 211-212／二〇六頁）

無意識、現実的なもの、欲望、オイディプス、享楽などといった概念との結びつきから、ガタリが

artificeという語を自身の学んだラカン派精神分析の見地から導き出したと推測できる。ガタリの見解をまとめておこう。現実的なものとは不可能なもの[4]でも自然でもなく、artificeである。無意識もartificielに生産・構築されるものである。そして欲望はオイディプスにではなくartificeにかかわる。これらの見解は精神分析の教義を十分逸脱するものであり、明らかにガタリはartificeという語に批判的 - 創造的な機能を見出している。

さらに踏み込んで内実に迫ってみたい。そのためにartificeが何に対置されているかを見ておく必要がある。

危険なのは、欲望が分析家の人格に引っかかることである。というのも、この企て〔＝スキゾ分析〕の目的は人格の「自然主義」の転覆だからである。もはや人格はいらない！　器官も、人格と器官の混合物もいらない。（EAŒ, p. 143／一三九頁。〔　〕内は引用者による補足）

artificeに対置されるのは自然主義である。注意すべきはここにはオイディプスや人格が含まれると

（3）　ドゥルーズと自然哲学の関係については、たとえば小林卓也『ドゥルーズの自然哲学』、法政大学出版局、二〇一九年を参照。

（4）　現実的なものが不可能なものだというのは、ひとが人間として成長していくなかで言語の使用を身につけていくこと（言語のように構造化された無意識を持つこと）で象徴的なもの（法）の領域に入っていくのだが、これによって現実的なもの（物）の領域に直接アクセスすることができなくなることをいう。こうなると現実的なものは幻想の彼方にあって、幻想に亀裂が走ったときにのみ垣間見られる程度のものになるとされる。向井雅明『ラカン入門』、ちくま学芸文庫、二〇一六年、二二一頁、三二九―三三〇頁を参照。ガタリはこのような考え方を転覆しようと試みている。

いうことである。『草稿』では、オイディプス‐ナルシシズム機械という概念が登場し、これが人格化だけでなく、身体化や個体化、意識化を引き起こすとされる。さらに次の引用が重要である。

シニフィアン‐記号――形象‐記号――の実体（substance）、それは指示された物であり、表出された人格である。諸々の実体が存在するのだ。形象‐記号は諸対象の身体化、実体化（substantification）、個体化を引き起こす。（EAŒ, p. 369／三四七頁）

ここで重要なのはシニフィアンや形象といった記号の機能ではない。そうではなく、ガタリが人格や身体、個体を「実体」という語に結び付けている点である（ところが、ガタリは自身が実体をどういった意味で使用しているかを『草稿』では明確にしていない。そのため、ここでは実体を〈他によらずそれ自体において存在するもの〉と規定しておこう）。ガタリにとって実体という概念は自然主義のへその緒のようなものである。これをつかむことで、オイディプスや人格、シニフィアンなどの精神分析において支配的な概念装置を一挙に批判できると考えたのである。

スピノザとイェルムスレウ

こうしてガタリは実体という概念の批判へと進む。実体に頼らない理論を形成すること、それによってオイディプスなき精神分析を成立させること、これに取り組むためにガタリが理論的に参照したのが、スピノザとイェルムスレウの思想である。

まずスピノザについて見ていこう。ガタリは「二つのタイプの切断」という断片（手紙）のなかで、ドゥルーズの『スピノザと表現の問題』を参照しつつ、独特のスピノザ解釈を開陳していく。おおよそ次のようなものである。スピノザにおいて神＝実体が「中性化され表現的になる」というドゥルーズの解釈は、実体の脱実体化を表しており、スピノザはそれを全体集合（référentiel）のように用いていると考えられる。そこには諸々の様態だけが内在していて、実体と様態のあいだに階層秩序はない。様態のレベルにおいては諸々の力能の構成だけがある。もっといえば、スピノザにとって機械（machine）とは、さまざまな構成の総体であり、諸々の力能の機械状のアジャンスマン（agencement）がある。こうして実体が背景に退いて様態が前面に来る「実体的な地平のない」ヴィジョンが形成される(5)。

こうしたスピノザ解釈からガタリは何を得たのか。おそらくそれは、人格や身体、個体、意識をそれ自体において存在するものと捉える見方（実体の自然主義）からの解放であり、そしてさまざまに構成されうる機械とその構成を実現する力能からなる様態論（機械状アジャンスマン）という見方である。それだけでなく、ここがガタリの独創的なところだが、彼はスピノザの様態論をコード論として捉え直したのである。このコード論については重要なトピックなので後で丁寧に取り上げることにする。

続いてイェルムスレウの議論に移ろう。イェルムスレウはソシュールの記号学を継承し発展させた言語学者である。ガタリは彼の言語理論にスピノザとの共通点を発見している。それは「表現」という概念にかんすることであるよりも前にsubstance（実体）にかんすることである。

ガタリの見解は次のようなものである。イェルムスレウは、ソシュールの見出した記号の構成であるシニフィアン－シニフィエという考え方をさらに発展させた。まず記号を表現と内容に区別し、それらにそれぞれ質料－実質（substance）－形式の下位区分を与えた。ここに六層からなる記号構成の層ができ

（5） cf. EAŒ, pp. 369-386／三四七—三六〇頁。ちなみに『草稿』では「機械」についての明確な定義は記されていない。『草稿』の内容から考えるに「機械」とは、諸物を構成するエレメント（基本要素）でもあり、それらが結合して組み立てられたものでもある。その機械は、主体の意向とは独立して機能するもので、構造をつくる項にはならないとされる。また機械は実体ではない。

きるが、そのなかでもイェルムスレウが自身の理論の対象としたのは表現の実質、表現の形式、内容の形式、内容の実質の四層である。たとえば話し言葉でいえば、表現の実質とは実際に出された音声であり、表現の形式とは個別の言語に備わる音韻体系である。また内容の実質とは思考が言語の形を取ったものであり、内容の形式とは意味を扱う形式論理である。[6] ガタリによれば、イェルムスレウは実質の方に力動性を、形式の方にその力動性を受け止めて形を固定する特性としての不変性を与えていた。

ガタリはイェルムスレウの才能を評価しつつ、その理論を自己流に捉え直していく。まずガタリは、自分たちの用語に置き直せば実質とは流れのことであり、形式とはコードのことであると規定する。次に、形式は決して変形することのない受容器ではなく、何かを生産する力能を備えていると考える。そしてさらに次のように述べている。

> イェルムスレウの理論において私が感嘆するのは、実質（substance）、純粋な流れ、無定形の純粋連続体を彼が軽視していることだ。（EACE, p. 218／二一三頁）

この実質の軽視が理論上のものだという点が重要である。イェルムスレウがスピノザ主義者といわれるのは、ガタリにおいては何よりもまず彼らがその理論において脱 substance 化する方向で一致しているからだといえるだろう。こうしたガタリの見解から、イェルムスレウの言語理論においては形式＝コードが実質＝流れよりも優位なものとなる。

substance 批判の狙いはそれを理論から排除することではない。流れとしての実質は残り続ける。批判の狙いは二点あり、ひとつは〈それ自体において存在するもの＝個〉という認識から世界を逃がすことである。[7] この〈個〉には人格、人称、個人、個体、身体が含まれる。スキゾフレニーの重視、およびスキゾ分析の発想はこの議論と地続きである。というのも、スキゾフレニーとは、まさしく人格のまとまりが崩れてバラバラになる現象や自他の境界が曖昧になる現象を指すからである[8]。このスキゾフレニックな状態を病的ではない形で活用したいとガタリは考えている[9]。

批判のもう一点は、この批判によって拓かれた世界の新しい在り方を捉える方法を見つけることである。ガタリが考えるに、それはスピノザにとっての様態論、イェルムスレウにとっての形式論であり、自身にとってはコード論がそれにあたる。これは次の重要概念を理解するための鍵にもなっている。

> 実体（substance）に代わるもの、それは共立性（*consistance*）である。（EAŒ, p. 381／三五六頁）

『草稿』において、共立性はsubstanceの対抗概念として導入される。そして共立性はコード論との関連でその意義を持つ概念だといえる。では、ガタリのいうコード論とはどのようなものなのか。この理論を掘り下げていこう。

---

(6)『記号学小事典』、脇坂豊・川島淳夫・高橋由美子編著、同学社、一九九二年、【表現と内容】の項目を参照。

(7)「個的なもの＝不可分なもの（individuel）から可分なもの（dividuel）への移行。」（EAŒ, p. 184／一七八頁）

(8)「言表行為の主体は存在しない」というスキゾ分析の決定的な主張もここに含まれる。また、スキゾフレニーにおける観念連合の弛緩という現象は、『草稿』における第三次分節（離接的総合、多声性）に相当すると思われる。

(9)「スキゾ分析は、artificielle なスキゾフレニー、病的ではなく革命的なスキゾフレニーによってあらゆるものを大きく転換させるために、ヒステリー的な系統（…）や強迫的な結合（…）から逃れることを可能にする。二〇回のレッスンでスキゾになろう！」（EAŒ, p. 429／三九六頁）

コード論

そもそもコードとは何なのか。古典的で一般的な考えによれば、コードとはあるメッセージをその発信者がその受信者に送信するための、そして受信者がそのメッセージを解読するための規則のことである。もう少し補足しておくと、特定の素材を用いて相手に伝えたい内容を組み立てたり、またその内容を理解したりするための一定の規則や手続きのことである。しかしこの考え方だけではガタリのコード論は捉えきれない。

彼のコード論において明言されずに前提とされている基本的な考え方は、コードとは無定形なsubstanceの流れのなかから特定のものを切り分けて取り出す仕方だというものである。その仕方はさまざまあるだろう。たとえば音声を考えてみよう。都市の喧騒のなかであれ、森のざわめきのなかであれ、私たちはさまざまな音に浸かっている。それでもその状況で人の音声をそれ以外の音と混ざることなく聴き取ることができる（もちろん周囲の音が大きすぎる場合などの阻害要因を除いて）。すると私たちは無定形の音の流れのなかから音声を音声として採取するコードを備えているといえる。ここからさらに、前述したような一般的なコード論の見方に基づいて、何語なのか、どこの方言なのか、どの集団による使い方なのか、どういったメッセージなのかといったように、細かくコードを見ていくこともできるだろう。もちろん音声だけでなく、遺伝子コードや磁気コードなど、その素材やコード化の仕方には多様性があり、それぞれに固有の規則がある。(10)

ガタリはこのコード論をさらに展開していく。コードに何かを生産する力能を見出すのである。次の引用を見ておこう。

諸々の力能記号からなる共立平面の多様体についての理論だけが、コードの剰余価値という現象を説明することができると私には思われる。つまり、記号のレベルで行われることは現実的なものにお

いて実効的であり、現実的な出来事の生産となる、ということだ。（EAŒ, p. 358／二三七頁）

嚙み砕いて確認していこう。コードの剰余価値は artifice に並ぶ『草稿』の主要概念である。しかし、これが何を表しているのかを理解するのは非常に難しい。ここでは引用にある通り、記号のレベルで行われることが現実的なものにおいて何がしかを生産することと捉えておこう。つまり、コードはそれ自体では無定形な流れを部分的に規定し、形式化することであるが、その作動を通して何かを新たに生産する働きをすることがあり、それがコードにおける〈剰余価値〉だと考えるのである。

ガタリがこだわるのは、この生産がラカン派精神分析では不可能とされる現実的なもののなかで起こるということである。彼にとってラカン派精神分析は、オイディプスやそれにかかわるシニフィアン、象徴的なもの、罪責性などの概念を用いて個人化や身体化をもたらすものである。こうした概念網を突破するために、彼としては現実的なものの領域の理路を切り拓いていきたい。ガタリはそれをコード論に賭けている。そこにシニフィアンに対抗する概念として力能記号が導入されるのである。

力能記号に与えられた特性は生産することである。この発想はガタリの記号論の独創性を示している。というのも、従来において記号とは代理表象や外延指示、表意、表出といった機能を果たすもののことだからである。端的にいえば、物や観念などの任意のものを知覚可能な何かを媒介することで示したり表したりするものである。このとき記号はそれが示したり表したりする当のものに対して副次的だといえる。ガタリはこうした記号とその対象の関係を逆転させて、記号がなければ生産されず存在しえないものがあると考える。[11]

（10） 表現の形式をコードと見なすのであれば、確かにイェルムスレウの理論は言語論の枠に収まらないものになるだろう。

また、力能記号は「機械のインデックス(index de la machine)」(EAŒ, p. 357/三二六頁)という特性も備えているとされる。インデックスとは、たとえば煙と火、インターホンと訪問者のあいだの関係のように、示すもの(煙、インターホン)と示されるもの(火、訪問者の来訪)のあいだに自然的因果関係が成り立つ記号を指す。つまり、火が直接知覚できていない状況でも、煙が上がっていることが印となって、その元で何かが燃えていると推測することが可能になるように機能する記号のことである。このことからガタリが「機械のインデックス」を導入することでいいたいのは、力能記号が何かを生産しているとき、その生産自体がインデックスとなって、その生産に対して何らかの機械の作動が関与していると推測することができる、ということだろう。こうしてコード論のなかに機械が位置づけられることになる。

力能記号によって何が生産されるのかは後で見ることにして、共立平面について触れておこう。共立平面とは、ガタリによれば「現実的であると同時に非物体的なもの」(EAŒ, p. 385/三五九頁)である。さらには一貫性(≠無矛盾性)という特性を備えていると規定される。ここにこれまでの情報を加えて考えれば、共立平面とは、無定形な流れのなかでコード化あるいは力能記号の作動によって、ある一貫性を持った領域が成立するための場(コードが登録される場)とみなせるだろう。ガタリはこの一貫性を持った領域に、数学や物理学、化学などの学問分野を当てているが、それ以外のものも考えられるだろう。ここで注意すべきは、共立平面は解体することもありえるということである。それはつまり一貫性を持った領域が解体するということであり、同時にそこで生産され存在していたものも解体するということである。それ自体において存在するものとしての実体がないというのは、まさしくこの意味においてである。

煩雑になったのでまとめておこう。コードの剰余価値とはコードの作動によって何かが生産される働きのことである。この生産を実行するのは力能記号と機械である。力能記号と機械が生産を行うのは共立平面上である。共立平面は現実的なものであり、一貫性を備えた領域がそこに成立する。共立平面が解体すれば、その領域も解体する。[12]これがガタリのコード論のおおよその機序である。このなかに欲望や第三次分節、言表行為の集合的エージェントといった概念がさらに絡むことになるので、ガタリの思想は一層複雑さを増す。それについては次節で扱うことにして、ここではガタリが挙げるコードの剰余価値の例を見ておくことで、コード論の実際の作動を捉えたい。

〈雀蜂－蘭〉の機械状生態学

コードの剰余価値の例として何度も繰り返し挙げられるのは〈雀蜂と蘭の結婚〉（以下〈雀蜂－蘭〉と略記）である。これは、蘭が自身の生殖活動に雀蜂（オス）の生殖行動を利用するという現象のことである。植物と動物の共生あるいは共進化の一事例といえる。

この例は『アンチ・オイディプス』や『千のプラトー』にも登場するもので、ガタリとドゥルーズの共同作業におけるひとつのモチーフとなっている。しかし、『アンチ・オイディプス』でも『千のプラトー』でも詳しくは触れられず、なぜこのモチーフが繰り返されるのか、どのような重要性があるのかは実のところはっきりとしない。それに対して『草稿』では、コード論の核心をなす例としてガタリは〈雀蜂－蘭〉について踏み込んで考察しているのである。

では、〈雀蜂－蘭〉はコード論の何を例証しているのか。それは「コード拡張」という出来事である。

（11） ジャネル・ワトソンは理論物理学を例に取りながら、このことを「理論的言説は物質的実在に先行する」と端的に表現している。Janell Watson, *Guattari's Diagrammatic Thought*, Continuum, 2009, pp. 38-39.

（12） 共立平面の創設と解体の運動が〈歴史〉を形成するとガタリは考える。〈歴史〉はガタリ思想を理解するうえで鍵概念のひとつである。

コード拡張とは、コードの剰余価値において生産を担う力能記号によって生産されるもののひとつである。もっといえば、異質な（関係を持たない）諸項の離接的総合という出来事である。だから次のようにいわれる。

出来事（反復）、それは植物機械［＝蘭］の「コードの呼びかけ」に、コードの開かれに、ある日足を取られた雀蜂だ。（EAŒ, p. 260／二四八頁。［　］内は引用者による補足）

ガタリの考えでは、蘭も雀蜂もそれぞれのコードと共立平面によって生産され存在している。そのため蘭と雀蜂は互いに関係を持たない。ここでコード拡張とは、蘭が自身のコードを開いてそのなかへ雀蜂のコードを部分的に組み込むことをいう。この拡張によって蘭は雀蜂なしで繁殖していくことができなくなる。このことは蘭の共立平面には自身のみでの生殖活動のコードが登録されておらず、その代わりに雀蜂のコードが蘭の生殖活動にかかわるかぎりで登録されていることを意味している。これによって蘭は新しい機械、新しい存在、新しい力能を生産したといわれるのである。

ここでガタリはもうひと展開する。彼はイェルムスレウの記号論にチャールズ・S・パースの記号論の接続を行う。[13] どういうことかといえば、〈雀蜂‐蘭〉のコード拡張についての理論構築にパースの記号論を導入するのである。そこで重視されるのがパースの記号論の鍵概念である「イコン」および「ダイアグラム」である。はたしてこれらの記号概念で〈雀蜂‐蘭〉はどのように捉えられるのか。

イコンとは、示すものとそれが指示する対象とのあいだにある何らかの類似性によって機能する記号のことである。いわゆる図像（似像、偶像など）がそれにあたる。パースの分類によれば、イコンはさらにイメージとダイアグラムに下位区分される。イメージはそれが備えている特性によって質を示す記号である。ここでいう質とは、色や音などの感覚的なものから、喜怒哀楽などの情感的なもの、像などの知覚的なものを含むものである。それに対してダイアグラムは複数の項の「関係」を類比的に図表化した記号である。こういってよければ、イメージとは感覚されるものであり、ダイアグラムとは思考されるものである。

パースのこうした記号論を引き受けつつ、ガタリはイメージに対して、ラカンのいう想像的なもの、同一化、理想化などとの関連を見出しており、否定的な評価を与えている。[14] また他方でダイアグラムに対しては、現実的なものや無意識の領域で生じることを思考可能にするとして肯定的な評価を与えている。

では〈雀蜂－蘭〉を見ていこう。蘭は雀蜂（オス）に自身の生殖活動を担わせるための戦略として、自身の花の模様を視覚的に雀蜂（メス）に似せている（それだけでなくメスに似た匂いも発するという[15]）。これによって雀蜂（オス）に生殖行動を取らせるのである。これについてガタリは蘭が雀蜂（オス）に対してイコンを使用していると考える。問題なのは、このイコンがイメージとして機能しているのか、それともダイアグラムとしてなのかである。ガタリの進む道はダイアグラムの方向なのだが、ではなぜ蘭のイコンはイメージではなく、ダイアグラムと考えられるのか。

この問いに対する納得のいく説明は『草稿』にはない。それでも次のように考えることができるだろう。ガタリはコード論に基づいて〈雀蜂－蘭〉を捉えている。蘭と雀蜂は別々のコードに規定されてい

(13)「イェルムスレウの記号論的機械の理想とは、もはや記号論的であることではなく、パースのいう意味でのイコン的でダイアグラム的なシンボリズムに到達することである。」（EACE, p. 310／二九二頁）
(14) 多声的で離接的な機械状の接続、昇華、生産、横断変換、コード拡張、革命など。
(15) レミ・ショーヴァン、ベルナデット・ショーヴァン『動物モデル』、森岡照明訳、思索社、一九八七年、二六〇—二六三頁を参照。

るが、蘭は自身の生殖活動のために雀蜂のコードを自身のコード内に取り込もうとする[16]。とすれば、蘭のコードはどこかで雀蜂のコードと結びつかなければならない。そこで機能するのがイコンである。確かに蘭の作る雀蜂の姿形や匂いは雀蜂に感覚されるものであり、イメージにかかわるだろう。しかし、ガタリによれば、ここで蘭のイコンは「交差点」（EAŒ, p. 338／三二九頁）としても機能するという。そしてこのイコンの交差点は蘭と雀蜂の関係を構築する。つまりダイアグラム化（関係を図表化）する。『草稿』に描かれたダイアグラム（左の図）はまさにそれを表している。

sの線、tの線、uの線があるが、そのうちのどれかが蘭の線であり、雀蜂の線であるだろう。ガタリは具体的なことは書いていないので、例えばsを蘭の線、tを雀蜂の線とするなら、それらの線はイコンを表すI^aの上で交差することになる。このときに蘭は自身のコードを開き、そこに雀蜂のコードを組み込むのである。

以上が〈雀蜂－蘭〉についてのガタリの思弁的考察である。結局、〈雀蜂－蘭〉とは何の例だったのか。整理すればコードの剰余価値、コード拡張、力能記号、イコン、ダイアグラムといったガタリ記号論の例だったといえるだろう。しかしここで止まらず、さらにもう一歩追求してみよう。〈雀蜂－蘭〉がガタリ記号論の例であるとはどういうことか。次の引用を挙げておこう。

> 機械状の力能は身体もオイディプスも尊重しない。それはますます脱領土化された無意識を製造し、交わり合う。コードの剰余価値としての機械状の力能こそが、無意識とartificielな現実的なものを生産する。（EAŒ, p. 180／一七五頁）

非常にわかりづらいがこういうことである。ここまでで見たように、コードの剰余価値は力能記号を伴う。そしてその力能記号は機械のインデックスである。こうした関係から引用文中にある「コードの

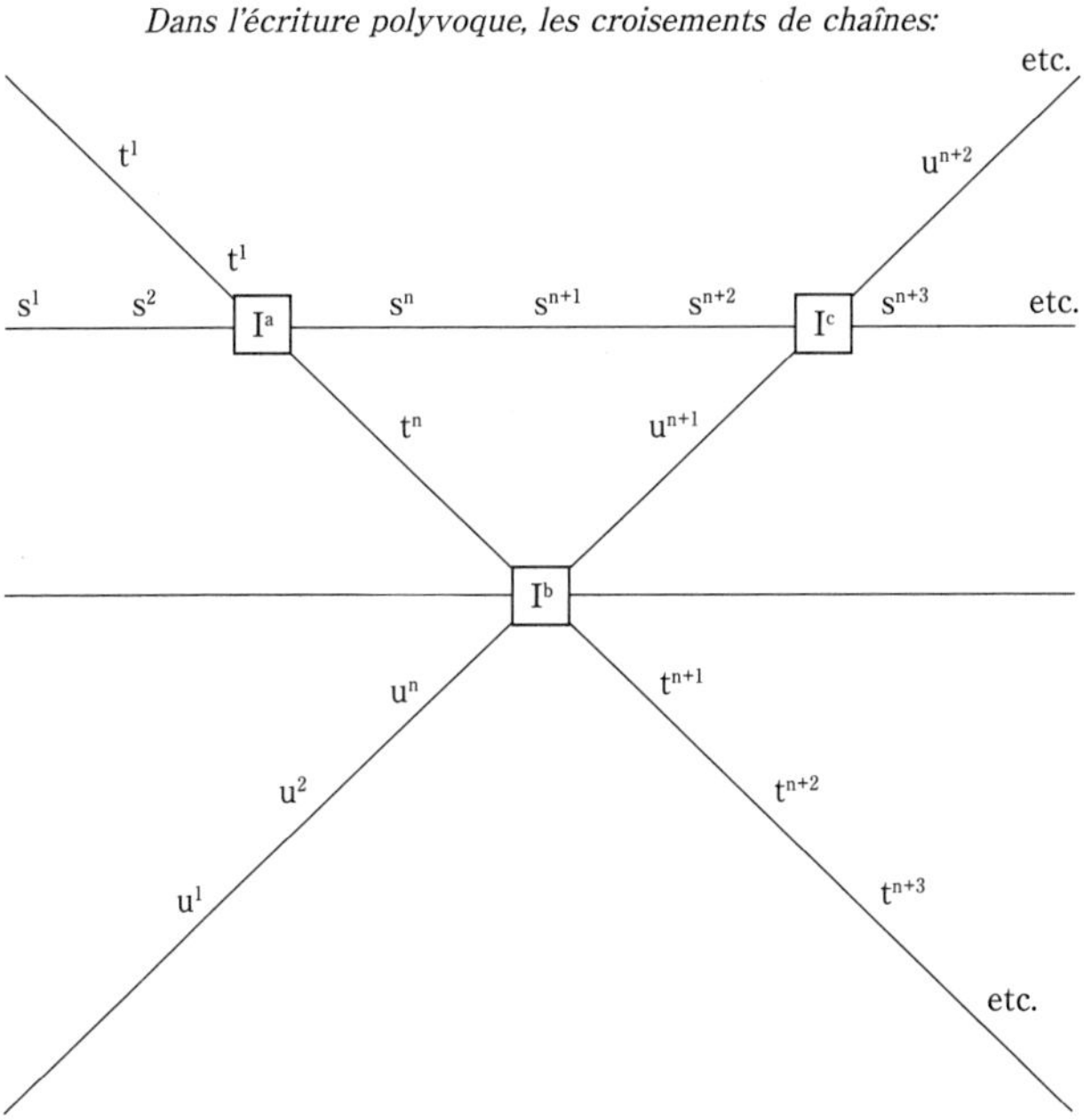

図2.1
（EAŒ, p. 339）

剰余価値としての機械状の力能」とは、機械の作動とともに生産を行う特性を与えられた力能記号と言い換えることが許されるだろう。そしてこの力能（＝力能記号）はartificiel な現実的なものを生産する。ここから次の見解が導き出せるだろう。〈雀蜂－蘭〉はガタリ記号論の例であり、すなわちartifice の例である。この見解が意味するのは、ガタリが生態学をartificiel なものとして捉えているということである。この点からartifice は「人工」と訳せる領域を超えているといえる。そのため本書では「機巧」という訳語を提案しておきたい。

〈雀蜂－蘭〉に関連してもうひ

（16）「コードによる備給、コードの登録は、動植物的な種別や分類を尊重しない！」（EAŒ, p. 260／二四八頁）

とつ引用を見ておこう。

分析家は蜜蜂、被分析者は蘭であって、その逆もまた然りである。（EACE, p. 223／二一六頁）

このように蜂（蜜蜂や雀蜂）と蘭の結婚はスキゾ分析の例でもある。このことは、スキゾ分析がひとの精神にも働きかけるかぎり、それもまたコード論の射程内にあるということを意味している。『草稿』にはガタリの分析実践も部分的に描かれているが、それはこうしたコード論を基に理解される必要があるだろう。

本節のまとめ

本節は、ガタリの錯綜した『草稿』から一貫性のある思想を取り出すことを目指した。そしてこの一貫性のある思想に名をつけるとすれば、やはり〈artifice の哲学〉がふさわしいだろう。この哲学にとっては基本でありながら、しかし非常に独創的な論点は実体の批判であり、それに連動した自然と個の批判である。ガタリにとって artifice とは、実体なきスキゾフレニックな世界を包括的に捉えるヴィジョンなのである。

この哲学、このヴィジョンを支えるためにガタリが導入したのが〈機械〉という概念とコードを軸にした記号論である。そして〈雀蜂 - 蘭〉の婚姻の事例を通して、これらの概念が機能することを示そうとしたのである。これ以後、ガタリは artifice の哲学を突き詰めていくことになるが[17]、ではこの哲学はスキゾ分析とどのように関連しているのだろうか。

第二節　スキゾ分析の初期設定

本書の問題設定を再確認しておこう。ガタリが提案し、ドゥルーズとともに更新していった〈スキゾ分析〉という分析技法がどういうものだったのかということについては、いまだ大きな謎として残っている。スキゾ分析は精神分析（とりわけラカン派）への批判として考案されたものだが、はたしてそれは精神分析に代わるような治療技法なのか。そうだとすればその実践はどのように行われ、どのような理論で支えられているのか。そもそも何を治療するのか、あるいは何をもって治療と呼ぶのか。スキゾ分析についてはこうした根本的な部分も含めてまだまだ研究が深まっていない。

本節ではスキゾ分析の全容解明のための一歩として、スキゾ分析の初期設定を描き出してみたい。参照するのは引き続き『草稿』である。このテキストのなかには断片的にではあるが『アンチ・オイディプス』で提示されたものとは異なるスキゾ分析の構想が記されている。ここではこれをガタリによる「スキゾ分析の初期設定」として捉え、その姿形を描き出すことを目指す。

初期設定に絡めてもう一点触れたい論点がある。それは「ここでいうスキゾとは何か」ということである。『草稿』のなかでガタリは神経症者を、あるいは分析をスキゾフレニー化すること（schizophréniser, schizophrénisation）という表現を繰り返し述べており、これがスキゾ分析の実践の基軸だと考えられる[18]。ところが、スキゾおよびスキゾフレニーという言葉でガタリが何をいわんとしてい

（17）ガタリの artifice の哲学の展開については拙論「ガタリの〈artifice の哲学〉における「素材」について――自然と機械の差異の向こう側を語る試みとして」、『21世紀の自然哲学へ』、近藤和敬・檜垣立哉編、人文書院、二〇二四年を参照のこと。

るのかが正確には捉え難いのである。そのため本節ではスキゾおよびスキゾフレニーについても考えていきたい[19]。

補助線

最初に確認しておく必要があるのは、ガタリがどこからスキゾについての理解を得ているのかということである。すでに述べたようにガタリはラカンから教育分析を受けており、ラカンのセミネールにも出席していた。しかし、ラカン派精神分析の概念である「父の名の排除」を用いてスキゾフレニー化を説明したことはない[20]。ガタリにとってスキゾフレニー化することは分析技法によってクライアントに「父の名」を排除させることではない。とすればラカン派精神分析とは別のところからスキゾについての理解を得ていることになる。ではどこから得ているのか。「特定できない」というのが現時点での応えである。

それでもガタリのいうスキゾの理解に近づくために、補助線としてロナルド・フェアベーン、メラニー・クライン、そしてドゥルーズの先行研究を簡単に見ておこう。なぜこの三人かといえば、彼らの理論が少なからずスキゾ分析の背景となっているからである。前二者は対象関係論という精神分析の一流派に属している。そこでの鍵概念である「部分対象」という概念とその理論は、ドゥルーズの『意味の論理学』に組み込まれた後に、『アンチ・オイディプス』でもスキゾ分析の鍵概念として使われているという関連性がある。『草稿』のなかには実際にガタリによるクラインへの言及があり、また彼が『意味の論理学』から影響を受けていることもうかがえる。こうした事実から対象関係論におけるスキゾイドおよびスキゾフレニーについての考え方やそれらと関連する概念群を概観しておくことは、スキゾ分析におけるそれらを理解する手助けになると考える[21]。

(18) スキゾフレニー化する分析が実際に可能かどうかにかんして、ラカンによる興味深い発言を参照しておこう。「分析は、その当初から精神病を引き起こすことがあるという事実は、よく知られています」(ジャック・ラカン『精神病(上)』、ジャック゠アラン・ミレール編、小出浩之・鈴木國文・川津芳照・笠原嘉訳、岩波書店、一九八七年、二三頁)。精神病はスキゾフレニーとパラノイアを含む上位の診断名。文脈では精神病を引き起こすのは分析の失敗によるものとされているが、ガタリは分析においてそれを有効な仕方で引き起こす仕方を模索しようとしていると考えることができる。

(19) 『草稿』にかんする先行文献としては佐藤嘉幸・廣瀬純による「分裂分析と新たな主観性/主体性の生産」、『三つの革命――ドゥルーズ゠ガタリの政治哲学』第一部補論、講談社選書メチエ、二〇一七年がある。本節とは主題や問題関心、議論の展開で重なる部分が多いが、概念に対する解釈や評価には違いがある。この違いは、論者のパースペクティヴの違いによる部分もあるが、『草稿』の断片性と七〇年から七二年までの時間幅、概念の用法の変転など、テキストに備わった揺らぎによる部分が大きいと考える。

また、スキゾ分析にかんする先行文献としては小泉義之による『ドゥルーズと狂気』(河出書房新社、二〇一四年)がある。この著書のなかで小泉は、ドゥルーズ研究の観点からスキゾ分析の「スキゾ」を「スキゾイド」のことであると丁寧に解き明かしていく。それに対して本節は、ガタリ研究の観点から「スキゾ」とは「スキゾフレニー」のことであると主張するものである。ちなみにガタリはスキゾイドに関連して『草稿』のなかで一度だけ次のように述べている。「スキゾ分析にはひとつの目的がある。それは欲望の脱領土化であり、スキゾイド化(schizoïdisation)である」(EAGE, p. 47/四五頁)。この記述は七〇年四月の初めのものとされており、これ以降は「スキゾイド化」とはいわず、一貫して「スキゾフレニー化」という。

(20) 『アンチ・オイディプス』では、「父の名の排除」を使用することはラカン派精神分析に則りオイディプス化を進めることになるという理解のもと、この使用を拒否している。cf. Gilles Deleuze et Félix Guattari, *L'anti-œdipe*, Minuit, 1972 / 1973, pp. 107-108.(『アンチ・オイディプス』上巻、宇野邦一訳、河出文庫、二〇〇六年、一七五―一七七頁。)

ロナルド・フェアベーン

フェアベーンは対象関係論に属する分析家である。スキゾにかんしては彼の論考「人格におけるスキゾイド的要因[22]」が参考になる。それによれば、ひとは誰しも精神の最も深い水準でスキゾイド状態にあり、例外なくスキゾイド的である。別の言い方をすれば、幼児の早い段階（早期口愛期）にスキゾイド状態を経験するということである。早期に経験され形成されるこのような心の基本的な水準を彼はスキゾイド・ポジションと名づける。スキゾイドという言葉で示しているのは「自我の分裂」という現象である。自我を統合する機能が不全になることで、知覚と行動、思考と情緒の統合が行われず、内的現実と外的現実の区別も曖昧になるという。また、自我の分裂と関連してか、スキゾイド状態においては幼児のリビドーはその対象として、母という一人の全体としてのひと（person）ではなく、乳房という部分（部分対象）に備給する傾向を持つ。たとえば退行が起こりスキゾイド状態になれば、相手を一人の人格（person）以下のものとして扱う傾向を持つことになる。

スキゾフレニーとの関係を述べておけば、フェアベーンはスキゾイド状態を四つに分類しており、自我の分裂の度合が高い順に①スキゾフレニー（統合失調症）、②スキゾイド型の精神病質人格、③スキゾイド性格、④スキゾイド状態あるいは一過性のスキゾイド的エピソード、となっている。スキゾイドが深い水準での精神の状態や人格、性格などであるのに対してスキゾフレニーはいくつもの症状を伴う病的状態といえる。

メラニー・クライン

クラインもまた対象関係論に属する分析家である。彼女の論考「分裂的機制についての覚書[23]」を見ておこう。クラインはフェアベーンのスキゾイド・ポジションを部分的に引き受けつつ、乳児期の最も早い発達段階をパラノイド－スキゾイド・ポジションと名づけた（この段階の後に抑うつポジションが続く）。

「早期乳児期では、自我に特殊な防衛機制の発展を強いるような精神病特有の不安が生じる」[24]といわれるが、こうした不安に対する防衛として自我によって使われるのが分裂的機制（スキゾイド・メカニズム）である。これは不安を処理するためにその不安の源泉となる対象を分裂させて対処する機能である。たとえばそれは、乳児にとっての最初の対象となる母の乳房を良い対象と悪い対象へと分裂させ（場合によってはもっと粉々にして）、それらを内部に取り入れたり、外部に投影したり、あるいは排除したりすることを指す。またクラインによれば、自我は対象との関係を持つので対象が分裂させられるとき、その対象と関係を持つ自我も同様に分裂を被ることになるという。こうして自我の分裂という意味での

(21) また対象関係論におけるスキゾイドとスキゾフレニーの関係を概観しておくことは、スキゾイドについての言及がほとんどない『草稿』におけるスキゾフレニーの在り方を考察するのにも比較対象として役立つと考える。こうした作業の有効性は、本節の注19で示したようなスキゾ分析のスキゾをドゥルーズ研究の観点からスキゾイドであると解釈する見方に対して再考を促すことができる点にもある。ガタリはスキゾ分析の発案者かつ実践者であり、さらにはその晩年までスキゾ分析について考え抜いたのに対して、一方のドゥルーズは自身単独ではスキゾ分析についての考察や言及をほとんど行っていない。ましてや実践など皆無だろう。スキゾ分析に対する両者の比重を考えれば、ドゥルーズの観点だけを抜き出してスキゾ分析の理解を定めてしまうのは研究として公正とはいえない。この補助線を引くことで見えるようにしたいのは、端的にいえば、ガタリの考えるスキゾ分析のスキゾはスキゾイドではないということである。スキゾ分析についての総合的な理解に達するためには、ガタリのこうした見解を丁寧に拾い上げていく必要がある。

(22) W・R・D・フェアベーン「人格におけるスキゾイド的要因（1940）」、『対象関係論の源流』、相田信男監修・栗原和彦編訳、一三―四〇頁、遠見書房、二〇一七年。

(23) メラニー・クライン「分裂的機制についての覚書（1946）」、『妄想的・分裂的世界』、小此木啓吾・岩崎徹也責任編訳、三―三二頁、誠信書房、一九八五年。

(24) クライン、同書、四頁。

スキゾにいたる。

分裂的機制はあくまで自我による防衛機制のひとつであり、正常な発達の過程で必要になるものである。しかし、過剰に機能してしまうと自我の解体にもつながることからスキゾフレニーの疾患の基礎にもなるという。またスキゾフレニーについては、パラノイド-スキゾイド・ポジションの後に続く抑うつポジションからの「退行」という形で説明されることが多い。忘れてはいけないのは、対象や自我の分裂が生じるのは乳児の空想においてだということである。

ジル・ドゥルーズ

ドゥルーズは哲学者であって分析家ではないが、その著書『意味の論理学』のなかで意味の次元が立ち上がる前段階で何が起こっているのかを説明するために、対象関係論を援用している。第二七セリー「口唇性」を見ておこう。彼はノイズ、つまり物体の出す雑音（叫び声、破裂音）から声を分離し、声を言葉の要素にするものは何かと問う。物体が騒々しくノイズを出している状況をドゥルーズは物の状態、あるいは深層と呼ぶ。それに対して言葉によって生じる成果を意味や非物体的な出来事と呼び、これが成立するためにはノイズと言葉、物の状態と出来事を区別するための「表面」を生産する必要があると説く（「表面」は非常に複雑で重要な概念であるが、ここで詳しくは触れない）。注目したいのは、物の状態＝深層に対してドゥルーズがクラインのパラノイド-スキゾイド・ポジションを対応させているということである（つまり彼は言葉の獲得過程を乳児の発達段階に重ねているといえる）。このことから対象関係論では乳児の空想のなかのことであった対象の分裂や断片化（部分対象）を、ドゥルーズが物の状態として、あるいは身体論として読み替えようと試みているのがわかる。

この物の状態に特徴的なことは深層に二元性を認めることである。一方は部分対象を指している「固形で硬く、劣化を伴う破片からなる混在」としての深層であり、他方は「流動的かつ完全で、部分を持たず劣化もしない流体からなる混在」としての深層である（LS, p. 220／下、二八頁）[25]。ここで押さえておくべきは、ドゥルーズがこの二元性がスキゾフレーヌ[26]の言葉の特質だと考えており、そしてこうした言葉をスキゾフレーヌが話すことになるのは「退行」によってだと考えているという点である。どういうことかといえば、スキゾフレニーは言葉を可能にする条件である表面まで上昇した後に何らかの理由によって表面が割れて、パラノイド - スキゾイド・ポジションである深層に落下するという経緯をたどることになる、ということである。

さて、以上のような補助線を引くことで何が見えてくるだろうか。ガタリが『草稿』において考えているスキゾ分析と関連させて簡潔に整理しておこう。

【人格】　フェアベーンがスキゾイドの特性のひとつとして相手を人格以下のものとして扱う傾向を挙げているが、スキゾ分析もこれに近い。ただしそこに相手か自分かの区別はない。スキゾ分析は人格以下の、あるいは人格とは別の水準で生じていることに着目して分析を行う。

【自我の分裂】　対象関係論はスキゾを自我の分裂と関連させているが、『草稿』でのスキゾ分析はスキ

(25)　前者は寸断された身体やバラバラになった器官を指しており、後者は断片をまとめ上げる器官なき身体を指している。

(26)　スキゾフレニーに陥った人のこと。ドゥルーズの『意味の論理学』のなかではアントナン・アルトーやルイス・ウルフソンがそれにあたる。原語に対して「精神分裂病者」や「統合失調症者」、「分裂症者」などの訳がありうるが、どの訳語を採用するかで思想的・政治的な立場が分かれることになる。前二者の訳語の場合では精神医学や精神病理学の色彩が濃くなりすぎ、後者の場合ではそうした色彩が薄くなりすぎるきらいがある。本節ではこれらの訳語がそれぞれ含んでいる背景を意識するために、あえて違和感のあるカタカナ表記を採用した。

ゾを自我の分裂という観点から説明することはほとんどない。また、そもそもスキゾ分析は自我に視点を置かないため、クラインのいうスキゾイド・メカニズムのような自我の防衛機制とも一致しない(27)。

【発達段階】　スキゾ分析は第一次分節／第二次分節／第三次分節という区分を用いており、この区分が対象関係論における発達段階論と対応しているように見えなくもないが、厳密に見ると対応していない。

【退行】　対象関係論およびドゥルーズは、スキゾフレニーをパラノイド-スキゾイド・ポジション〈深層〉への退行によって説明する。しかしスキゾ分析によるスキゾフレニー化は分析主体をパラノイド-スキゾイド・ポジション〈深層〉に退行させることではない。むしろ〈別の方向へ突き抜けさせる〉と表現する方が事態により即しているだろう。

【オイディプス】　対象関係論が扱う早期乳児期はオイディプス・コンプレックスに先立つ時期〈前オイディプス期〉である。それに対してスキゾ分析は、オイディプス・コンプレックスが機能した後にどのようにそこを突き抜けて解放されるのかに焦点を当てる。

これらの補助線を引くことで、間接的な仕方ではあるがスキゾ分析の特性を絞り込むことができたと考える。ここから先はいよいよ『草稿』に依拠しつつ、スキゾ分析の初期設定について直接踏み込んでいこう。

人格と主体の批判

「人格」（personne）から出発したい。対象関係論でも登場するこの概念がスキゾ分析の複雑な理路の導きの糸になってくれるだろう。

ひとはひとりの個人であることを「学ぶ」。つねに人格主義の錯覚がある！（EAŒ, p. 45／四三頁）

危険は欲望が分析者の人格へと係留されることにある。この企て［治療の実践あるいはスキゾ分析］の狙いは諸々の人格の「自然主義」を転覆することにあるというのに。人格などもうたくさんだ。器官も、人格と器官の混合もいらない！（EAŒ, p. 143／一三九頁、［　］内は引用者による補足）

ここで批判される「人格」をガタリは「個人」、そして「主体」という概念と同列に並べて扱っている。さらに主体は「言表行為の主体」という概念に結びつけて論じられることが多い。つまり、人格を備えたひとりの話す個人は言表行為の主体であるという仕方で個人と主体が結びつくのである。また、言表行為の主体の対となる「言表の主体」との関連で人格は「人称」とも結びつくことになる。まとめると、ガタリの理論構成のなかでは人格‐個人‐主体‐人称のユニットが成立することになる。そしてスキゾ分析はこのユニットに対して攻撃を向ける。スキゾ分析の原理のひとつにはこうある。

言表行為の主体は存在しない。（EAŒ, p. 48／四六頁）

この言明をガタリの理論構成の観点から正確に書き直すとすれば、「言表行為は人格を備えたひとり

---

(27)『草稿』では自我という語が出てくることはほとんどないが、『アンチ・オイディプス』では重要な用語のひとつとして登場する。そこではスキゾ分析は自我への攻撃として考えられており、自我を破壊することが分析の課題といわれる。その破壊を分裂と解釈するのであれば、スキゾ分析のスキゾは自我の分裂のことであるといえなくもない。しかしそれは自我の防衛機制としてのスキゾイド・メカニズムといった観点とはまったく異なるものである。

の話す個人を源泉とする行為ではない」となる。つまり、言表行為は主体＝個人とは異なる別のものによる行為となるということである。では別のものとは何なのか。ここでガタリは「言表行為の集合的エージェント」という独自の概念を導入する。ではこの概念は何を表しているのか、そしてスキゾ分析にとってどういう機能を果たすのか。またこの概念によって何が捉えられるようになるのか。これらの問いを理解することがスキゾ分析の肝である。しかしこれらに即座に答えることはできない。というのも、この概念はガタリが導入した他のさまざまな概念との複雑な連動のなかでこそ機能するからである。だからこそスキゾ分析の初期設定の一貫した像を描き出すことが必要なのである。

スキゾ分析の初期設定

人格に戻ろう。なぜスキゾ分析は人格を批判の対象とするのか。その理路を追うためにはガタリの導入した「第一次分節」、「第二次分節」、「第三次分節」という三つ組みの概念について理解する必要がある(28)。この三つ組みの概念は初期設定の骨組みとなるものだが、ガタリによって十分説得的な形で提示されることがなく理論上の欠落もある。そのためここから本節は考えられうる仮説を形成する作業に入る。ひとつひとつ見ていこう。

第一次分節

第一次分節は三つ組みのなかで一番言及の少ない概念であり、その分説明も難しい。まず分節(articulation)とは何かということから考えてみよう。「基になるものを有効性のある単位に切り分ける」というのがおおよその意味である。とすれば切り分けられる基のものがあり、かつ切り分ける基準や規則があることになるが、それらについては語られない。それに対してそこから分節されたものは「欲望」であり、「欲望する機械」だといわれる。では欲望する機械とは何か。それについての厳密な説明は『草稿』では行われないが、前節の注5でも触れたように、少なくともスキゾ分析にとってのエレメントだといえる。それは物質的な項とも考えられており、「有機化学の連鎖のように」（EAŒ, p. 174／一六九頁）さまざまな項が接続するとされる。この物質的な接続性はヒュレーとも呼ばれ、流れや連続体を作り出す。この流れは、接続した無数の欲望する機械からなるため、欲望の流れでもある。

第一次分節では接続（connection）という特性に重点が置かれる。次の引用を見てみよう。

あらゆることが幼児期には可能であり、どんな接続も可能である、横断移動性の世界だ（同じく未開社会も）。（EAŒ, p. 70／七〇頁）

ここから次のように考えることができる。接続は第一次分節の特性であるのだから、ガタリは幼児期を第一次分節と重ねているといえる。この点は対象関係論を彷彿とさせるが、彼はそれだけでなく同時に未開社会とも重ねている。(29) 人間の発達の早期と社会のプリミティブな形態が第一次分節という観点で結びついているのである。また、「あらゆる接続が可能」とあるように、そこでは接続を妨げるものはな

(28) ガタリの提案する三つの分節は、ラカンの想像的なもの／象徴的なもの／現実的なものの三区分を彷彿とさせる。確かにガタリはラカンのこの三区分を引き継いでいるが、しかしそれらを三分節と厳密に一致させてはいない。すぐ後で見るように第一次分節は欲望の物質性を扱うものであり、決して想像的なものではない。それに対して第三次分節は現実的なものであると『草稿』のなかで繰り返し述べられている。とすれば、第二次分節が想像的なものと象徴的なものの両方を含んでいると考えることができるだろう。

(29) ガタリは「未開社会」という言葉で、二〇世紀にピエール・クラストルなどの人類学者たちが調査した、まだ近代化されていない（され切っていない）部族的な社会のことを念頭に置いている。

いと考えられている。こうした欲望する機械の接続する特性は「多声性（多義性）」（polyvocité）とも呼ばれ、欲望にとって純粋でかつ肯定的な状態だとガタリは捉えている。

以上のことから総合すると、第一次分節とは幼児期と未開社会に共通するような、無数の欲望する機械のあらゆる接続（多声性）が可能となる野生状態といえそうである。では、この状態をスキゾイド状態あるいはスキゾイド・ポジションとみなしてよいだろうか。残念ながらこの点についてのガタリの言及はない。

第二次分節

欲望および欲望する機械というスキゾ分析のエレメント、そして多声性と呼ばれるそれらエレメントの野生状態の次に来るのは、欲望の多声性を縮減し節約する抑圧－抑制状態とそれを引き起こすシステム、およびその結果としての「人間的主体の視点」（EAGE, p. 267／二五五頁）の成立である。これが第二次分節と呼ばれる。

第二次分節のシステムを理解するために、まずその基本的な構成要素（概念群）を押さえておきたい。それらは以下のものである。人格、人称、個人、主体、言表の主体、言表行為の主体、身体、実体、シニフィアン、シニフィエ、形象、離接、連接、二重分節、二声性、一対一対応性、線形化、自我理想、超自我、オイディプス、去勢、ナルシシズム機械、抑圧機械、モル的機械、イコン、イメージ、構造、原国家、資本主義、精神分析、神経症、象徴的なもの。これらにさらに下位の構成要素が加わってシステムが形成されている。

このシステムについてのガタリの説明は断片的で錯綜しているが、おおよそ三通りに分類できる。①精神分析の術語を用いた説明、②イェルムスレウとパースの記号論を援用した説明、③未開社会や帝国、資本主義といった政治的－社会的－経済的な用語による説明である。どの説明も結論として〈個人としての主体＝人格の成立〉へといたるのだが、そこでは先ほど挙げた概念群はどのように連動しているのだろうか。

ここでは精神分析の術語を用いた説明に、さらにいえば本節の論点である〈人格〉に絞って見ていこう。ラカン派精神分析の鍵概念である「シニフィアン」を参照点にすると概念群の関係を捉えやすくなるだろう。シニフィアンとは、簡単にいえば記号の構成要素のひとつで、記号の意味内容を担う表示形態のことをいう。話し言葉であればその言葉を形成する音声が、書き言葉であればその言葉を形成する文字がそれにあたる。少なくともここでは「言語」のことを念頭に置けばよい。この「言語」が欲望の多声性に対して働きかける。それをガタリは次のように書く。

> 反生産的な連接が諸々の接続を一対一対応に変える。ひとはそのときシニフィアンとシニフィエを授けられ、接続的な諸々の連鎖は互いにピンで留められてしまう。（EAŒ, p. 44／四二頁）

「一対一対応に変える」（bi-univociser）とは、多声性（polyvocité）を縮減する作用のことである。引用に「シニフィアンとシニフィエを授けられる」とあるように、あるシニフィアンがひとつのシニフィエに結びつくとき一対一対応化していると見なされる（シニフィアンとシニフィエの結びつきは別の箇所では二声性 bivocité ともいわれる）。ところで一対一対応化の働きはこれだけではない。ガタリは主体と関連する形で次のように述べる。

> 初めには主体はまったく存在していない。線形化され、一対一対応化されたシニフィアン連鎖のなかに穴が生産されるのは、一般化されたパロール（…）の多声性に一対一対応のコード機械が押しつけられるときである。この「穴」、これこそが言表の主体であり、ヤコブソンが転換子として認めるも

のである。(EAŒ, pp. 97-98/九八頁)

ここでいわれている「初めに」を第一次分節と考えておこう。第一次分節において主体は存在しない。しかしそこで言葉が発せられたとき、シニフィアンが連鎖することで文章が作り出される。転換子とは「それ」や「ここ」などの指示詞、「私」や「あなた」などの人称代名詞のような、その言葉が発せられた状況を参照しなければその言葉が何を指しているのかが定まらない言葉のことである。引用文中では「言表の主体」といっているので、ここでいう転換子とは一人称「私」のことである。「一般化されたパロール」が発話主を特定しない言葉のことだと解すれば、ここでは確かに一人称「私」を備えた文章は実際の発話主を欠いているという意味で「穴」が空いているといえるだろう。しかし、この穴はそのまま放っておかれるわけではない。それを発話した者がいるはずだと考えられ、「言表行為の主体」が探される。こうして言表の主体と言表行為の主体の一対一対応が見出される。そして以上の議論が次のようにつながる。

シニフィアン‐記号――形象‐記号――の実体(substance)、それは指示された事物、表出された人格である。諸々の実体が存在している。形象‐記号はさまざまな対象の身体化、実体化、個体化を引き起こす。(EAŒ, p. 369/三四七頁)

言表の主体である一人称「私」は、その実体として言表行為の主体を持つ。もっといえば、シニフィアンが言表行為の主体を個人として、人格と身体を持つ者として生じさせるのである。それが一対一対応化の働きである。とすれば、言表行為の主体は引用文中の「表出された人格」と一致すると考えられる。こうしてシニフィアンを軸に議論を追うことで、第二次分節に〈人格〉が導入される理路をたどることができた。そしてその人格は、主体だけでなく身体や個体（個人）でもあり、実体でもある。ここまで来ていえることは、〈人格〉とは欲望の多声性の縮減の結果として成立するものだ、ということである。

第三次分節に移るために次の一文を見ておこう。

> オイディプス三角形がなければ、すべては接続性や欲望する諸系統へと滑り込んで、そのなかへと逃げ去っていくができるだろう。（EAŒ, p. 52／四九頁）

この一文は本書にとって示唆的である。というのも、ガタリは『草稿』にかぎらない複数の著作でオイディプスや去勢が機能しないことはないということを認めているのである。つまり引用文は反実仮想を表している。しかし、ここでガタリは決して第一次分節へと回帰する技法を考えたりしない。つまり、ガタリのいうスキゾフレニー化とは第二次分節から第一次分節へと「退行」することではない、ということである。彼が考えているのは第二次分節から第三次分節へと突き抜ける技法なのである。この点で、スキゾイド・ポジションへの退行によってスキゾフレニーを論じていたフェアベーンやクライン、ドゥルーズとは方向性を異にすることになる。では第三次分節とは何であり、そこでいわれる〈スキゾフレニー〉とは何なのだろうか。

第三次分節

あらかじめ第三次分節を構成する諸要素（概念群）を眺めておこう。欲望、多声性、機械、革命、スキゾ分析、スキゾフレニー化、表現と内容、形式と実質、公理化、力能、力能記号、記号-点、イコン、ダイアグラム、コードの剰余価値、コード拡張、脱領土化、脱実体化、共立平面、内在性、解釈、昇華、享楽、制度的対象、集団幻想、移行幻想、主体性、主体－集団、言表行為の集合的エージェント、アジャンスマン、現実的なもの、機巧性、無意識、離接、連接、労働者、横断性、横断変換（transduction）、横断移動（transcursion）など。注目しておくべきは記号にかんする概念が多く導入されている点である。

以上の概念群の連関をここですべて描くことはできないので論点を絞りたい。第二次分節の問題点を整理するならば、①第一次分節における欲望の多声性（欲望する諸機械の接続性）が縮減されてしまうこと、②それはシニフィアン（とりわけ言語にかかわる）が持つ一対一対応化という特性によるものである[30]こと、③シニフィアンやオイディプスの機能との関連で人格を持った主体が形成されたり、それと連動して身体化や個体（個人）化が引き起こされること、少なくともこれら三点が挙げられるだろう。この三点に対して第三次分節に賭けられているのは、第一次分節に回帰するのとは別の仕方で対応することである。

ガタリは次のように考える。ひとつ目の問題点に対しては「新しい多声性」、「再多声化」で応じること。二つ目の問題点に対しては、一対一対応化するシニフィアンとは異なる、再多声化を可能にする記号を見出すこと。この記号は「力能記号」（signe de puissance）と呼ばれるものである。そして三つ目の問題点に対しては、言表行為の主体に代えて「言表行為の集合的エージェント」を置くこと。ここに第三次分節にかかわる三つの概念が登場してきたが、ガタリはこれらを「無意識」の働きや諸要素だと考えている。つまり第三次分節はガタリの考える無意識論となっているのである。

では、より具体的に再多声化する無意識が機能する理路を見ていこう。まず前提となるのはシニフィアンの働きによって欲望の多声性が縮減されている状況である。しかし、欲望は完全に封殺されているわけではない。

欲望、それは一対一対応性によって行われる減算から逃れるものである。それは「力能記号」へと

変化する痕跡である。（EAŒ, p. 167／一六〇頁）

> 記号の脱領土化と相関する欲望の強化された機巧性。思うにそれはうんざりしないための、政治的で神経症的なあらゆる袋小路から脱するための道である。（EAŒ, p. 109／一〇九頁）

欲望する機械のなかでシニフィアンの連鎖に取り込まれないものは「残滓」と呼ばれる。さらにこの残滓は多声的な接続を新たに構築する力能を持っており、またシニフィアンに代わる記号の機能を果たすため、「力能記号」と呼び換えられる。[31] この力能記号の働きによって新たに発揮される多声性は自然なものではなく機巧的（artificiel）なものだとガタリは考える。つまり第三次分節の描く世界は非常に構築的であり、第一次分節の野生状態とはまったく異なるといえるだろう。この違いを生み出すのが力能記号である。では力能記号とは何を為すのだろうか。

ガタリが力能記号に与える機能は大きく分けて二つある。ひとつ目は「何かを実際に（物質的に、あるいは現実的に）生産すること」である。この特性はガタリの記号論の独創的な点であり、かつ理解の難しい点でもある。というのも、通常私たちが記号として理解しているものとは、その形態や質など、それ

（30） 興味深いのはガタリが第二次分節に資本主義を位置づけていることである。ガタリの考えを敷衍するなら、資本主義が批判されるのはそこで欲望が抑制 - 抑圧されるからであって、欲望が解放されたり行き過ぎたりするからではない、ということになる。ガタリにとって問題なのは、資本主義がその原理からいって享楽をもたらさないことである。

（31） この残滓はラカン派精神分析の用語で「対象a」とも呼ばれ、ガタリが「対象a」から強く影響を受けたことがうかがえる。しかし、彼がこの概念をラカン派精神分析の教義に忠実に使用しているとはいえず、自身のラカン派批判に伴って独自の理解を与えているように思われる。

に備わる性質によってそれ以外の何かを代理表象するものである。外延指示したり、意味したり、表出したりするなど、それによって何かを媒介的に示すものといってもいいだろう（シニフィアンもここに含まれる）[32]。要するに、私たちは日常的に記号を使いつつも、何かを生産するためにそれを使うことがほとんどないか、そのように使っている自覚がないのである。

そのためここでは例を見たほうがよいだろう。蘭と雀蜂の例である（前節の繰り返しになるが、ここでは「力能記号」に焦点を当てて論じている）。蘭は自身では生殖活動を達成させず、雀蜂の生殖行動を利用することでそれを行っている。この二者のあいだに力能記号が働いているとガタリは考える。

> 力能記号の実質、それは（…）コードの開放である。（EAŒ, p. 381／三五六頁）
>
> ある時点で（…）蘭のコードはおのれを開いて、雀蜂のコードの一部分を吸収する。（…）蘭と雀蜂の［あいだを行き交う］横断変換的記号の特異な公理系が新たに発見された。現実に新しい何かである。新しい存在、新しい力能、新しい機械が生産されたのである。（EAŒ, p. 386／三五九―三六〇頁。［　］内は引用者による補足）

端的にいえば力能記号とはコードとその開放（コード拡張）のことである。この例でいえば、蘭は生殖のコードを自律的な範囲に閉じず、コードを開いて、そこに異種の生物であるはずの雀蜂の生殖のコードを一部取り入れる形でコード化を行っていることになる。ガタリはこの一連の動きを「新しい存在、新しい力能、新しい機械」の生産だと考えている。つまり、その活動に異種の存在を組み込んだ蘭の生殖機械が生産されたのであり、それを生産するために機能したのが力能記号としてのコード拡張なのである。

コード拡張は力能記号の二つ目の機能である共立性（consistance）ともかかわっている。共立性は第三次分節における多声性の在り方といえる。第一次分節では欲望する諸機械が接続する状態であったが、第三次分節では機械だけでなくコードとコードが接続する状態も考えられる。蘭はコードを開くことで雀蜂のコードの一部を組み込んだが、そのことで雀蜂が自身の存在を危うくしないとすれば、蘭のコードと雀蜂のコードには共立性（ともに成立するという特性）があるといえる。それに対して蘭と別の虫のあいだにはこうした共立性は成り立っていない。とはいえ、蘭がコードを取り込むのは雀蜂でなければならなかったわけではないだろう。蘭がある時、ある場所でコードを開いているあいだは別の虫でも、あるいは別の生き物でも、さらには無機物や何らかの自然現象でもありえたかもしれない。また蘭自体の制約によってそもそも取り込み不可能なものもあったと考えることもできる。ここにコード拡張（力能記号）の多声性があり、また第三次分節の共立性がある。

ここまで来ることでようやく「言表行為の集合的エージェント」について触れることができる。この概念は第二次分節で現れる「言表行為の主体」への対抗概念であった。つまり、ある言説からその発話者をひとりの人格を持った個人に限定してしまうことを批判し、それに代わってその言説は集合的エージェント、言い換えれば多数の、あるいは集団的な担い手によるものだと考えるのである。

これを言語的な言説（たとえばある発話文）で考えると混乱するので、また蘭と雀蜂の例を参照してみよう。蘭は自身の生殖活動に雀蜂の生殖行動を組み込んでいる。そのために蘭は花の模様を雀蜂に似せたり、メスに似た匂いを発したりするなどの雀蜂に向けた記号表現、つまり広い意味での言表行為を行っている。しかしこの行為はある一本の蘭がある一匹の雀蜂に対してだけ行っているものではなく、

（32）「あるシニフィアンは別のシニフィアンに対して主体を表象する」のがラカン派精神分析におけるシニフィアンの特性のひとつである。

ある蘭の集合・集団がある雀蜂の集合・集団に対して行っていることである。蘭はそうした言表行為を集団で担っているのである。このことはコードを拡張するという営為が個体（個人）的なものではなく、集合的・集団的なものであることを意味しているといえるだろう。とすれば共立性もまた個々の蘭と雀蜂の共立性ではなく、集団としての蘭と雀蜂のそれということになる。

長くなってしまったが、以上より力能記号（コード拡張）、共立性、言表行為の集合的エージェントの概念が連関することで、欲望が再多声化しようとする第三次分節のシステムを概観することができただろう。

分析実践について

実践についても触れておこう。スキゾ分析はひとにも有効であるとガタリが考えるかぎり、第三次分節の議論は私たちについても当てはまるはずである。はたしてガタリはひとに対してどのような分析を行なったのだろうか。『草稿』によれば、分析家は「多声的聴取の場」を分析主体に提供すると彼は考えていたようである。[33] 残念ながらその実践については断片的な情報しか記されておらず、実践の詳細はわからない。それでもその一例を手短に確認したい。

コード拡張にかかわるものを取り上げておく。ガタリが自身の行う解釈について短く記述した文章が『草稿』のなかに残されている。[34] そこでは政治学院出身の元活動家の男の夢の分析が扱われている。男は夢のなかで両親の庭（母の家）にいる。その庭は兄、姉、そして自分に対応して三つに分割されている。その庭にある白いテーブルで女中と隣人が食事をしている。男は彼女らに毒が盛られていることに気づく。そしてそれが姉の仕業に違いないと考える。男は姉を怖れていて、すべてを隠しておこうと決めるが、彼女がそれを望まないのではないかと思い、パニックになる。男は何かをしたいと考え、そこに戻るともうひとつ穴がある。男がなかを覗くと、底に一枚の敷物があり、その下にいくつか死体があると直感する。[35]

ガタリはこの夢の解釈にかんして二つの道が開かれていると考える。一方は、夢に登場するセリーの諸項を父と母のほうへと還元するオイディプス的な解釈の道であり、他方は、夢のセリーを兄や姉、隣人を超えて拡張する解釈の道である。この後者の方がガタリの取る道である。ガタリは夢のなかのさまざまな変化（置換）を捉えながら、そのなかで存続している操作を見出す。それは「姉」がそれらの変化（置換）の交差点になっているということである。この交差点をガタリは「イコン的交差」（carrefour iconique）と呼ぶが、これは蘭がコードを開いて雀蜂のコードを捉える場面でも使われる概念である。[36]つまり、男の夢のなかで姉は多声的な項であり、コード拡張の基点として機能しているとガタリは考えるのである。しかし、ここではそれ以上のことは書かれていない。別の箇所を参照するなら、分析とは「多声的分岐」を生産することだと書かれているので、[37]姉という多声的な項から分岐して別の多声的な項へと移行し、さらに項の接続を（つまり欲望する機械の接続を）拡張させていく方向へと解釈していくことになるのではないだろうか。

この例では分析が言表行為の集合的エージェントにどう関連しているのか（換言すれば私たちの人格をどうするのか）までは追い切れない。とはいえ、ガタリが分析実践において欲望の再多声化につながる

（33） cf. EAŒ, pp. 166／一五九―一六〇頁。ちなみにガタリは分析において自由連想を採用していたことが『草稿』からうかがえる。
（34） cf. EAŒ, pp. 154-158／一五〇―一五三頁。
（35） cf. EAŒ, p. 155／一五〇―一五一頁。
（36） 本書七一―七六頁を参照。
（37） cf. EAŒ, p. 76／七六頁。

要素を探索し、それを再多声化に向けて機能させようとしていたことがうかがえる点で、研究としては半歩進んだと考える。

本節のまとめ

以上でスキゾ分析の初期設定にかんする仮説の形成作業を終わりたい。全体像を細部まで描き出すことはできなかったが、初期設定の一貫した像を提示するという目的はある程度達成できたと考える。最後にスキゾ分析におけるスキゾフレニーについて本節の考察から見えてくる点をまとめておきたい。ガタリの考えるスキゾフレニーとは、

—病的な状態ではない。

—精神の原初的な状態への退行や自我の防衛機制とは関連しない。

—欲望の特性（つまり多声性）が発揮されている状態のこと。

—集団や集合といったまとまり（第三次分節が形成するもので、人間に限定されない）が欲望の特性を活かす主体として機能している状態のこと。それに対して人格や個人、個人の身体といったまとまり（第二次分節が形成するもの）は欲望の特性を損なうよう機能するものである。

—コード拡張や横断性、共立性などの概念が示すような異種の集合・集団に対して開かれた状態のこと。また、開かれた状態であることによってそこで何か新しい存在が生産されうるような状態のこと。

以上のことから、スキゾ分析する、スキゾフレニー化するとは分析を通して欲望が〈個人〉という枠から解放された状態をもたらす技法だといえるだろう。つまりスキゾ分析の核にあるのは欲望である。しかし、裏を返せばスキゾ分析の関心は個々人を病いから癒すことにはないということ、もっといえばスキゾ分析においては個人こそが欲望にとって病いであるということになる。とすれば私たちにとって

スキゾ分析とは危険な技法なのではないだろうか。はたして分析を受けることで私たちはどうなってしまうのか。ひとにとって〈個人〉を超えた先に何があるのか。この問いについての明確な答えは『草稿』にはない。それだけでなく、この問いはガタリの歩みにつきまとう宿痾となるだろう。このことを念頭に置きながら、ドゥルーズとの共著である『アンチ・オイディプス』でのスキゾ分析の研究へと進んでいこう。

第二部　闘争でもあるような逃走――一九七二―七五年

第三章　『アンチ・オイディプス』のスキゾ分析

　ここから私たちは『アンチ・オイディプス』へと足を踏み入れる。私たちは前章でガタリによるスキゾ分析の初期設定を描き出した。しかし『アンチ・オイディプス』では、初期設定で重要な役割を果たしていた概念の多く（実体、力能記号、コード拡張、移行幻想、機巧性など）が前面に出てくることはほとんどない。とくに初期設定において骨組みをなしていた第一次‐第二次‐第三次分節という理論の骨組みをこの著作では採用していない。そのためこの著作のスキゾ分析を捉えるために『草稿』での初期設定を参照として利用するのは難しい。つまり『アンチ・オイディプス』のスキゾ分析を捉えるためには、それ自体に深く踏み込んで、そこで独自に成立している理論構成を描き出す必要がある。

『アンチ・オイディプス』はスキゾ分析について知るための第一級の資料であるが、嚙み砕こうとするとこちらの歯が砕けるような非常に厄介な著作でもある。その理由は、ひとつはドゥルーズとの共著であり、それぞれの発想が識別しがたく織り交ざってドゥルーズ‐ガタリ（以下D‐Gと表記）の複雑な理路を作っているからである。また『草稿』がそうだったように、ここでもさまざまなジャンルの知が乱雑かつ越境的に使われているからである。さらにいえば、D‐G自身が自分たちの著作に一貫性を求めていないからである。[1] しかし『草稿』ほど扱いにくい本かといえば、実際のところそうでもない。少なくとも理路があり、一冊の本としてのまとまりは保っている。距離をおいて眺めてみれば論旨を捉えられないこともない。丁寧に解きほぐしていけば、ジャンルの異なる知の乱雑な使用にも実は戦略があることがわかってくる。そしてD‐Gがこの著作に一貫性を求めていないと明言したとしても、この著作にはスキゾ分析についての理論構成が『草稿』よりもはっきりと描かれている。本章で目指すのはその理論構成の明確化である。

この課題に本章では三つの節によって取り組む。第一節では『アンチ・オイディプス』で使われる基本概念を整理する。その作業を通してこの著作におけるスキゾ分析を理解するうえで焦点となる「過程」という概念を取り出す。第二節ではD‐Gがスキゾ分析を必要と考える背景（問題意識）である「オイディプス・コンプレックス」や「罪責性」について、彼らの理路をたどる。第三節では、D‐Gによる精神分析批判の論点を整理し、それに対するスキゾ分析の実践について、D‐Gが挙げる呪医（呪術師）の事例に触れながら考察する。

第一節　過程の語彙で語ること

『アンチ・オイディプス』のようないくつもの論点を内に含んで錯綜した著作を読むうえで大切なことは、的確な観点を持つことである。でなければすぐに理路を見失って迷走してしまうだろう。では『アンチ・オイディプス』のスキゾ分析を追う私たちにとって的確な観点とはどのようなものか。本書ではそれを「過程」という語に定めたい。たとえばＤ－Ｇは次のように述べている。

彼ら［Ｒ・Ｄ・レインとＤ・クーパー］はこの［精神医学の］政治化を、過程そのものの語彙よりも、むしろいまだ構造と出来事の語彙で考えているように私たちには思われる。（AŒ, p. 382／下、一九四頁。［　］内は引用者による補足）

この一文は反精神医学の旗手であるレインとクーパーの考え方を批判するものだが、注目すべきは構造でも出来事でもなく〈過程の語彙で思考すること〉の重要性を説いている点である。私たちはこれを『アンチ・オイディプス』の基本思想だと捉えたい(2)。実際、この著作では構造主義的な精神分析だけでなく、レヴィ＝ストロースを代表とする構造主義的な人類学をも批判し、それらを「過程」の観点から読み直していく。この「過程」という着想は直接的にはヤスパースやサルトル、先ほど批判の対象にも

(1)　cf. ID, p. 387／『無人島1969-1974』、二八五頁

(2)　「過程」という語はすでに『精神分析と横断性』のなかでも使用されているが、『アンチ・オイディプス』ではより自覚的・積極的に使用されている。

なったレイン、作家のD・H・ロレンスから、間接的にはフロイトの発達過程論やマルクスの生産過程論などからD－Gが引き継いだ観点といえる。するとすぐに浮かぶ問いは「D－Gにおける過程とは何なのか」ということである。この観点とこの問いを念頭に置きながらスキゾ分析の理論構成に迫っていこう。

スキゾフレニックな過程の三基本概念

『アンチ・オイディプス』は精神分析を批判しながら進む。そこでD－Gが採用する立場はシンプルなものである。精神分析は神経症の研究を軸にしてその他の精神疾患を説明する。とりわけオイディプス神話と性理論、および構造主義言語学から構築された構造主義的説明体系のなかでは、精神病は治療が困難か、あるいは不可能と考えられた。[3] D－Gは逆に精神病の下位分類のひとつであるスキゾフレニーを軸にしてそれらを捉え返すことを試みる。それによって神経症、倒錯、精神病に対する独自の理解とその治療を提示することを目指す(前章では、スキゾ分析の関心は個々人の病いを癒すことにはないという点を押さえた。だとすれば、ここでは何を治療と考えているのだろうか)。神経症に代えてスキゾフレニーから世界を捉えること、これによって見えてくるのが「構造」に代わる「過程」としての世界だとD－Gは考える。彼らはこれを端的に「スキゾフレニックな過程」(以下「スキゾ過程」と略記)と名付ける。

スキゾフレニーを軸にすることで世界の見方が変わる。その変化に合わせて語る語彙も変える必要がある。そして実際、過程を語るための語彙がD－Gによって多く発明されている。ここではD－Gが過程を描くために提出した多くの語彙から三つの基本概念を確認しておこう。それは「欲望する機械」、「器官なき身体」、「主体」である。これらがスキゾ過程を作り出す主要な構成要素となる。

①欲望する機械

三基本概念には順序がある。最も先に来るのは「欲望する機械」である。欲望する機械は、部分対象ともいわれる。部分対象は精神分析家メラニー・クラインに由来する概念で、そこでは身体がひとつの全体として統合される以前、クラインの用語で「パラノイド‐スキゾイド・ポジション」にある幼児の身体観と世界観にかかわるものであり、乳房や乳、陰茎、肛門、糞便などがそういった対象として挙げられる。

ドゥルーズは『意味の論理学』において意味の動的発生論を論じる箇所で、概ねクラインの図式に従っているが、D‐Gとなってから大きな変化を加えている。ひとつは部分対象を機械と見なすことである。これはクラインが提示したシステム（部分対象についての「よい」「わるい」の価値判断や、その取り込みや投射のメカニズム）に代わって、純粋に機能的な側面を強調するものである。乳房は乳を生産する機械であり、口はその機械に接続して乳を吸う機械である。口は話す機械でもあれば、食べる機械でもあり、呼吸する機械でもある。要するに機械とは何らかの機能（動詞の不定詞で表されるもの）を有するものである。また、機械は他の機械と接続することで別の機能を持つこともある。その接続が切断されることもある。[4] さらにいえば機能さえあれば意味がなくてもよく、調子が狂っていてもよい。

次に部分対象は、有機体のようなひとつの身体全体があったうえで、そこで有機的に連関する諸々の部分を指しているのではない。D‐Gは全体‐部分関係を拒否する。そこで導入されるのが「流れ」と

（3） 構造主義的精神分析においては、スキゾフレニーはオイディプス構造の観点から「父の名（否）」の排除によって説明される精神病の一種である。「父の名（否）」が排除されているために抑圧が生じず、それゆえに無意識がないといわれる。言語使用の面でも問題があり、精神分析の技法である自由連想やその解釈が成立しないため、治療が困難あるいは不可能であるとされる。

いう概念である。彼らは乳であれ糞尿であれ何であれ、質料的な流れの実在を想定する。部分対象は、その流れのなかから切り出されてくるという形で出現する（流れ‐採取）。この考えは精神分析における「去勢」という概念の拒否へとつながっていく。つまり去勢によるひとつの身体全体からのペニスという部分の「欠如」という考えの拒否である。切断は欠如を生み出さない、むしろ切断は流れのなかから何かを生産してくることである。そして生産された機械は別の機械と接続し、あるいは切断されて、別の流れを生み出していく。

またD‐Gは、部分対象（objet partiel）のpartielとはpartie（全体の一部分、外延的な部分）の意味ではなく、partial（偏り）の意味での部分だという（AŒ, p. 368／下、一七四頁）。このことについて踏み込んだ言及はないが、偏りとはD‐Gの思想では強度と結びつく概念である。機械と強度と偏りの関連については後で言及することになるだろう。

欲望についても触れておこう。なぜ「欲望する」機械なのか。D‐Gは流れ‐部分の関係を導入することで、欠如の概念を払いのけた。このことは欠如を埋めるよう求めるものという規定から欲望を解放する。そしてD‐Gは欲望に新たに「力能」という特性、つまり何事かを為しうるものという規定を与える。話すことができる、食べることができるなど、何かができるということは何らかの仕方で機能することができるということであり、D‐Gの機械の定義とつながる。機械は何事かを為す力能を有している、機械はその力能を発揮しようと欲望している。

こうして機械は流れから採取され、偏っており、欲望し、互いに接続あるいは切断し、そして別の流れを生産することで実際に機能する。こうしたことをD‐Gは一括して「生産する」と呼ぶ。欲望する機械は欠如なしに生産する。

②器官なき身体

「器官なき身体」とは、詩人でありスキゾフレーヌであるアントナン・アルトーが見出した概念である。欲望する機械がクラインのいう幼児のスキゾイド・ポジションの考察から引き出されたように、ここでもスキゾの経験から基本概念を持ってきているところにD－Gの周到さと一貫性が見て取れる。

欲望する機械が部分対象であり、口や肛門などの「器官」であるなら、器官なき身体とはそのまま「身体」であり、かつ「全体」である。ここで重要な点は、先ほども触れたように全体－部分関係、言い換えれば欠如を生み出す有機体論的ヴィジョンをD－Gが拒否している点である。ここでの器官と身体の関係、部分と全体の関係は有機的連関関係を持たない。これらの関係は「登録」であるという。器官が身体に、部分が全体に「登録」されるのである。では登録する全体とは何か。

D－Gは欲望する機械が分子であるなら、器官なき身体は巨大分子であるという。これは器官なき身体もまた質料的な流れを源泉としているということである。ただし、機械が流れから採取されたものであるのに対して、器官なき身体は流れから離脱したものであるとされる。また、機械が生産するものであるのに対して、器官なき身体は生産することもされることもないもの（反生産）であり、すでにそこ

（4）本書では「接続」という観点に寄せて議論を進めるが、「切断」という観点も同程度に重要であることに注意しておきたい。ドゥルーズは『アンチ・オイディプス』についての討論会で機械を流れの切断の観点から説明している。「はい、私たちは機械の概念を流れとの関係で大きく拡張しています。流れの切断システムそのものとして機械を定義するのです。（…）マシニズム［機械主義］はメカニズムとはまったく異なっていて、繰り返しになりますが、流れの切断システムそのものです。それは技術のメカニズムと有機体の有機組織化とを同時に超え出るもので、自然のなかにも、社会のなかにも、人間のなかにもあるのです」（ID. p. 305／『無人島1969-1974』、一五六頁。［　］内は引用者による補足）。またドゥルーズやガタリにおける「切断」にかんしては千葉雅也『動きすぎてはいけない』、河出書房新社、二〇一三年を参照。

にあったものともいわれる。さらにいえば、機械が生産を生産するのに対して、器官なき身体は登録を生産する。ここでいう登録を端的に説明するなら、機械が器官なき身体のうえに張りつくことである。張りつくとどうなるのか。D－Gによれば、これによって生産する機械の運動が、生産しない身体の運動に変換されるのである。換言すれば、何も生産していない身体がまるで生産を行っているかのように見えてくるということである。生産しないもののうえに生産する運動を登録することで偽の運動を生み出すこと、これが登録である。そしてこのとき生産しないものは偽の運動の「準原因」と呼ばれる。要するに器官なき身体とは、反生産（それ自身では生産しないもの）でありながら登録する働きによって生産の運動の準原因となるもののことである。

この考えは大きく展開される。反生産－登録－準原因が見られるものはすべて器官なき身体といえるかのように、社会体が器官なき身体と並べられるのである。ここでいう社会体とは「大地の身体」、「専制君主の身体」、「資本の身体」のことであり、これらが器官なき身体に含まれることになる。この概念で最も重要な点はD－Gがスキゾ過程を、欲望が大地の身体、専制君主の身体、資本の身体を通過して、器官なき身体に到達する動きと考えていた点である。これは〈過程の完成〉と呼ばれる。つまりここに歴史の過程を見出していたとともに、器官なき身体はまだ獲得されておらず、現状としては資本主義の極限にあると考えていたということである。そしてこの器官なき身体は資本主義の向こう側として「新しい大地」ともいわれる。器官なき身体は人間の身体についての新しい見方として考えられがちであるが、『アンチ・オイディプス』においては社会体とのほうが概念的な親近性が高いといえる。(5)

もう一点だけ触れておこう。器官なき身体への欲望する機械の登録は「原抑圧」ともいわれる。機械の生産の運動が反生産の表面に登録されることで偽の運動に変換される過程を抑圧として捉えるのである。このとき二つの相反する反応が起こる。器官なき身体による欲望する機械への「反発」と「吸引」である。そしてこの二つの反応によって「強度」が生産されることになる（器官なき身体だけでは強度は生産できない。これを強度ゼロと呼ぶ。強度の度合は反発と吸引の比率で決まるという）。

③主体

生産された強度は、地上の緯度と経度によって気候や生態、文化が変わるかのように、器官なき身体（社会体）のうえに配分される。ここに「主体」という概念が導入される。主体とは、D－Gによれば、欲望する機械と器官なき身体を取り出した後の流れの残滓である。この規定が持つ意味は、主体の誕生において「両親」という考え方を経由しないこと、つまりオイディプス構造を拒否することである。これによって主体は孤児であり、独身であるとされる。また、主体は機械の傍らにあるものであり、器官なき身体のうえを彷徨するものである。

では、この主体は何をするのか。この主体は器官なき身体のうえを旅しながら、そのうえに配分されたさまざまな強度を感覚する。この感覚は「耐え難いほどの、純粋状態における強度量のスキゾフレニックな経験」（AŒ, p.25／上、四四頁）であるとして、ここでもD－Gは一貫してスキゾの経験に依拠している。そしてこの感覚することを彼らは「消費する」と言い換える。機械が「生産」を、器官なき身体が「登録」を生産するのに対して、主体によって「消費」の過程が生産されるのである。

以上、スキゾ過程の三基本概念を見てきた。そこでは生産、登録、消費の過程がそれぞれ生産される様子が見て取られただろう。さらにこの三つの生産をひとつに捉えたものが、つまり質料的な流れから主体の強度の旅までが、スキゾの経験に肉迫することで見出されたひとつの過程である。そして強度の

（5）　坂本和啓「ドゥルーズ＝ガタリ『アンチ・オイディプス』における社会機械の概念」、『熊本大学社会文化研究』、二〇〇三年、一三五－一五〇頁を参照。

旅にまで達することがスキゾ過程の完成である。なぜ過程の完成ということをわざわざいわなければならないのか。それはこの過程が何らかの仕方で容易に妨げられてしまうからである。そして過程が中断された状態をD－Gは病的状態だと考える。この病的状態の三つの様態を簡潔にまとめておくと次のようになる。

―【過程の空転（無限の継続）】↓ 神経症
終わりなき精神分析へはまり込み、オイディプス三角形のなかを空転している状態
関係する社会体：資本の身体

―【過程の自己目的化】↓ 倒錯
過程の完成のために採られた手段が目的化した状態（人工的な家族、人工的な世界の構築）
関係する社会体：大地の身体

―【過程の停止】↓ 精神病（パラノイア）
機械と器官なき身体のあいだの反発－吸引の停止による強度ゼロ状態での「旅」の停止状態
関係する社会体：専制君主の身体

では、いかにして過程の完成は妨げられるのか。この問いを追うためには生産、登録、消費の過程を「無意識」の観点からたどり直さなければならない。ただし、本節では過程の空転＝神経症についてのみ取り扱うことにする。

無意識の三つの受動的総合

欲望する機械、器官なき身体、主体からなるスキゾ過程は、生産の過程であるだけでなく、欲望の過程であり、無意識の過程でもある。

本節で重要なのは無意識の過程である。というのもここに過程の中断と完成をめぐる議論が入ってくるからである。D－Gにとって無意識とは現実的なものを生産する工場である。これは無意識をオイディプスのドラマが演じられる劇場だと捉える精神分析に対抗する考え方である。無意識は何も表象せず、何も意味せず、ただ機能するだけの実在を生産する。

D－Gはこの無意識の過程に、欲望する機械－生産、器官なき身体－登録、主体－消費の段階に合わせて、三つの受動的総合を見出している。換言すると三つの段階それぞれに応じた無意識の使用法を識別するのである。順番に接続的使用、離接的使用、連接的使用と呼ばれる。ところで、使用が実践的な観点であるかぎり、どうしてもここに誤った使用、非本来的な使用が紛れ込んでしまう。これによって過程の完成が妨げられることになる。そのためD－Gは無意識の受動的総合の正当な使用（内在的使用と呼ばれる）と不当な使用（超越的使用と呼ばれる）とを区別するカント流の批判を行っていく。そして超越的使用に精神分析が位置づけられることになる。それでは細かく追っていこう。

①接続的総合

無意識の接続的総合は欲望する機械－生産にかかわり、たとえば乳房と口との接続といった場合の「…と…と」という形で表される。いわゆる〈et〉の総合である。この総合の内在的使用は「部分的非特殊的使用」と呼ばれ、超越的使用は「包括的特殊的使用」と呼ばれる。

この使用法の違いを理解するために、ここでの前提に触れておこう。D－Gは『失われた時を求めて』を引き合いに出しながら次のように語っている。

すべては諸々の星雲から、つまり輪郭の曖昧な統計学的集合、偶然に配置された特異性を含んだモル的または集合的形成物からはじまる（…）。次にこれらの星雲あるいは集合体のなかで「いくつかの側面」が形をなし、諸々の系列が組織され、これらの系列のなかに人物たちが姿を現すことになるが、このことは欠如、不在、非対称、排他、非コミュニケーション、悪徳、罪責などといった諸々の奇妙な法則に従って起こるのである。さらにまた、すべては改めてかき混ぜられ、形を失う。しかし今度は純粋で分子的な多様性のなかであって、ここでは諸々の部分対象（…）がすべて等しく肯定的に規定され、作品全体を貫く横断線にしたがって、変則的なコミュニケーションを開始する。（AŒ, p. 81／上、一三四頁）

統計的モル的集合から人物（personne：人格、個人）のレベルを経て分子的多様性へいたると要約できるが、D－Gのその後の記述から、モル的と分子的は同時に成立していると考えた方がよい[6]。流れと部分対象からなる唯物論的世界で起こる現象を統計的・モル的に捉えるか、分子的・ミクロ物理学的に捉えるか、その捉え方の差異を述べている箇所である。

重要な点は人物が析出してくるレベルにある。D－Gによれば、これはモル的現象に含まれる。スキゾの経験に基づくならば、接続的総合は部分対象あるいは機械の接続であり、分子的接続である。これが無意識の部分的非特殊的使用と呼ばれる。しかし、それをモル的な視点から人物のレベルでの接続として捉えてしまうものがある。それが精神分析による無意識の包括的特殊的使用である。精神分析での包括的特殊的使用とは、人物という単位あるいはスケールを想定したうえで、自他未分化ともいえる状態をモル的現象と捉え、そこに「近親相姦の禁止」を導入することで、父と母との関係で位置づけられる〈私〉を析出してくる技法である（母と私と、あるいは父と私と。オイディプス三角形の適用による主体の定位）。ここで「包括的」とは部分対象を人物というひとつの枠で包括（有機的全体化）しているという意味であり、「特殊的」とは（ペニスの欠如をめぐって）男か女かのどちらかに性が特殊化されているという意味である。こうして包括的特殊的な接続は、男と女と（異性愛）、親と子と（近親相姦）などの人物レベルの接続形態をとる。

ここにD－Gは、精神分析によるスキゾ過程の神経症化と、欠如と禁止の導入によるスキゾ過程の中断を見る。逆に、神経症化の背後で蠢いている欲望の分子的・ミクロ物理学的接続を実行し、スキゾ過程を完成に向けて駆動させることがスキゾ分析の実践になるといえる。

②離接的総合

無意識の離接的総合は器官なき身体－登録にかかわる。この内在的使用は「包含的無制限的使用」と呼ばれ、超越的使用は「排他的制限的使用」と呼ばれる。

超越的使用のほうから見ていこう。これは「あれか、これか」の排他的選言の形式で表される。精神分析は接続的総合の超越的使用においてオイディプス三角形を適用し、人物のスケールでの父－母－子の区別を導入している。ここに神経症者の三種の問いが生じてくるとD－Gは考える。まず自分は「両親か、子か」という恐怖症患者による問い。次に自分は「男か、女か」というヒステリーの問い。最後に自分は「生きているのか、死んでいるのか」という強迫神経症患者の問い。オイディプス三角形のなかで父の場所にも母の場所にも自分がいないのであれば私は子であり、男でなければ女であり、死んで

（6）「モル」とは何らかの対象に含まれる粒子（原子や分子など）の量を表すための単位であり、1モルは特定の粒子が6.02×10^{23}個集まった状態を指す。ここから「モル的」とは、対象を等質的かつスケールの大きな量で処理するシステムあるいは操作を指すと考えられる。それに対して「分子的」とは、結合の仕方によって性質が変わる諸物間の関係のシステムあるいは操作を指すといえる。

いなければ生きている。提示された項のどちらかを否定しひとつの項を選ぶことで、その項に自身を制限していく。こうしてオイディプス構造内の離接的な諸々の項のなかから否定的・排他的に自身を子の位置に制限する作業が遂行されることになる。

これに対して内在的使用は諸々の項を否定せずに包含的に捉える無制限的な形式「あれであれ、これであれ」で表される。たとえば有名なアルトーの詩の一節を引いておこう。

私、アントナン・アルトー、私は私の息子であり、私の父であり、私の母であり、
そして私である(7)

私は「両親か、子か」のどちらか一方ではなく、「私の息子」であり、「私の父」であり、「私の母」である。ここにスキゾフレーヌの離接的総合の包含的無制限的使用が見られる。ただし、D‐Gが注意を促すのは、両親であることと子であることが同時に成立するのではないという点である。両親と子は棒の両端のようなものであり、スキゾフレーヌはその両端のあいだの「距離」を肯定する。そして一方から他方へ、また他方から一方へと距離の移動を行う。つまり「両親であり、同時に子である」のではなく、「ある時には両親になり、ある時には子になる」という生成変化を行うのである。「…であれ、…であれ」が表すのは、諸々のあいだの距離の肯定であり、その距離の移動である（この移動は「横断」ともいわれる）。

この距離の移動という着想は思いのほか重要である。離接的総合が器官なき身体にかかわることを思い出しておこう。「…であれ、…であれ」でつながる諸項は器官なき身体のうえに登録・配分され、離接的な網目を形成するとD‐Gは考える。するとこれらの諸項のあいだには距離があり、その移動があるのだから、器官なき身体は諸項を経めぐって移動が行われる大地となる。見方を変えていえば、距離の

肯定がスキゾフレーヌの旅を可能にする。

ここに精神分析の用いる「構造」とスキゾ分析の用いる「過程」との差異が浮きあがってくる。構造はすでに構築された諸項間の関係を表し、その項のどこかに自身を否定によって制限していくことで自己の振る舞いを規定させる。それに対して、過程においては、諸項が登録と配分によってアレンジ可能であるのと同時に、諸項間の「距離」の移動という着想によって、制限されることなく自己の規定を変化させることが可能になる。端的にいえば、構造が「…か、…か」という排他的選言を通して「…である」にいたるのに対して、過程においては「…であれ、…であれ」という包含的選言を通して「…になる」を可能にする。構造内では「男か、女か」でなければならないが、過程においては男になることも女になることもできる。その両端のあいだを揺れ動くこともできるのである。また、構造がオイディプス三角形の家族的項に限定されているのに対して、スキゾフレニーにおいては家庭を越えて一挙に社会野にリビドーを備給するので、[8] 諸項の数とその登録・配分の自由度は高くなる。離接の網目ということを考えれば、移動による変化はもっと複雑な変化も可能だろう。この変化が次の連接的総合の内在的使用と連動している。

③連接的総合

無意識の連接的総合は主体‐消費にかかわる。連接的総合の基本形は「だから、それは…である」と表される。ここに内在的使用としての「遊牧的多義的使用」と、超越的使用の「隔離的一対一的使用」との区別が見出されてくる。

（7） Antonin Artaud, "CI-GÎT", *Œuvres*, Quarto' Gallimard, 2004, p. 1152.

（8） cf. AŒ, pp. 423-433／下、二五四―二七〇頁。

ここでは内在的使用からはじめよう。登録の離接的総合によって、器官なき身体はまるで生化学における卵のように「いくつもの軸に横断され、諸々の地帯に引っ張られ、さまざまな区域や領野に局所化され、勾配によって計測され、ポテンシャルで満たされ、閾を刻まれる」（AŒ, p. 100／一六四頁）。端的にいえば、これは器官なき身体のうえに強度がさまざまな度合で配分されているということを意味する。強度は、器官なき身体のうえに欲望する諸機械（先ほど諸項と呼んだもの）を登録する過程で生じる反発と吸引の比率によって発生し、諸機械が登録される場所に配分される。そして主体が器官なき身体のうえを旅することでさまざまな強度を感じとる（消費する）のである。

ほとんど耐え難い純粋強度を遊牧的主体が通過していく。これは幻覚的経験でもなければ妄想的思考でもない。ひとつの感情であり、諸々の強度量の消費としての一連の感動と感情であって、これらが幻覚や妄想の素材を形成するのである。強度的感動、つまり情動は妄想や幻覚の共通の根であり、同時にこれらを分化させる原理でもある。だから、すべては混じり合うと考えてもいい、こうした強度の生成変化、通行そして集団移住、さらには時間の流れを上り下りするあのあらゆる漂流のなかで。——さまざまな国、人種、家族、両親の呼称、神の御名、歴史的で地理的な名前、そしてささいな出来事さえ。（私はこう感じる）、私は神になる。私は女性になる。私はジャンヌ・ダルクであった、そして私はヘリオガバルスである。また偉大なるモンゴル人、ひとりの中国人、ひとりのアメリカ・インディアン、ひとりの聖堂騎士である。私は私の父であったし、私の息子であった。（AŒ, pp. 100-101／上、一六五頁）

スキゾフレニックな強度の旅が、幻覚や妄想となって世界史的な旅になっていく。時間の秩序が狂い、歴史が狂わされ、主体がそれを消費していく。このとき連接的総合の遊牧的多義的使用が行われている。

表3.1

スキゾ過程	基本概念	生産	エネルギー	無意識の受動的総合	流れとの関係
	欲望する機械	生産の生産	リビドー	接続的総合	採取
	器官なき身体	登録の生産	ヌーメン	離接的総合	離脱
	主体	消費の生産	ヴォルプタス	連接的総合	残滓

表3.2

無意識の使用	受動的総合	超越的使用（精神分析）	内在的使用（スキゾ分析）
	接続的総合	包括的特殊的使用 「…と、…と」（モル的）	部分的非特殊的使用 「…と、…と」（分子的）
	離接的総合	排他的制限的使用 「…か、…か」	包含的無制限的使用 「…であれ、…であれ」
	連接的総合	隔離的一対一的使用 「だから、それは私の父（母）である」	遊牧的多義的使用 「だから、それは私である」

つまり、「だから、ジャンヌ・ダルクは私である」、「だから、アメリカ・インディアンは私である」、「だから、…は私である」。ここでは、強度がさまざまな幻覚や妄想の素材（制限なき系譜的素材）として多義的に使用されていると同時に、その強度空間を主体に旅させることで遊牧的に使用されているといえる。

これに対して超越的使用とはどのようなものか。それは精神分析の著作を読んでみるか、精神分析的解釈を披露する大学生や大学院生たちの雑談に耳を傾けてみればすぐに出会える。そこで出会えるのは「だから、それはあなたの父だ」、「だから、それはあなたの母だ」というように、社会的歴史的備給の向かう対象（妄想や夢に登場する人物など）を父や母に一対一対応させることで家庭内へと還元する使用法である。こうして〈私〉はオイディプス三角形内へと隔離させることになる。社会野に向けて開かれていたスキゾ過程は、こうして精神分析による無意識の不当な使用によってオイディプス構造のなかに閉じ込められてしまうのである。こうして世界は短絡する。

ここまででスキゾ過程と無意識の関係、無意識の使用という観点、無意識に構造と禁止と欠如を持ち込んで過程を中断する精神分析を足早に見てきた。とくに精神分析がスキゾ過程を中断する事態をD－Gが神経症化と捉えていたことは〈治療〉の観点から見て無視できない点である。精神分析にとってその技法が治療実践にあたるとしても、スキゾ過程の観点から見ればそれは病的状況を作り出していることになる。逆にいえば過程の中断に働きかけて過程を完成させることがスキゾ分析の治療実践となるはずである。では、それはいかなるものなのか。

スキゾ分析について

ここではスキゾ分析の技法論に入らず、その前段階にある素朴な疑問を立ち止まって考えておこう。それは次のような疑問である。スキゾフレニーに非－病的ともいえるような肯定的な側面があったとしても、それでもやはりスキゾフレニーは病的状態ではないだろうか。妄想があるのであれば迫害妄想もあるだろうし、「耐え難い」と形容される強度の経験にはてんかん発作を思わせるところがある。これについてD－Gはいかに考えるのか。彼らは『アンチ・オイディプス』において何度か逡巡してはいるが、それでも次の一節が彼らの立場を表しているだろう。

彼［スキゾフレーヌ］はただ、狂人になることを恐れるのをやめたのだ。彼は自らを、もはや彼を冒すことのない崇高な病いとして生きる。（AŒ, p. 156／上、二五一頁。［ ］内は引用者による補足）

結局、D－Gにとってもスキゾフレニーは病的状態である。するとここで〈治療〉の意味を問わなければならない。過程の中断としての神経症をスキゾ化することが過程の完成であったとしても、それはひとつの病態から別の病態へと移行しただけである。なぜこれが〈治療〉と呼ばれるのか。考えられる理由は少なくとも三つある。手短に述べておこう。ひとつ目は精神分析（スキゾ過程を神経症化するとされる技法）が人々にオイディプス構造への還元を強いることである。そこにD‐Gは父、法、禁止、抑圧、罪責感を見ている。彼らの眼に神経症は「従属の病い」あるいは「裁きの病い」として映っていただろう。これに対してスキゾフレニーは、過程の完成にいたるのであればという条件つきで、「解放の病い」あるいは「裁きと訣別する病い」と見なすことができるかもしれない。彼らにとっての治療の意味とは、従属から解放への状態の移行だと考えることができる。

次の理由はフロイトへの批判となっている。D‐Gはフロイトの神経症と精神病（スキゾフレニーを含む）の区別に言及している。そこでは前者が〈エス〉の諸欲動を抑圧するとしても現実との接触を維持しているもの、後者が現実との接触を喪失するとしても〈エス〉の支配下にあるものとして区別される。ここでD‐Gが「現実」という語を生命的接触と言い換えつつ争点とするのは、精神病が実際に現実喪失の状態にあるのか否かという点である。D‐Gの主張は、精神病は確かに過程の停止によって現実＝生命的接触を喪失しているかもしれないが、スキゾフレニーは逆に「現実の鼓動の最も近くに」（AŒ, p. 104／上、一七一頁）いるというものである。現実喪失を病的状態の指標とするのであれば、スキゾフレニーはその基準に当てはまらない。このことから、スキゾ化が生命的接触の回復という事態であるなら、それは治療的意味を持つといえるだろう。

最後の点は、本節では十分に触れることができなかった社会的・歴史的過程との関係である。ここでは示すだけに留めるが、『アンチ・オイディプス』において社会体は未開人たちの大地、専制君主と帝国、資本主義という大まかな発展段階をたどる。スキゾフレニーは資本主義の外的な極限に位置するものとされ、それに対してオイディプス構造は資本主義の時代において成立した資本主義の内的な極限に位置するものとされる。ここに見出せるのは、神経症化することは資本主義を維持する仕組みであり、スキゾ化は資本主義に対する革命だという思想である。ここには強くガタリ的傾向があるが、社会変革としての治療という意味が浮きあがってくるだろう。

以上の三つの理由は互いに絡み合っているだろう。治療実践としてのスキゾ分析は「諸領域を一挙に把握する」仕方で営まれることが求められている。[9] そのため気をつけなければならないことは、どれかひとつを特化し他を無いものとしてしまうことである。それだけでなく現代的な文脈でこの〈治療〉をどのように活かせるのかを考える必要もあるだろう。

本節のまとめ

ここまで『アンチ・オイディプス』を「過程」という観点に立って、「欲望する機械」、「器官なき身体」、「主体」という基本概念と、それらによって捉えることが可能になった過程としての無意識の受動的総合、過程との関係で見た神経症、倒錯、精神病の在り方を整理した。そしてこれらの概念群や疾病分類のなかでスキゾにどのような理論的な位置や実践上の意義が与えられているかを確認した。このように整理することで『アンチ・オイディプス』の理路が決して一貫性を欠いたものではないことがよくわかるだろう。ここで整理された理論構成が、スキゾ分析に実践の足場を与えることになると考えられる。

その実践については本章第三節で扱うことにして、次の第二節ではそれ以前に考えておくべきことに触れておきたい。それは『草稿』から引き続く関心であり、『アンチ・オイディプス』でも重要な論点である。つまり〈個人〉や〈人格〉はなぜスキゾ分析されるべき問題（病い）なのか。これについての応答を『草稿』から見出すのは非常に難しかったが、『アンチ・オイディプス』では「オイディプス」や「資本主義」と結びつけられる仕方で大きな分量で論じられている。次節ではこの理路を追うことで問題の核心を捉えることを目指す。

第二節　罪責性の世界史

本節の課題は〈個人〉や〈人格〉がD‐Gによってひとつの問題や病いとして取り上げられる理由を『アンチ・オイディプス』の議論のなかから明らかにすることである。複雑で長い理路を追うことになるので、余計な混乱を避けるためにあらかじめD‐Gの議論を先取りしておくと次のようになる。〈個人〉や〈人格〉が問題となるのは、それらがいわばリミッターとなるからである。どういうことかといえば、D‐Gにとっては欲望がそれ自身の本来の力能を発揮できる状況が望ましいのだが、それに対して〈個人〉や〈人格〉が、罪の意識（罪責感）を負うことで欲望を抑圧するよう機能する社会的な仕掛けとなるのである（『草稿』においてもそれらは欲望の多声性を縮減するものであった）。つまり欲望を解放するためには〈個人〉や〈人格〉というリミッターを外す必要があると考えるのである。そしてそのことは罪責性からの解放にもつながる。D‐Gのスキゾ分析の実践的な目標は端的にいえばここにある。

本節は「罪責性」に着目しながら、『アンチ・オイディプス』における〈個人〉や〈人格〉の理論構成上の位置および複雑な概念連関を明らかにしていく。そのなかで精神分析のオイディプス・コンプレックスや資本主義がどのようにかかわっているかを確認する。ところで「罪責性」という観点は本書の主役であるガタリよりも、その知的パートナーであったドゥルーズの方がより長く深い探究を展開している。そのため罪責性が形成する問題系をよりよく理解するために、ここではまずドゥルーズの知見に触

(9)「ある意味では、人文諸科学や政治の分野に携わっている人々も（…）「スキゾ化」しなければならないでしょう。（…）諸領域を一挙に把握するという、このスキゾフレーヌのもつ能力を身につけるために」（ID, pp. 328-329／『無人島1969-1974』、一九五頁）。

れることからはじめたい。

ドゥルーズ哲学における罪責性の問題系概説

罪責性の問題系はドゥルーズにとっては「法」と「裁き」の問題系と言い換えることができる。たとえば彼は『批評と臨床』（一九九三年）のなかで裁きの問題系を明確に述べている。ロレンスの『黙示録論』を題材とした論考「ニーチェと聖パウロ、ロレンスとパトモスのヨハネ」に、次のような興味深い一節がある。

キリスト教は黙示録によって権力のまったく新しいイメージを作り出した。それが審判のシステムである。画家ギュスターヴ・クールベ（…）は、夜になると目を覚まし、「裁きたい、裁かなければ！」と叫ぶ人々について話している。（CC, p. 54／八八頁）

クールベは一九世紀のパリを拠点に活動した画家なので、当時の社会の一側面を活写した記述だろう。ドゥルーズはこの論考で黙示録と福音書を対比させ、前者に裁きの言説、後者に許しの言説を読み取り、前者への批判を展開していく。

また『批評と臨床』のなかにはそのまま「裁きと訣別するため」という論考も収められている。これは『神の裁きと訣別するため』を著したアルトーへのオマージュとなっており、そこではアルトーの他にニーチェ、ロレンス、カフカが論じられる。そして彼ら四人をスピノザの偉大な弟子たちと位置づけることで、スピノザを裁きの言説の批判者の核として讃えている。

ところで『批評と臨床』はドゥルーズの最晩年（死の二年前）に出版された論集である。自身の健康状態や老いを嘆き、死を身近に感じるようになることで、宗教的な裁きの問題系に向き合うようになったのだろうか。そうではない。彼はすでに二〇代の頃から裁きの問題系に向き合っていたといえる。ただし、そこでは「裁き」という言葉はあまり使われてはおらず、おもに使われていたのは「法」である。若きドゥルーズの「法」への関心が、老成したドゥルーズの「裁き」の問題系へと結実していくと考えることができる。では若きドゥルーズはどのように法にアプローチしていたのか。

まず触れておくべきは、五三年に公刊した著書『経験論と主体性』と論考「本能と制度」である。前者はヒューム哲学のモノグラフであり、後者は高校の教科書として編まれたアンソロジーの序文である。両著の趣は大きく異なるが、「制度」を扱っている点で共通している。ドゥルーズは「制度」という概念の積極的な価値を見出そうと試みているのだが、これは「法」に対するドゥルーズの戦略であったと解釈できる。たとえばドゥルーズは「本能と制度」において次のように述べる。

法は行為の制限であり、制度は行為の肯定的な規範である。法の理論は社会の外部に肯定的なものを置き（自然法）、社会を否定的なものの内部に置く（契約的制限）のだが、それに対して制度の理論は本質的に肯定的で発明的なもの（満足の組織化された手段）として社会を描き出そうとするために、社会の外部に否定的なものを置く（欲求）。（ID, p. 25／『無人島1953-1968』、三四頁）

ここでは社会の二つのイメージが対比されている。一方は法からなる社会であり、行為の制限（禁止）によって社会を成立させる。他方は制度からなる社会である。制度とは、ドゥルーズによれば、傾向性の充足のために集団において発明されるものであって、それによって傾向性を充足する（欲求を満たす）ための行為が肯定されることになる。制度からなる社会とは、肯定されたさまざまな行為によって成立する社会である。このようにドゥルーズは法と制度を対置することで法がはらむ否定性を浮き上がらせていく。

『経験論と主体性』でも基本的には同じ論旨で制度が擁護される。ここでは「契約」という概念に力点が置かれる。ヒュームは、ホッブズやロック、ルソーなどに代表されるような「社会契約論」の議論が盛んであった時期の哲学者である。ドゥルーズはここで社会契約を、自然状態にある個人がエゴイズム(つまり傾向性の充足)を制限することで社会を成立させる契約と見なす。この契約説に対して、傾向性の充足を集団的に促進する形での社会形成を可能にする概念として、ヒューム哲学から「制度」の理論が持ち出されるのである。ここで重要なのは、契約によるのであれ制度によるのであれ、社会形成において「法」がそれらに対して副次的な位置にあることをドゥルーズが示したことである(法は社会形成の後からやってくることになる)。

こうして「本能と制度」と『経験論と主体性』における制度論から、法の価値を引き下げていく戦略が読み取れるだろう。またドゥルーズが「制度」と「法」と「契約」という三つの概念を連関させて考えていることも理解できるだろう。[10] この三つの概念連関は一九六七年の『マゾッホとサド』において形を変えて展開されることになる。

『マゾッホとサド』は法-制度-契約の関連にこれまでになく踏み込んだ著作である。誤解を招く恐れがあるがここでは要点だけ示しておこう。ドゥルーズはこの著作で精神分析を強く意識しながら、プラトンからカント、そしてフロイトへとつながる法のイメージの変遷を描く。プラトンにおいて法は善に対して二次的であり、善が法に根拠を与える位置にある。カントでは法と善の関係に逆転が起こり、定言命法のような法の無内容な形式性への従属が求められ、それが道徳となる。フロイトでは法が欲望の抑圧、衝動の放棄によって説明される。たとえば近親相姦への欲望が近親相姦の禁止という法に根拠を与えるという関係になる。いうなれば欲望に非道徳性や反社会性を見る認識が法への従属に根拠を与えることになるのである。

法は姿を変えながらも従属や行為の制限を強いてくる。それに抗する考え方として、ドゥルーズはサドの制度論とマゾッホの契約論を提示していく。サドにおいては法よりも上位の審級として悪を置き、悪を可能にする制度の創造によって法の価値を引き下げるイロニーの戦略が見出される。マゾッホにおいては、女性主人と奴隷契約を結び、法に違反することによって契約上受けなければならない女性主人による懲罰から欲望を充足するという、法のメカニズムを逆手に取るユーモアの戦略が見出される。また契約論の戦略には、法への従属を二者間の契約関係に限定することで、二者間でしか通用しないローカルでオルタナティヴな法を生み出し、普遍的な法を宙吊りにするという側面もある。

ここまででドゥルーズの法への対抗戦略を概説した。法－制度－契約の概念連関のなかでとりわけ制度を肯定的に捉えることで、その戦略を進めていたといえる[11]。しかしこの連関に変化が生じる。七三年に発表された論考「ノマド的思考」を見ると、法、制度、契約は社会をコード化する（単純にいえば秩序化する）異なった方法にすぎないとして等しく批判されることになる。この論考において肯定的なものとして登場するのが「強度」という概念である。「強度」とはベルクソンに由来する概念であるが、ここではニーチェとの関連で論じられている。ドゥルーズにおいて強度とは、質化・量化を経る以前の感性的対象であり、徴候や前兆のような記号として感じ取られるものである。こうした特性を持つ強度が社会を論じる文脈で新たな核として登場するのは一見すると奇妙である。しかしこの論考で強度は法、制

（10）　國分功一郎「研究ノートⅢ――法／制度／契約」、『ドゥルーズの哲学原理』、岩波書店、二〇一三年を参照。

（11）　この概念連関で興味深いのは、ドゥルーズが精神医療の発展をこの連関で説明していることである。ドゥルーズはガタリの論集『精神分析と横断性』の序文「三つの問題群」で精神医療史の発展を、抑圧的な「法」のもとで狂人を無能力者とみなして精神病院のなかで管理・統制する第一期、神経症患者との精神分析的「契約」がフロイトによってはじめられた第二期、契約関係からこぼれる精神病患者に対する療法として「制度」精神療法がはじめられた第三期に整理している。ここでも変わらず制度の法に対する優位性を論じている。

度、契約と結びつき、これら三つによってコード化されるものとして扱われる。つまりドゥルーズは七三年にいたって、法－制度－契約－強度という四つの概念連関において社会を捉えようとしているといえる。

この奇妙な変化はどうして起こったのか。また制度の扱いの変化は何を意味しているのか。さらに強度は法や社会を考察するうえでどのようにかかわってくるのか。この謎への手がかりが記されているのが七二年に公刊されたガタリとの共著『アンチ・オイディプス』である。ようやく私たちは本論の入口までたどり着いた。

『アンチ・オイディプス』における法と裁きの問題系

まず確認しておこう。『アンチ・オイディプス』はドゥルーズとガタリの二人で書いた。概念のレベルではどちらの寄与かをある程度識別できても、内容のレベルで識別することは不可能である。そのためどちらか一方の思想として扱うことはもちろんできない。とはいえ、このような大作を書き上げるのに、これまでの思索の経歴をゼロにすることなどできるはずもなく、それぞれが自身の経歴を引き込んでいるのは確かである。その点から、ここでは『アンチ・オイディプス』がドゥルーズのこれまでの対法戦略の延長線上にあると仮定する。するとこの著作のこれまで触れられることの少なかったある側面に光を当てることができる。

『アンチ・オイディプス』はその名からわかるように精神分析の中心概念のひとつである「オイディプス・コンプレックス」（以下「オイディプス」と略記）に攻撃を加えたものである。この攻撃の仕方は非常に周到であった。D－Gは精神分析批判のために人類学批判を経由する。もう少し詳しくいえば、精神分析のオイディプスを批判するために、人類学の親族構造論を批判的に読み直すのである。そこから浮かび上がってくるのは、オイディプスが未開社会にはなく、むしろ専制君主社会の時代に原型が登場し、資本主義社会において完成する装置だというオイディプス形成史である。人類の起源にあるかのように考えられていたオイディプスは、実際には最も現代的な装置だということをD‐Gは示した。[12]
本節にとって重要なのは、このオイディプス形成史が法と裁きの発展史でもあるという点である。『アンチ・オイディプス』が示したのは、自罰感情や罪責感の引き受け（有罪者としての自覚）とはオイディプスという装置によってもたらされたまさしく現代的な状況であり、それが世界史によって準備されたということである。
それはどのように準備されたのか。以降ではオイディプスの形成過程を追うことにするが、その前にD‐Gの異様ともいえる論旨を簡単に押さえておきたい。D‐Gはまず人類学の資料から近親相姦の禁止にかんする議論を確認していく。そしてD‐Gは近親相姦の禁止から女性の交換へつながる人類学の議論を批判し、交換よりも「負債」という考え方の根源性を主張する。ここまではよく知られた事柄である。異様なのはここからである。彼らは負債を世界史的に展開していくメカニズムとして婚姻制度にかかわる「出自」（filiation）と「縁組」（alliance）という概念に着目する。そして未開社会、専制君主による帝国、資本主義への展開をすべてこの「出自」と「縁組」を活用変化させる（décliner）ことで説明していくのである。では「負債」「出自」「縁組」が法‐制度‐契約‐強度の四項関係とどうかかわるのか、どのように法と裁きの問題系を描くのかを詳しく見ていこう。

（12）ラカンもまた一九五四年一二月一日のセミネールで、オイディプス・コンプレックスは人類史における最近の現象であるという趣旨の発言をしている。ジャック・ラカン『フロイト理論と精神分析技法における自我』（上）、ジャック＝アラン・ミレール編、小出浩之・鈴木國文・小川豊昭・南淳三訳、岩波書店、一九九八年、四二—四三頁。

出自＝強度と縁組＝制度

精神分析におけるオイディプスとは端的にいえば父、母、子の家族関係において子が母親と一体化することを父によって禁じられることを指す。いわゆる近親相姦の禁止の法であり、幼児の発達において必要な「去勢」（母子関係の切り離し）の操作などと結びついている。また近親相姦の禁止は、女性の交換による親族構造を成立させることから、自然状態から文化状態への移行、あるいは未開社会の形成にかかわる重要概念として人類学でも重視される概念である。[13] こうして近親相姦の禁止は、「幼児の発達」と「自然から文化への移行」という二つのプリミティブな状態に作用するとして、最も根本的な法と考えられる。このことから逆に次のようにも推論される。近親相姦の禁止は人間の社会が成立しているすべての場所で見出されるのだから、そのすべての場所でオイディプスが機能している。人間の社会の起源にはオイディプスがある。

こうした考えを批判するためにD－Gは、まずオイディプスと近親相姦の禁止が必ずしも関係しないこと、つまり未開社会において近親相姦の禁止はオイディプスなしで成立することを示そうとする。それと同時に社会は交換よりも「登記・登録」によって成立するとD－Gは主張する。ここは解釈の難しい点であるが次のように考えておきたい。要するに近親相姦の禁止が登記のシステムと結びつくことで「負債」を作り出すことになる。追うべきはこの理路である。

具体的にD－Gの議論を追っていこう。彼らが重視するのはドゴン族の宇宙形成神話である。『アンチ・オイディプス』の記述のみでは理解しづらいので、まずドゴン族の神話を記したマルセル・グリオールとジェルメーヌ・ディテルランの『青い狐』から最低限必要な点だけをまとめておく。

すべてに先立ってアンマと呼ばれる神が存在する。この神は卵状の存在であり、父であり母でもある。この卵は非時間的・非外延的な存在とされる。しかしこの卵は四つの根源的元素と四つの方位を持ち、楕円形で示され、そのなかで分割と記号の創造・書き込み・増殖が行われるため、空間でないわけではない。卵のなかでの分割や記号の運動が、やがて時‐空間化つまり世界の創造となるので、非常にドゥルーズ的な意味でこれを「強度」の空間と考えてよいだろう。[14] 実際『アンチ・オイディプス』でもそのように理解されている。

卵のなかでの記号増殖の過程で、アンマは四組の雌雄の双児の対を作り出すことにした。それらはノンモ・アナゴンノと呼ばれる。まず四匹の雄のノンモが作られ、その後同じ胎盤でその双児の妹が生み出されるという算段であった。そしてこの妹がそれぞれに妻として与えられるはずであった。しかし、四匹目の雄であるオゴ（後にユルグ）と呼ばれるノンモが、自分には妹が授けられないと思い込み、卵のなかを動き回った。興奮しやすく落ち着きのないオゴは早産となり、そのとき形成途上であった自分の妹のいた胎盤の一部をもぎ取ってしまった。オゴはこうすれば自分の妹を連れて行けると思ったのだが、アンマは懐胎される存在の基礎となる霊的原理を胎盤から引き抜いて、オゴの手の届かない所に置いておいた。こうしてオゴは、失われた自分の妹を探し求めるようになる。

もぎ取られた胎盤はアンマによって大地に変えられた。オゴはこの大地のなかに潜り込んで、自分に欠けているもの（妹）を探し求めた。この行為が近親相姦にあたるとされる。というのも、自分を生み

(13) 詳しくはレヴィ＝ストロースの『親族の基本構造』、青弓社、二〇〇〇年を参照。ちなみに人類学は精神分析のオイディプス理論の構築にかんして浅からぬ貢献をしている。フロイトは『トーテムとタブー』で原父殺しの神話を創作するにあたって当時の人類学・社会学の資料を精査しているし、人類学者で精神分析家でもあったゲザ・ローハイムは自分の調査した未開の民族の文化や神話に徹底してオイディプス理論を適用した『精神分析と人類学』という著作を残している。ラカンもセミネールで精神分析における「父」について論じるうえでレヴィ＝ストロースやグリオールの人類学的知見をその理論的根拠として参照している。

(14) 拙著「第五章　問題としての理念」第一節、『ジル・ドゥルーズの哲学』、人文書院、二〇一三年を参照。

出した胎盤に潜り込むことが、母と交わったことと見なされるからである。この行為によって大地は不浄となり、この不浄を清めるためにオゴの兄弟であるノンモが去勢を受けることになる。オゴは再び胎盤を盗むのだが、そのことで割礼を受けることになる。陰茎の包皮が胎盤の代償となるのである。

以上がドゴン族の神話のごく一部であり、近親相姦とかかわる箇所である。ここからD－Gは何を読み取るのか。まず彼らは卵のなかで展開される出自に着目する。非時間的で非外延的な素材のなかで父、母、子（ここではオゴのこと）、兄弟、姉妹の家族的要素が出揃っているが、D－Gはこれを強度の差異を名指したものだと捉える（離接の包含的無制限的使用）。つまりこれらの親族名称は、非外延的空間（強度空間）で展開される空間の分割（強度の配分）であって、外延的空間において個々に身体化されている人物間での親族関係ではないと解釈するのである。このような強度の差異としての親族名称は「強度的出自」と呼ばれる。重要な点はここでは近親相姦が禁止されていないというD－Gの解釈である。もともとオゴには妹が正当に与えられるはずであったわけであるし、自分が生まれ、妹が生まれるはずであった胎盤が母の胎盤であるとすれば、自分と妹と母は胎盤を介して同世代であり、母は自分の姉妹と見なすことができ、そのためオゴには母を正当に受け取る権利があると考えるのである。

では近親相姦の禁止が登場するのはどこなのか。D－Gはそれを縁組のシステムに見出す。縁組がどのように生じるのかは判然としない。D－Gは「だから縁組は、あるとき出自の系統のなかに突然到来するものとして神話的に表象されるしかない」（AŒ, p. 182／上、二九一頁）と述べている。すると考えるべきは縁組がなぜ起こるのかではなく、それが強度的出自に何を引き起こすのかである。D－Gはそれを「強度の外延化」と「登記による負債の生産」だと考える。

縁組とは、端的にいえば人物二人を結びつける婚姻「制度」である（人類学は縁組に、ふたつ以上の集団で女性の交換などが行われる互酬構造を見る）。この縁組が強度的出自に到来することで生じるのは出自の外延化である。つまり縁組は、強度の差異を表す名であったもの（ドゴン族の例でいえば父、母、子、兄弟、姉妹）を、個別の身体を具えた人物として現働化させるのである（離接の排他的制限的使用）。卵においては父でも母でもあり、兄弟でも姉妹でもあり、男でも女でもあったものが、物質的に分離され、割り振られ、個体化されることになる。このことは縁組のもたらす結果＝効果であり、D－Gによって「抑圧」と呼ばれる。近親相姦の禁止がかかわってくるのはここである。つまり、縁組が成立するためには姉妹にせよ母にせよ近親相姦が為されてはならないからである。これが縁組による強度への抑圧の中身である。

さて、この抑圧によって出自は強度的出自から外延化された出自へと移行する。出自が外延化されることで、個々の身体が現働化する（そのことで次は外延における近親相姦の可能性が生まれ、そこに再び近親相姦の禁止が入ってくることになる）。またこれらのことと連動して「世代」という一種の時間概念が現れてくる。それだけでなく、さらにここに「負債」の議論が登場する。その論旨を追っていこう。

D－Gは負債にかんして二つの観点から説明している。ひとつはレヴィ＝ストロースに対する批判的観点から、もうひとつはニーチェ的な観点からである。前者から見ていこう。レヴィ＝ストロースは『親族の基本構造』において、近親相姦の禁止の謎から出発して、民族誌の資料から集団間での女性の互酬構造を見出し、社会形成の基本に交換を据える交換論を展開した。交換を社会の基本に置く考え方を定着させた代表者のひとりである。D－Gはこの考え方を批判する。そのためにレヴィ＝ストロースの親族構造論をいくつかの仕方で批判したエドマンド・リーチの次の議論を引き合いに出してくる。

時間を貫く「縦の」構造の恒常性は父系リネージの姓名の男系的伝達によって適切に表現される。しかし「横の」構造の恒常性はそのようには表現されない。そのかわりに、一種の経済的な負債関係の連鎖によって維持される。婚資支払いの一部（…）が未払いなまま世代から世代へと残されていくことこそ、マユ／ダマ結合およびパトン／ンガズア結合の本質なのである。これらの未払い負債の存在によって婚姻関係は存続する。もし負債の支払いが拒まれるなら姻族結合は効力を失う(15)。

縦の構造が出自を指し、横の構造が縁組を指している。この縁組が経済的な負債関係を作り出す。少し具体的に見ておこう。マユ／ダマ結合とは、リーチによれば、妻贈与集団（マユ）と妻受納集団（ダマ）のことであり、かつ贈与側と受納側で身分が非対称である場合の縁組のことである（ここではカチン族を扱っている）。たとえばマユの方が身分が高いとしよう。するとダマの方は女性を受け取った場合、マユに対して花嫁代償を行うが、これは女性ではない。つまり女性の互酬性はここでは成立していない。その代わり代償は消費財か労働でなされる。ダマの方が身分が高い場合はマユが花嫁とともに持参金を送る。すると花嫁代償や持参金が払えない場合、集団間の関係は崩壊するように思われるがそうではないようだ。「これらの未払い負債の存在によって婚姻関係は存続する」、つまり「負債」が集団間の関係を維持するのである。別の表現を使えば、マユ／ダマ結合とは債権者‐債務者関係といえる。もうひとつ重要な点は、婚資支払いの一部が未払いなまま世代から世代へと残されていくという点である。これは債務者側の世代を経た負債の蓄積であり、それは同時に債権者の権利の上昇を意味する。リーチいわく「カチン型の婚姻が行われるところでは、それ［婚姻つまり縁組］は政治構造の一部なのである(16)」。縁組によって負債が導入されることで社会に経済的‐政治的次元が出現することになる(17)。

続いてニーチェ的負債論を見ていこう。ここでは非常に独特で、かつ重要な記号論が展開される。まず縁組が強度的出自を抑圧し、それを外延化することを思い出しておこう。外延化された身体とは個々の物質的な身体のことである。縁組はこれらの身体を接続する働きである。これを前提としてD‐Gは未開社会における登記の問題へと入っていく。D‐Gは未開社会が文字を持たない口頭・口承による社会であるという点を、交換による社会であるという点よりも重視する。そしてここに「縁組の声」という概念が何の説明もなく導入される。これが誰の声なのかは述べられていないのでわからないが、登記とかかわるかぎりおそらくは集団の外延化された出自つまり「系譜」を語る声であろう。また着目すべきは、口頭による社会にはたとえ文字がなくとも多義的なエクリチュールが確かに存在するという点である。つまり未開社会では声とエクリチュールがそれぞれ独立して機能している。ニーチェ的負債論で重視されるのは、このエクリチュールが直に身体に書かれるという点である。これは身体への登記であるとされる。この登記が意味していることは、強度的出自の記憶を外延的な集団の記憶に置き換えることだといわれる（登記＝抑圧）。縁組の声が外延化された系譜を語るのに対応して、非文字的なエクリチュールは個々の身体に外延的な集団の記憶を書き込む（登記する）。こうして声とエクリチュールによって二重の仕方で個々人は社会に登録される。

このメカニズムのどこに負債が出現するのか。それは集団に属する誰かが罪を犯して集団に損害を与えたとき、つまり集団の記憶がその誰かの身体に十分に刻み込まれていないと判断されたときである。D－Gはニーチェの議論を引き合いに出しつつ、次のように問うている。

罪人の苦痛が彼の引き起こした損失の「等価物」として役立ちうるということを、どう説明すれば

(15) E. R. Leach, *Rethinking anthropology*, The athlone press, 1977 (1961), pp. 122-123.（『人類学再考』、青木保・井上兼行訳、思索社、一九七四年、二〇四頁。）

(16) E. R. Leach, ibid., p. 102.（同書、一七五頁。［ ］内は引用者による補足。）

(17) ここでは互酬関係にない集団間の縁組による負債の事例に触れたが、D－Gはレヴィ＝ストロースが互酬関係にあるイトコ婚を債権－債務関係の用語で説明している箇所にも触れている。cf., Claude Lévi-Strauss, *Les structures élementaires de la parenté*, 2nd éd, Mouton, 1967, pp. 151-153.（『親族の基本構造』、福井和美訳、青弓社、二〇〇八年、二六一－二六三頁）。またD－Gはそこに強度の記号論を見出してもいる。cf. AŒ, pp. 183-184／上、二九二―二九五頁。

いいだろうか。［被った損失に対する補償が］罪人の苦しみから「支払われる」なんてことがいかにして可能なのか。（ACE, p. 226／上、三六一頁。［　］内は引用者による補足）

これは、引き起こされた「損失」とそれに対する身体刑（再‐登記）による「苦しみ」は等価交換可能かという問いである。よく考えてみればわかるように、被った損失に対してたとえそれに相応しい苦痛が加害者に与えられたとしても、そのこと自体は何ら被害者の損失を埋め合わせはしない。ここに負債の概念が出現する。つまり苦痛を受けるだけでは加害者は被害者に負債を返済したことにならないのである。負債が返済されるためにはどうすればいいのか。それは被害者が加害者の受けることになる苦痛から快楽を引き出す眼を持つことによってだという。この快楽のことをＤ‐Ｇは剰余価値と呼び、これが損失を埋め合わせることになる。こうしたメカニズムはまったく交換論では説明できない事柄である。結局ニーチェ的負債とは、縁組によって出自が外延化され、それによって個々の身体が生じ、そこに集団の記憶が登記されることで負債（と返済）が生み出されるシステムである。そしてここでは声‐エクリチュール‐眼からなる負債の記号論が形成されている。

以上、複雑な議論を整理しておけば、本節にとって重要なのは次の点である。

―出自が、神話に登場する卵（宇宙の源泉）のなかの「強度」の差異として捉えられていること（強度的出自）
―縁組がこの出自を抑圧する「制度」であること（外延的出自への移行、近親相姦の禁止つまり「法」の導入）
―出自の外延化＝身体化と縁組と登記の連関によって負債のシステムが形成されること（声‐エクリチュール‐眼の記号論）

ここでもう一点、以上のこととかかわる重要な事柄をD－Gに語ってもらおう。

要するに、外延における身体的システムは、出自が外延となるかぎりにおいてのみ構成されるのであり、それは諸々の側方的縁組が制定されるのと相関している。姉妹との近親相姦の禁止によってこそ、側方的縁組が結ばれるのであり、母との近親相姦の禁止によってこそ、出自が外延となるのである。ここには父の抑圧もなければ、父の名の排除もない。（AŒ, p. 188／上、三〇〇頁）

この引用がいわんとしているのは、未開社会の親族論において近親相姦の禁止は父と関係なく説明されるということであり、つまりここではまだオイディプスは登場しないということである。

直接的な出自と新しい縁組

D－Gは未開社会に続いて専制君主の統治する帝国という社会体への移行を取り上げる。この移行にかんしてD－Gはニーチェの『道徳の系譜』の考えをほぼそのまま踏襲している。つまり専制君主あるいは国家は未開社会に対して稲妻のように到来するという、異邦人による統治説を採用するのである。この議論はニーチェにとって社会契約論を批判する内容を含んでいた点で興味深いが、D－Gはこれをさらに出自、縁組、近親相姦と組み合わせることで超越者とその「法」の登場のメカニズムを説明する議論となる。さらに未開社会での記号論（声－エクリチュール－眼）にも同時に変容が起こることを論じている。

まず近親相姦にかかわる議論から見ていこう。外延化された出自と側方的縁組によって外延における近親相姦の禁止が登場するのだが、ここでD－Gは姉妹との近親相姦と母との近親相姦の違いを述べる。姉妹との近親相姦は側方的縁組を混乱させる。何が起こるかといえば、出自を同じくする者と婚姻することになるので出自と縁組が融合してしまうのである。この混乱を避けるために姉妹との近親相姦は禁止されなければならない。次に母との近親相姦は出自内部での祖先と子孫（世代の前後）の融合が起こってしまうので、外延化された出自を混乱させる。これを避けるために母との近親相姦は禁止されることになる。実はこれらの近親相姦の禁止がある特定の人物に特権を与えることになる。それは近親相姦の禁止を野蛮にも侵犯できる者である。それが王や主人、専制君主とされる。

どういう仕組みでそうなるのか。この点にかんしては、D－Gの説明も不透明で筋が通っているように思えないが、それでも彼らの議論を追っていき、論旨の要点だけでも引き出してみよう。まず姉妹との近親相姦についてD－Gは次のような事例を挙げている。

> 専制君主はまず姉妹そのものと結婚する。しかし族内婚は禁止されている。だから彼自身が自分の部族の外、つまり領土の外に出るか、あるいはその境界にいるかぎりで、彼はこの結婚を部族外で行うのである。（…）族外婚制は、部族外の男たちの地位を措定するまでにいたらなければならない。彼らは自らの利益のために族内婚をする権限が与えられ、かつこの結婚の恐るべき効力によって、男女の族外婚の主体たちにとって先導者の役割を果たす権限が与えられる。（AŒ, p. 237／三七八頁）

押さえるべきは次の点であろう。まず族内においては姉妹との近親相姦は禁じられている。そのため姉妹と縁組を行う場合は、その主体は部族の外部に出なければならない。つまり集団からの「離脱」が生じる。というよりも近親相姦が集団からの離脱のための仕掛けとなっているといえる。そして奇妙なことにこの離脱者（部族外で族内婚をした者）は族外婚の主体たちの「先導者」となる。この理由は「結婚の恐るべき効力によって」としか示されていない。重要なのは離脱した族内婚者は族外婚者たちの先導者となるという点であり、これが意味するのはおそらく、族外婚が促されることで、元のある集団に対して別の新しい集団が形成されるということだろう。
続いては母との近親相姦にかんする言及である。

母そのものとの近親相姦がまったく別の意味を持つことは明白である。ここでは部族内に存在するような、部族の母が問題なのであり、英雄は部族内に侵入しながら母を見つけ、あるいは第一の結婚の後に部族内に帰ってきて母に再会するのである。(…)英雄は加入儀礼を受けるか受けさせることによって王となる。(AŒ, p. 237/上、三七八―三七九頁)

ここでおそらく重要なのは一度外に出た離脱者が「先導者」となり、英雄として新しい集団を率いて元の集団の内部に戻ってくるという点である。この部族内への帰還を可能にしている仕掛けが母との近親相姦であるといえる。ここで「加入儀礼」が何を指しているのかは一切不明であるが、少なくともこの帰還によって彼には「王」という地位が与えられることになる。

もう少し解釈を続けよう。ここでの近親相姦は、ある集団からの離脱と回帰のための概念的な装置となっている。ニーチェの議論と関連させるなら離脱とは異邦人となることであると解釈できる。すると回帰は異邦人の到来ということになるだろう。すると母との近親相姦は特殊な意味を持つことになる。それは異邦人がその集団に出自を持つということである。つまり異邦人は集団の外部からではなく内部から到来したかのように現れるのである。しかし、それだけで「王」という地位が与えられるだろうか。これに対するヒントは「部族の母」という表現である。D‐Gはこれを女王とも表現している。つまりここでの母とは「国家」の母＝女王のことだと解釈できる。そのためこの縁組は帰ってきた英雄に王家の出自を備えさせることになるのである。D‐Gはこれをさらに展開させて「神との直接的な出自」と呼んでいる。すると母が女王なのであれば、姉妹もまた特殊な地位にあるのではないか。まさしくここでの姉妹とは王女のことであり、国家にとっての「姉妹そのもの」といえるだろう。

ここまでの整理をしておこう。専制君主や国家とは外部から到来するものである。それはある未開社会から（姉妹との近親相姦によって）離脱した者が集団を率いて、そこに（母との近親相姦によって）回帰してくることとしてD‐Gは描き出す。そしてその離脱や回帰によって「先導者」や「王」という超越的な地位が与えられる。それは近親相姦を犯す野蛮さが権力とみなされるためだろうか。それはわからないが、少なくとも未開社会のシステムから一度離脱した者が集団となって回帰してくることで、そこに超越者からなる支配システム＝帝国的社会体が出現することになるといえる。端的にいえば新しい集団が元の集団を支配したといえるだろう。その支配に正統性を与えるのは母との近親相姦による出自の直接性である。おそらく以上がD‐Gによって提示された近親相姦による専制君主的社会体の形成論であろう。

本節にとって重要なのは、ここで近親相姦（の禁止）によって「超越」が出現したことである。そしてこの「超越」が強い意味での「法」になる。つまり強度を制度が抑圧することで外延化が生じたが、その後の出自と縁組の活用変化によって超越的な「法」が出現するのである。ではその議論を見てみよう。

超越的な法の出現は専制君主的社会体における記号論の形成と連動している。未開社会での「声‐エクリチュール‐眼」に変容が起こる。専制君主的社会体が登場することでエクリチュールに「文字」が出現する。これが未開社会の記号論と大きな違いを生み出す。未開社会の記号論では声とエクリチュールはそれぞれ自律的に機能していたが、帝国の記号論ではエクリチュールのシステムが声に同調し、従属するという。どういうことかといえば、声から流れ出る言葉を文字と対応させることでエクリチュールとして保存することができるようになるのである。文字は声を書き取る、言い換えればエクリチュールは声に依存するようになる。しかし、エクリチュールは「声への依存」という性質を逆に利用し、「天上あるいは彼岸の無言の声」（AŒ, p. 240／上、三八二頁）、つまり超越者（専制君主だけではなく、神や預言者も含むことができる）の支配的な声を招き入れることができるようになる。声もまたエクリチュールに依存するのである。

専制君主的社会体における声とエクリチュールの相互依存関係、これによって声は命令するものとなり、その命令は文字によって石や紙に書き込まれて（もはや身体には書き込まない）、声の届かない広大な地域にまで公布されることが可能になる。カフカは皇帝のことをよく知らない民衆たちを描いているが、これは超越者が不在であっても公文書が超越者＝支配者の声として十全に機能することを物語っている。法はまさに専制君主のもとで機能する声と文字の相互連関によってもたらされる。ここで現れる法にD－Gはふたつの特性を見てとっている。

> ひとつは法のパラノイア的－スキゾイド的特徴（換喩）である。この特徴によって法は、全体化できず全体化されてもいない諸部分を統治し、部分を仕切り、煉瓦として組織化し、それらの距離を測り、コミュニケーションを禁じる。こうして法はひとつの恐るべき統一体の資格において作動する。（…）もうひとつは躁うつ病的な特徴（隠喩）である。これによって法は何も知らせない、また知りうる対象も持たない。（AŒ, p. 251／上、三九九－四〇〇頁）

これを言い換えるならば、超越的な法はそれが機能する領域を確定する、そして何も知らせないし知りうる対象はないが、従うことを命ずる、ということである。

声と文字の機能の変化にしたがって眼にも変化が生じる。この眼はもはや苦痛から快楽を引き出す「見るもの」ではなく、「読むもの」となる。そして法との関係でいえば、眼は監視するものとなる。こうして専制君主の声－法のエクリチュール－監視する眼という帝国の記号論が形成されるといえるだろう。[18]

登記と負債についても見ておかなければならない。ここで登記は文字による紙などの媒体への記入ということになる。これは住民台帳や土地所有者などの記録を可能にするものである。この登記は専制君主の統治機構と結びついて無限の負債を生み出すという。どういうことかといえば、もともと未開社会では花嫁代償などその負債は有限であったが、それが専制君主に対する年貢、いわば税という形で終わらない負債として統治下の人々に負わされることになるのである。専制君主は超越的な債権者となり得たといえる。そして債権者‐債務者関係は法によって規定される。このことは端的に次のようにいわれる。「法とは、無限の負債がとる司法［裁判］の形式である」（AŒ, p. 252／上、四〇〇頁。［ ］内は引用者による補足）。

出自、縁組、記号論、登記、負債、これらの関係がひたすらに複雑になっていくのがわかる。しかしまだ私たちの現代的な問題圏に入っていない。なぜひとは裁かずにおれないのか、あるいはなぜ過剰な自罰感情を抱くのか、そのメカニズムにまで達していない。本節では、これに答えるためにはオイディプスの形成まで行かなければならないと考えるが、専制君主的社会体でもまだオイディプスの構成要素である「父」は登場しない。ではいよいよその「父」の登場にまで迫ってみよう。

出自資本と縁組資本

専制君主的社会体が資本主義的社会体へと移行する。この移行を説明することはあまりにも複雑なため、ここではできない。私有財産や貨幣、階級の出現、商品の生産、富の蓄積、労働者の出現、市場の発達、王政への批判などさまざまな要因が挙げられるだろう。専制君主の統治の仕方（超コード化）では捉えきれない経済的な流れが生まれはじめたこと（脱コード化）で、専制君主の超越性が薄れ、国家なるものが背景に退いたといえる。D‐Gによれば、これによって国家は部分を統合する統一体から、諸々の流れの調整を行う機関となる。これは超越的だった国家が流れのなかへ内在化＝内面化していくことだと捉えられる。

ここには国家生成のふたつの様相がある。一方は物理的（physique）システムを形成しながらしだいに脱コード化される社会的な力の領野における国家の内面化［内化］である。もう一方は形而上学的（métaphysique）システムを形成しながら、しだいに超コード化していく超地上的な領野における国家の精神化である。無限の負債が内面化されることと精神化されることとは同時でなければならない。（AŒ, p. 263／下、一九頁。［　］内は引用者による補足）

無限の負債が内面化（内化）されると同時に精神化されるとはどういうことか。ここでD－Gは、富の本質が対象の側にあるのではなく主観性にあるというアダム・スミスによる議論に触れている。物理的システムにおける内面化とは主観性の形成を意味している。すると精神化とは、この内面化＝主観性の形成における超越性の保持と解釈できるだろう。専制君主による統治機構はもはや物理的には存在しないが、精神化されて存続するのである。すると無限の負債も主観化され、精神となって存続するということになるだろう。このメカニズムを忘れないようにしておこう。

さて、国家が流れの調整機関となったとき前面に出てくるのが資本主義である。ここに出自と縁組の活用変化がかかわってくる。D－Gは資本主義以前の商業資本あるいは金融資本を縁組資本と呼ぶ。これが意味するのは、商人が貨幣経済の発展していない地域と生産物の取引を行う形で結びつくことであ

（18）　これはシニフィアンの記号論とも呼ばれる。ここでは「専制君主の声」と言語学者ソシュールの提案した「聴覚－イメージ」という概念とが結びつけられるという、非常に独創的な議論が展開される。

る（安いところで買って、高いところで売るため）。資本主義がはじまるのはこの縁組資本が出自資本に変わるときだという。出自資本とは、「金が金を生み、価値が剰余価値を発生させる」産業資本を指す。金が金を生み出すこと、これが資本を社会体としたときの新しい出自である。[19] D－Gによれば、この社会体において登記されるのは、生産者でも非生産者でもなく、抽象量としての生産力であり、またその生産手段である。要するに人間はもはや社会体に登記されなくなる。これが意味するのは人間が社会の外にやられるという事態である。

[資本が出自と縁組を引き受けた] 結果として家族の私人化が起こる。これによって家族は自分の社会的形態を経済的再生産に与えることをやめる。つまり家族は（…）社会野の外に置かれるのである。（…）家族はもはや質料の形態［形相］、あるいは人間という素材の形態［鋳型］でしかない。この形態は、経済的再生産から自律した社会的形態に従属し、それが割り当てる場所にやって来るのである。（AŒ, pp. 313-314／下、九五頁。［ ］内は引用者による補足）

家族の私人化というのは、ここでは家族の公的機能・社会的位置づけの喪失のことを指す。そして家族は社会に対して人間という素材を提供することになる。社会には前もってすでに形態（資本家や労働者など）が用意してあり、そこに素材が配分されることで、人間＝素材は社会的形態を帯びることになる。

ここからさらに展開する。家族が社会野の「外に出る」ことが重要な変化を引き起こす。つまり社会と家族が切り離されることで、社会が家族に適用されることになる。言い換えれば社会と家族の関係がマクロコスモスとミクロコスモスというような照応関係になるということである。この事態をD－Gは次のように説明する。

個々人は何よりもまず社会的人物であり、換言すれば抽象量から派生した諸々の機能である。（…）資本の流れから派生した機能としての資本家、（…）労働の流れから派生した機能としての労働者がこれにあたる。資本主義はこうやって自身の内在野をさまざまなイメージで満たすのである。（…）これらのイメージそれ自体が形象的になり、再生産されるようになるのは、人間という素材に形を与えることによってでしかない。その素材を再生産する特殊な形態［家族］は、社会野の外に放り出されるのだが、この形態を規定しているのは社会野なのである。すなわちシュミラークルであって、これが社会的人物というイメージであり、イメージのイメージである。それゆえ私人は二階（second ordre）のイメージであり、イメージのイメージである。それゆえ私人は二階（second ordre）のイメージを表象する能力をこのように受け取るのである。これらの私人は父、母、子として限定された家族という場において形式的に規定される。（…）父、母、子はこうして資本のさまざまなイメージのシュミラークルとなる。（…）要するにオイディプスがやってくる。オイディプスは資本主義システムのなかで、一階の社会的イメージが、二階の私的家族的イメージに適用されることから生まれてくるのだ。（AŒ, pp. 314-316／下、九六―九八頁。［ ］内は引用者による補足）

社会と家族が照応関係にあるとき、社会における諸々のイメージは家族に還元される。しかし家族には父、母、子のイメージがあるだけである。そのため社会における諸々のイメージは父、母、子の三つのカテゴリーに適用されることになる。こうして社会における上位の位置にあるイメージは父へと適用される（上位の社会的イメージとしては他に専制君主、社長、軍曹、教祖、神、裁判官、そして精神分析家など

(19) これがさらに進むと賃労働者の金（支払うことのできる金）と投資家の金（融資することのできる金）とが、縁組と出自の関係にあると見なされるようになる。cf., Ian Buchanan, "Power, Theory and Praxis", *Deleuze and Politics*, Edinburgh University Press, 2008, pp. 13-34.

がありうる)。『アンチ・オイディプス』の理路が示すのは、オイディプス三角形が形成されるのに世界史と呼べるほどの経緯が必要となるということである。

ようやくオイディプスまで辿り着いた。では、裁きや自罰感情、罪責性はどのように捉えられるのか。ここで国家の議論に戻ろう。社会体の移行において専制君主的な国家は資本主義的社会体へ内面化されると同時に精神化されるのであった。これは社会が無限の負債を内面化し精神化していることをも意味した。すると社会と照応関係にある家族にもこれが適用されることになる。つまり、内面化され精神化された無限の負債が家族構造のなかに滑り込むのである。

このとき家族構造のなかで何が起こるのか。D-Gによれば、専制君主が父に、大地が母に適用されることになる。となれば子が無限の負債を払う立場に置かれることになる。ここに負債を介した父と子の関係が構造化される。

しかし負債はそれ自体では罪責性でも罰でもないのではないか。D-Gはここで無限の負債を罪責性へと発展させるものとして宗教史(カトリシズムから宗教改革へ)と精神分析を挙げる。D-Gによればアダム・スミスが富の本質を内面=主観性に見出したように、宗教改革者ルターが宗教の本質を教会から内面へと転換したのであり、精神分析家フロイトが欲望の本質を性愛という主観的なものに見出したのである。こうして宗教的罪責性と欲望の罪責性が無限の負債に結びつくことになる。そして結局次のような事態に陥ることになる。

家族は二つの形態で現れて来なければならない。一方では、家族はおそらく罪あるものなのだが、それはただ子どもが家族を過剰に内面的に生きる仕方においてのことである。家族は子ども自身の罪責感と一体化するのだ。他方では家族は、それを前にしてひとは罪ある子どもであり、また責任ある大人にもなるところの、責任の審級であり続ける。(AŒ, p. 323/下、一〇九頁)

ここまでくればひとがなぜ裁きたがるのか、またなぜ過剰な自罰感情を抱くのかというドゥルーズの問いに答えられる。負債＝罪責性を前にして自身を父の場所に置くとき、ひとは裁かずにはおられなくなるだろう。また、負債＝罪責性を前にして自身を子の場所に置くとき、過剰に自身を罰さざるをえなくなるだろう。なぜならその負債＝罪責性は無限だからであり、父は専制君主であり、専制君主は超越的な法だからである。

本節のまとめ

未開社会からオイディプスまでを、出自と縁組という概念だけで描くというD－Gの奇妙で複雑な世界史を追いかけてきた。そのなかで強度、制度、法、契約という社会的な概念がD－Gの思想内でどのように連関しているかを捉えることができた。とりわけ強度概念の社会的な側面に光を当てたことは、ドゥルーズの強度論研究の進展にとって足がかりになる程度には意義があると考える。また強度を抑圧することで機能するという制度の一側面を明らかにした点も、彼の制度論において同程度に意義があるだろう。(20)

さらにオイディプス形成の世界史というD－G独特の着想を引き出すことで、ガタリの『草稿』ではまだ十分に明瞭とはいえなかった〈個人〉や〈人格〉の問題に対して、無限の負債と罪責性の観点から

(20)『アンチ・オイディプス』において興味深いのは、D－Gが制度を死の欲動と結びつけて議論している点である。制度と死の欲動の関係には二つの様態がある。ひとつは、戦争のように制度（ここでは国家）を維持するために個人が犠牲になるタイプの関係である。制度のために個人が死を選ぶとき、死の欲動は個人に向かって働いている。もうひとつは、個人を守るために制度のほうを犠牲にするタイプである。このとき死の欲動は制度に向かっている。D－Gは後者のタイプを評価し、これを制度の真の創造力に変える仕方を考えていく。

光を当てることができた。もちろんこれは『アンチ・オイディプス』の視野から見たものだという限定は必要である。

ではいかにして罪責性や裁きと訣別するのか。本節はこれに答えるものではまったくないが、D－Gの対応を示すことはできる。それは少なくとも次の三つの方向で行われる。

①世界史
まずひとつは世界史の方向である。オイディプスは世界史によって形成されたことをD－Gは示した。だからこそオイディプスを覆すチャンスがある。なぜなら世界史は必然的なものではなく、偶然的な介入や切断が起こる過程だからである。実際『アンチ・オイディプス』ではスキゾ分析の観点から世界史を捉え直すという考え方が提案された。そして『千のプラトー』では非－歴史性という戦略へと向かうことになるだろう。

②集団性
コード化の三つの方法である法－制度－契約は、強度から身体を外延化し、さらに内面化・精神化を遂行した。これを個体化・個人化とまとめることができる。集団性とはこの個体化・個人化に対抗する視点である。『アンチ・オイディプス』では「個体幻想」と「集団幻想」という概念対を提出し、個体幻想を打破して集団幻想（そのなかでも主体－集団）へと向かう方法を提案している。これもまたスキゾ分析の実践にかかわってくる。(21)

③出自－縁組
『千のプラトー』にいたると「悪魔的縁組（同盟）」という概念が新たに導入され、これが強度の次元

の秩序をさらに描き出すことになる。これによって法＝オイディプスに依拠しない生態学的な社会論が構築されるだろう[22]。

以上でこの節を閉じることにしたい。私たちは前節でスキゾ分析の実践の足場となる理論構成を整理した。本節ではスキゾ分析が必要とされる問題状況を明らかにした。こうして続く第三節にてスキゾ分析の実践について考察する準備が整った。

（21）『アンチ・オイディプス』では、集団幻想には「隷属集団」と「主体‐集団」の区別があり、後者が目指される。ガタリは単独で隷属集団と主体‐集団の間に「過渡的集団」を認めており、これは隷属集団から主体‐集団への移行を捉えるための重要な概念である。

（22）『千のプラトー』における縁組論については拙論「神話の精神分析／呪術のスキゾ分析」、『構造と自然――哲学と人類学の交錯』、檜垣立哉・山崎吾郎編、勁草書房、二〇二二年を参照。

第三節　ンデンブ族の医師に学ぶ

『アンチ・オイディプス』について、ここまでスキゾ分析の基本的な理論構成・概念連関と、スキゾ分析が効果を発揮しうる問題状況とを考察してきた。残された課題は次の問いに応えるものとなるだろう。スキゾ分析が精神分析を更新したものだというのであれば、それはどのような臨床実践となるのか。その実践例として『アンチ・オイディプス』で挙げられているのは、ヴィクター・ターナーが調査をしたンデンブ族の治療儀礼である。本節は、この治療儀礼がどういった仕方でスキゾ分析なのかを考察したい。しかしそのためには『アンチ・オイディプス』の理論構成について、本章第一節の説明ではまだ十分とはいえず、さらに踏み込んだ理解が必要となってくる。これまでの説明の繰り返しになる部分もあるが、D－Gの理路を見失わないように丁寧に順を追って見ていこう。

生きられた状態

本章第一節の冒頭で的確な観点を捉えることの重要性を述べたが、本節でも同様である。次の一文に本節にとっての（もっといえば『アンチ・オイディプス』全体にとっての）重要な観点が端的に表れている。

生きられた状態（état vécu）はそれを生きる主体よりも根源的である。（AŒ, p. 27／上、四八頁）

『アンチ・オイディプス』では独特の主体概念が使われるが[23]、それより根源的なものとしての〈生きられた状態〉が徹底的に描き出される。主体という言葉で通常イメージされるもの、たとえばひとつの自我や人格、身体を持った個人としての主体はこの著作のなかで繰り返し攻撃される。こうした考えは、その理論および実践において主体や個人に焦点を合わせる精神分析とは相容れないものだろう[24]。そしてまさにこの点がD-Gによるオイディプス批判の要点となるのである。生きられた状態か個人としての主体か、ここにスキゾ分析と精神分析の分水嶺がある。

では生きられた状態とは何のことなのか。ここでは粗描するだけに留めたい。D-Gは生きられた状態を〈過程〉という言葉で表していると考えられる。この過程は、目標も空転も中断もない、不断の移

(23)『アンチ・オイディプス』では、およそ三種類の意味で主体という言葉が使い分けられている(そしてこのことが事態を複雑にしている)。ひとつは人格を備えたひとりの個人としての主体、二つ目は自己同一性に拘束されない生成変化の主体(〈独身機械〉と呼ばれる主体)、三つ目は無意識や欲望、欲望する機械を主体とするものである。とくに三つ目の主体が根源的である。次の引用を見ておこう。「現実的主体としての無意識は、まるでその循環の周囲全体に残滓的で遊牧的な外観上の主体を散りばめたかのようだ」(AŒ, p. 394/下、二二一頁)。これを先の引用「生きられた状態はそれを生きる主体よりも根源的である」と関連づけると、現実的主体としての無意識は〈生きられた状態〉に、残滓的遊牧的な外観上の主体は〈それを生きる主体〉に対応することになる。つまり『アンチ・オイディプス』における真の主体は、外観上の主体(=独身機械)にとっての〈生きられた状態〉についての理論は視点を変えれば主体の理論でもある。この点を押さえておくことがこの難解な著作を読解していくうえで重要である。しかし、この考えに忠実であろうとすると論述が過度に煩雑になって理路を見失いかねないため、本節では〈生きられた状態-それを生きる外観上の主体〉の関係に視点を固定して論述を進めていくことにする。というのは、この視点にこだわるほうが現時点では哲学的に実り豊かだと判断するからである。重要概念のひとつである〈主体-集団〉は三つ目の主体と関連する。

(24) D-Gがラカン派精神分析の使用するシニフィアンという概念をどうにか回避しようとしているのはここに理由のひとつがある。シニフィアンとは、その特性上、別のシニフィアンに主体を表象するものだからである。スキゾ分析が主体ではなく生きられた状態を扱う以上、シニフィアンという概念に頼ることはできない。そこで非シニフィアン的記号論という理論が生み出されることになる。

行状態のようなものといえる。この過程は本章第一節で触れたように、自我や人格よりも根源的なものとして無意識の領域に属するものであり、この過程を生み出すのは無意識の受動的総合の働きだとされる。さらに無意識の受動的総合は三つに分けられる。前々節でも扱った内容なので、それを踏まえつつ簡潔にまとめておこう。

ひとつ目は「接続的総合」と呼ばれる。この総合を構成している要素は部分対象と流れである。部分対象とは眼や口、耳、肛門、乳房などであるが、それだけでなく無機物や機械、機械の部品をも含む。流れとは母乳や精液、血液が挙げられているが、水であれ電流であれ、音であれ歌であれ、物流であれ人間の移動であれ、流れているものであればあらゆるものを含むと考えられる。部分対象と流れの関係は、たとえば口が乳房と接続することで母乳の流れから栄養を採取するように、部分対象間の接続によって流れから何かを採取するという形を取る。こうした接続の形から部分対象は機械と呼ばれる。(25) それだけでなく、その接続を駆動するエネルギーがリビドー（性の欲望のエネルギー）であると考えられることから「欲望する機械」とも呼ばれる。無意識の接続的総合では、部分対象としての欲望する機械の接続と切断がリビドーのもとに制限なく起こりうる（つまり欲望する機械同士であればどんなものとも連結しうる）とD－Gは考える。これをシンプルな言葉で表すと「…と、…と」となる。

二つ目は「離接的総合」と呼ばれる。部分対象は欲望する機械だけでなく分子とも呼ばれるが、これらの分子を自身に登録する巨大分子があるといわれる。それを〈器官なき身体〉と呼ぶ。器官なき身体は、欲望する機械が接続や切断を繰り広げる状況のなかにひとつの全体を提供することになる。ただし、これは開かれた全体であって決して閉じたものではない。離接的総合とは、欲望する機械が器官なき身体のうえに登録されたことで生じる総合である。これはたとえば「眼であれ、口であれ」といったように「…であれ、…であれ」という形で表現される。ただしそれだけでは接続的総合と離接的総合の違いが出てこない。離接的総合の特徴は「男であれ、女であれ」、「死者であれ、生者であれ」、「両親であれ、子どもであれ」といったような、何らかの特性を表す用語が項として入れられ、一種の参照軸を提供するところにある。この項に入るものをD‐Gは〈特異性〉と呼ぶが、これは部分対象と同じものではない。そしてこの特異性がいくつか関係することで作られる参照軸は、たとえば「男か、女か」といった排他的選択を強いるものではないし、だからといって男であると同時に女であることを可能にするものでもない。そうではなく、その両項のあいだの連続移行的な距離と、その距離のあいだでの遊動性を肯定するものとなる。

三つ目は「連接的総合」である。連接的総合は本節の冒頭すぐ後に挙げた引用文中に登場する主体にかかわる総合である。離接的総合で登録という働きがあったが、このとき登録される欲望する機械と登録する器官なき身体のあいだで相反する二つの反応が同時に生じるとされる。それは器官なき身体による欲望する機械の反発と吸引という反応である。反発とは欲望する機械の登録に耐えられないと感じる場合の器官なき身体の反応であり、吸引とは欲望する機械を登録によって自分のものにしようとする器官なき身体の反応である。この二つの反応によって器官なき身体の上に強度が発生し、それがその上に配分されるという現象が起こる。するとこの配分によって、器官なき身体上に強度の地図が描かれることになる。スキゾ分析的主体とはこの強度の地図上を遍歴する者であり、それらの強度を感覚し消費する者と規定される。(26) そしてこの感じられる強度が精神病的な妄想のエレメントになるとされ、そこから人種的、文化的、歴史的な内容を持つ妄想が生じる。誰かがある強度を受けて自分は黒人ではないのに「私は黒人である」と考えたり、はたまた獣ではないのに「私は獣である」と考えたりするように、連接的総合では「私は…である」という形でその強度が享受され、消費されることになる。さらにいえば、

(25) 本章注4も参照。
(26) 本章注23で触れた〈残滓的遊牧的な外観上の主体〉のこと。

強度は主体によって遍歴されるため、「私は…である」の変数の部分が変転することになり、主体はたとえば黒人から獣へ、獣から別の何かへといった生成変化の線を生きることになる。このことはスキゾ分析的主体が自己同一性の拘束を受けないということを示してもいる。

以上が無意識の三つの受動的総合である。これら三つの総合の働きが過程を生み出すのだが、これらをD‐Gはシュレーバーやアルトー、ニーチェといった人々の精神病（なかでもスキゾフレニー）の経験や妄想にかんする言説から導き出してきている。そのためこの過程は「過程としてのスキゾフレニー化」（AŒ, p.134／上、二二七頁）とも呼ばれる。[27]『アンチ・オイディプス』ではこの過程の完成を重視するが、本節ではこれを〈大いなる健康〉[28]としての生きられた状態と捉える。

ここまで来ることで、私たちはD‐Gの精神分析批判がどういったものだったかを端的に示すことができる。問いの形で表すとこうである。精神分析の何が生きられた状態を病んだものにするのか。

精神分析の五つの誤謬推論

D‐Gはカント哲学にならって無意識の受動的総合を正しい使用と誤った使用に分けている。正しい使用を「内在的使用」と呼び、誤った使用を「超越的使用」と呼ぶ。生きられた状態は内在的使用において〈健康〉であり、超越的使用によって病んだものとなると考えてよいだろう。D‐Gは無意識の超越的使用に精神分析理論のなかに見られる誤謬推論が深く関与していると考える。この誤謬推論というのがオイディプスに絡んだものなのである。では、その誤謬推論とはどういったものなのか。D‐Gはそれを五つ挙げているので概観しておこう。

第一の誤謬推論は外挿法にかんする誤謬とされる。端的にいえば、部分対象と流れからなる領域に、その領域には存在しないはずのものが挿入されているという指摘である。

ここに無意識の総合の超越的使用をもたらす奇妙な誤謬推論がある。すなわち、分離可能な諸々の部分対象から、分離された完全対象への移行が生じ、それによって欠如が割り当てられることで全体的な人物たちが派生するのである。（AŒ, p. 87／上、一四三頁）

ここでいう完全対象とは精神分析で使われる「ファルス」（勃起したペニスの象徴）のことである。全体的な人物とはひとりの個人として全体を規定された人物＝人格（personne）を意味している。ここではファルスが流れに対して外挿されたものであり、それによって個人なるものが発生してくるというメカニズムが示されている。その理路はおおよそ次のようなものである。ファルスはペニスそれ自体ではなくその象徴であり、その特性から男女の両方に欠如したものとして考えられる。そのことからファルスの外挿は部分対象の領域に〈欠如〉という観念をもたらすことになる。またファルスはペニスとの象徴的な関係を持つがゆえに、男か女か（それを持っているか持っていないか）の排他的な選別に絡んでくる。また父あるいは去勢に関連づけられることで、母と母から分離した子としての私という個人を切り出してくることにも関与してくる。

このことで何が起こっているのかといえば、ひとつはファルスの外挿によって父‐母‐子の三角形もまた部分対象の領域に持ち込まれているということである。次にいえることは「男か、女か」、「両親か、子どもか」といった排他的な参照軸が適用されており、そこで全体的な人物＝人格＝個人への確定が生じている。言い換えれば、「…であれ、…であれ」という連続移行を可能していた離接的総合が、「…か、…か」といった排他的二者択一のものへと制限されている。さらにこのことにより分離可能な部分対象

（27）第三章第一節で「スキゾフレニックな過程」、「スキゾ過程」と表したものと同じ。

（28）ジル・ドゥルーズ『ニーチェ』、湯浅博雄訳、ちくま学芸文庫、一九九八年、七一―二九頁を参照。

が、個人へと帰属させられることになっている（たとえば口唇が私の口唇に、乳房が母の乳房になる）。これも換言すれば、あらゆる接続が可能だった部分対象の接続的総合が、個々人に帰属する範囲（所有格が有効となる範囲）を踏み越えないかぎりでの部分対象の接続的総合に特殊化されているといえる。

　第二の誤謬推論はダブルバインドにかかわるものである。これは、ダブルバインドはスキゾフレニックな過程ではなく、オイディプスと法にかかわるものであるという指摘である。D－Gによれば、たとえばダブルバインド的メッセージ「息子よ、私より先へ進め（しかし、私を乗り越えるな）」は、子どもを父への神経症的な一体化と内面の規範化のあいだに挟み込むという（『アンチ・オイディプス』では、ダブルバインドによって臨床実体としての統合失調症患者が出てくるのは、統合失調症になることがこの挟み込みから逃れる唯一の手段だからだとされる）。また次のように考えることもできる。つまりメッセージの前件を父殺しと取り、後件を父の権威回復（内面化）と取るのである。挟み込みのバリエーションは他にもあるが、重要な点は「〈ダブルバインド〉はオイディプスの総体に他ならない」（AŒ, p. 95／上、一五六頁）ということ、つまりオイディプス・コンプレックスの働きそのものであり、これによって法が無意識や欲望に関連づけられることになる。

　第三の誤謬推論は一対一対応的適用という操作にかんするものであり、オイディプスにかかわる操作だとされる。D－Gはスキゾフレニーの妄想、あるいは子どもの幻想について考察を進めることで、その内容が世界史的で政治的、人種的なものであり、これらは決して父－母－子の三角形には還元できないと主張する。リビドー備給は何よりもまず世界史的・政治的・人種的なものからなる社会野に向けてなされるのであり、家族野への備給は後からなされるとも主張する（この主張は父－母－子の三角形のなかでのリビドー備給が脱性化され、昇華されることで社会参加していくという精神分析の理論的な順序の逆を行くものであるが、これは第五の誤謬推論と結びつく）。一対一対応的適用とは、リビドー備給の出発点となる社会組織が到達点となる家族（父－母－子）に適用される操作ということになる。簡潔な表現でいえば、

「だから、これは君の父だ」、「だから、これは君の母だ」という言葉が、自分が備給している対象に適用されてしまうということである。これは「私は…である」という強度の消費（生成変化）にかかわる連接的総合を歪める操作となる。

さらに第四の誤謬推論が指摘される。それは欲望にかかわるもので、抑圧されたものが置き換えられているという指摘である。

> ひとは、抑圧から抑圧されるものの本性を、そして同じく禁止から禁止されるものの本性を直接結論することができるようなふりをする。（AŒ, p. 136／上、二二〇頁）

このふりが精神分析でもなされているとD－Gは主張するのだが、このとき、つまり抑圧から抑圧されたものの本性を結論するとき、それは理論上成立しないことであるため、そこでは結論の置き換えが行われていると見るのである。たとえば、近親相姦が法によって禁止されているからといって、欲望はその本性から近親相姦を欲していると結論することは正しいだろうか。これに対するD－Gの回答は、欲望は抑圧されることで近親相姦を欲するようになるというものである。彼らの考えをもう少し細かく取り上げるとこうなる。欲望が抑圧されるのはそれが既成の社会秩序を転覆させるものだからである。そして抑圧を被るなかで、欲望は自身が欲しているモノやコトを別のイメージへと置き換えられてしまう。そのことによって欲望は操作可能なものにされてしまう。そのイメージとして選ばれるのがオイディプス三角形に関連するもの（近親相姦や父殺し）だということである。彼らはこうした考えから、欲望はまず社会防衛のために抑制され、その抑制に精神分析が抑圧とオイディプスによって加担しているという主張を展開していく。

最後に第五の誤謬推論に触れておこう。これは〈事後〉の誤謬であり、本来であれば後に来るはずのものが前にあるものとされているという指摘である。精神分析ではオイディプスがはじめにあるように考えられている。たとえば、子は母子癒着を父の法による去勢によって分離されることで個人となり、社会へと開かれるとされる。あるいはオイディプス三角形が起点となって神経症、精神病、倒錯が理論的に区別される。精神分析のこうした観点をD-Gは念頭に置いている。しかし、すでに見たように第三誤謬推論でも第四誤謬推論でもオイディプス三角形は後（社会野への備給の後、抑圧の後）に来ている。つまり、後に来るはずのオイディプス三角形が前に置かれるという誤った操作が行われているのではないかという指摘なのである。この操作はD-Gにとって神経症、精神病、倒錯の実際の病因を覆い隠してしまうものとして映るだろう。彼らの観点からいえば、神経症、精神病、倒錯といった精神の病いは過程の中断や停止によって起こるのである。

以上で触れた精神分析の五つの誤謬推論は、無意識の受動的総合の誤った使用を導くことで、受動的総合が生み出す過程を中断したり、あるいは停止させたりする。このことによって生きられた状態は病んだものになっていく。このような病んだ状態を治療すること、つまり〈過程としてのスキゾフレニー化〉を回復させることを目指すのがスキゾ分析といえるだろう。では、続いてスキゾ分析の積極的な規定を見ていこう。

スキゾ分析への導入

スキゾ分析について、まず誤解の生じやすい点に触れておこう。スキゾ分析は少なくとも『アンチ・オイディプス』においては精神分析の一種である。彼らはスキゾ分析が政治的社会的な精神分析であることを繰り返し主張している。またD-Gが精神分析を批判するのはあくまでその一部分、つまりオイディプス・コンプレックスと、それが機能することで生じてしまう悪しき事態とである。さらにスキゾ分析が精神分析の概念群（無意識、部分対象、リビドーなど）に大いに依拠していることも明白である。

では、スキゾ分析は何をするのだろうか。次の引用からはじめよう。

> ［スキゾ分析の］第一の積極的な任務は、どんな解釈とも関係なく、ひとりの主体のなかに彼の欲望する機械の本性や形成物、その作動を見出すことにある。君の欲望する機械とは何か、君は君の機械のなかに何を出し入れするのか、それ［エス］はどのように働くのか、君の非人間的な性とはどのようなものか。（AŒ, p. 385／下、一九七―一九八頁。［　］内は引用者による補足）

スキゾ分析の実践的な出発点は病んだ状態である。その病んだ状態のひとつは、ひとりの全体化された個人としての主体を生きていることである。それに対して生きられた状態は、部分対象が個人や個体の枠の制限を受けずに、接続と切断を繰り返す状態（分散状態：dispersion）である。[29] そのためスキゾ分析は、自我や個人としての主体から部分対象への移行をその実践とすることになる。「したがって、正常といわれた自我を解体するという絶え間ない破壊の任務を、その積極的な任務のうちに混ぜ込まないようなスキゾ分析は存在しない」（AŒ, p. 434／下、二七一―二七二頁）。[30] しかし、自我の解体という極端なことを一挙に進めるのは臨床上の無理や歪みが生じるだろう。だからこそ、まず「君の欲望する機械とは

---

(29) 個人や個体の枠を超えて部分対象の〈分散状態〉にいたることをD－Gは〈突破する：percer〉と表現する。この突破に達した例としてイギリスの画家ジョゼフ・マロード・ウィリアム・ターナーの晩年の作品群が挙げられている。AŒ, pp. 157-158／上、二五三―二五四頁、およびターナーの晩年の作品（たとえば「ノラム城、日の出」）を参照。

(30) こうした〈自我の解体〉はR・D・レインの言葉から「超越論的経験」と呼ばれる。晩年、ドゥルーズが超越論的経験論を語るのはサルトルの『自我の超越』を参照にしてのことである。このような箇所から、ガタリ発案のスキゾ分析とドゥルーズ発案の超越論的経験論との理論的な連続性を見出すことができるかもしれない。

何か」などと所有格を伴った欲望する機械について問うのではないだろうか。つまりこの問いから出発して、個人から徐々に欲望する機械同士の接続へと慎重に分析を移していくことで、個人を解体していくのだと考えることができる。

ここで引用文中にある〈非人間的な性〉に注目しておこう。個人を解体していくことは人間的な性も同時に解体していくことにつながる。そして欲望する機械同士の接続－切断の領域に入るのだが、そこにD－Gは性愛（sexualité）を見出す。これが非人間的な性と呼ばれるのである。スキゾ分析においてこの性愛は、君の欲望する機械が個人を超えて何と接続するのかを追うためのインデックス（機械状インデックス）として、分析の重要な要素となっている。

少し視点を変えて見てみよう。個人としての主体はオイディプス三角形や去勢の効果によるものだということはすでに触れた。するとスキゾ分析を行う前の病んだ個人は、自分の妄想や夢や欲望が家族に適用されるように、オイディプス三角形の効力のなかに拘束されていると考えることができるだろう。こうした状況に対してスキゾ分析は次のようなことを試みる。

> スキゾ分析の観点からすれば、オイディプスを分析するということは、それゆえ息子の混乱した感情を妄想的な諸観念まで、あるいは両親や両親を内面化して表象している者、両親の代理人に対する備給の諸々の線まで遡ることにある。というのもそれは、結局適用と再生産の場所でしかないひとつの家族の総体へといたるためではなく、リビドー備給の社会的で政治的な単位へといたるためである。
>
> （ACE, p. 438／下、二七八頁）

ここでは何が為されているのだろうか。すでに触れたように、第三の誤謬推論によって社会野へ備給されたリビドーは父－母－子の三角形へと適用される。スキゾ分析はこの適用の操作を逆走することで、両親を通って社会野へ開かれていくリビドー備給を回復しようとするのである。D－Gはこの分析についてフロイトの精神分析に登場する〈女中たち〉を例に挙げている。手短に述べれば、フロイトは分析のなかで、床を洗う女中や四つんばいでシーツを洗っている百姓女などを母に適用するのだが、ここに見られる身分の高低あるいは階級差への関心は社会野への備給にかかわるものであって、母が母とは別のものとしても機能することを示しているというのである。

というのは、母が働いているのかいないのか、母が父よりも裕福な生まれなのか貧乏な生まれなのか、などといったことは切断と流れにかかわることであって、それらは家族を貫いてはいるが、いたる所からそれを通り過ぎるものであり、非家族的なものである。(…)両親は別の役割や別の機能に対する両親的ではない機能と役割において理解される。(AŒ, p. 426／下、二五八―二五九頁)

このように考えることで、スキゾ分析は父や母のなかの非両親的な部分を見出して、彼らを中継点としてオイディプス三角形から社会野へとリビドーを突破させようと試みるのである(『草稿』では姉を交差点として機能させる例が登場している)。この試みは、先に触れた「君の欲望する機械」が社会野へと接続していくリビドー備給の線を見出していくものでもある。

スキゾ分析の四つの命題

では、リビドー備給がオイディプス三角形から社会野へ出ればそれでよいのだろうか。それでスキゾ分析は終結するのだろうか。決してそうではない。むしろここから『アンチ・オイディプス』の独自の世界観が現われてくるのである。しかし、その世界観をすべて描くことは本節の目的を超えているので、ここではD－Gの掲げる〈スキゾ分析の四つの命題〉に目を通すだけに留めておこう。それは以下の通りである。

・第一命題：すべての備給は社会的なものであり、何が起ころうとそれは歴史的社会野に向けられる。（AŒ, p. 409／下、二三四頁）

・第二命題：諸々の社会的備給のなかで、集団あるいは欲望の無意識的備給と、階級あるいは利益（利害関係）の前意識的備給を区別すること。（AŒ, p. 411／下、二三七頁）

・第三命題：事実と同様に権利の観点からいっても、社会野へのリビドー備給は家族への備給に優先する。（AŒ, p. 427／下、二六〇頁）

・第四命題：社会的リビドー備給の二つの極、つまりパラノイア的で反動的、ファシズム的な極と、スキゾイド的で革命的な極を区別すること。（AŒ, p. 439／下、二八〇頁）

第一と第三命題にかんしては、すでに本節でも何度か言及しているので置いておこう。ここで新しいのは第二命題の無意識／前意識の区別と、第四命題のパラノイア極／スキゾ極[31]の区別である。この二つの区別には関連性があり、これらが『アンチ・オイディプス』の世界観を作り出している。

その世界観とはおおよそどのようなものなのか。社会野へのリビドー備給が発端にあり、その備給がパラノイア極とスキゾ極に区別されるとすれば、生きられた状態は何よりもまず精神病を基盤にしているといえる。実際D－Gは無意識を、この両極を振り子運動のように揺れ動くものとして捉え、この両極のあいだで（とりわけパラノイアとの関連で）神経症や倒錯、自閉に陥った臨床実体としての統合失調症患者が生じるという理論構成をしていく。また、パラノイアとスキゾの区別とは、前者がモル的・統計的に捉えられる大きな集合を扱うのに対して、後者は分子的・分散的に捉えられる小さな集合を扱うというものである。ここでモル的といわれるものには個人や人格的主体が含まれる。それに対して分子的といわれるのは、スキゾ分析の目指す部分対象（欲望する機械）と流れである。つまり、社会野へとリビドー備給を解放したとしても、次に続く分析実践では、パラノイア極からスキゾ極への移行をどう扱うかが問われることになる。『アンチ・オイディプス』研究では、神経症対精神病という構図を持ち出されることがあるが、D－Gの眼中にあるのは何よりもまず精神病圏におけるパラノイア対スキゾなのだといえる。

ここに社会的備給の前意識／無意識にかんする区別が加わってくる。つまり、前意識－反動的／前意識－革命的、無意識－反動的／無意識－革命的の区別が生じてくる。D－Gにとっては前意識が革命的であっても、それはあくまで階級利益のための革命であって、欲望の本性による革命ではない。そのためスキゾ分析が目指すのは、無意識－革命的という境地へといたることだろう。この境地が〈過程としてのスキゾフレニー化〉であり、〈大いなる健康〉としての生きられた状態だといえる。

以上がスキゾ分析への簡略な導入である。嚙み砕いたつもりだが、かえって混乱を呼んでいるかもしれない。とはいえ、ここまで来たことで私たちは本節の冒頭に置いた問い、つまり、はたしてスキゾ分析の臨床実践とはどのようなものなのか、という問いを扱う準備が整った。

ンデンブ族の医師によるスキゾ分析

D－Gはレヴィ＝ストロースが『構造人類学』のなかで精神分析と呪術（未開社会における治療法）の実践上の類似性を説いたことを念頭に置きつつ、次のように述べている。

（31）『アンチ・オイディプス』のなかでスキゾフレニーとスキゾイドが明確に区別されているとは言い難い。ここではこれらをまとめて〈スキゾ〉と呼ぶことにする。

私たちはスキゾ分析を二つの局面によって規定した。一方は無意識の疑似的な表現形態の破壊であり、他方は欲望による社会野の無意識的備給の発見である。この観点から未開社会の治療法を深く考察すべきである。それらは実践されたスキゾ分析なのだ。（ACE, p. 196／上、三一四―三一五頁）[32]

つまり彼らは呪術が精神分析よりもスキゾ分析に近く、それどころかスキゾ分析の実践そのものだと主張するのである。そのことを示すために『アンチ・オイディプス』ではヴィクター・ターナーの調査したンデンブ族の治療儀礼がスキゾ分析の実践例として取り上げられることになる[33]。ここではこの著作で使われたターナーの論考「ンデンブ族の熟練医師[34]」を参照しつつ、どういったことがスキゾ分析の実践となるのかを捉えたい。

基本情報を整理しておこう。舞台となるのはアフリカ北ローデシア地方（現・ザンビア共和国）のムウィニルンガ地区で、当時はイギリス領だった。その地の先住民族のひとつがンデンブ族である。母系社会であり、夫方居住婚を採用している。彼らは円形の小さな村々で生活していて、村は平均で三〇人くらいの人数で構成されている。また村は母系血縁を核にして形成されている。そして狩りや植物を栽培することで生計を立てている。狩りが文化の重要な部分を占めており、狩りにまつわる事柄を中心に象徴体系が作られている。また、それに基づいて複雑な儀礼のシステムが組み上げられている。しかし、植民地化による近代化の影響を受けて、ンデンブ族も経済および文化構造に変化が起きつつあった。

ターナーによれば、ンデンブ族の病気や医療についての特徴はこうである。彼らにとって病気は私的なもの、個々に記述されるものというだけではなく、社会的な構造や状況の観点からも見られるべきものである。つまり、ンデンブ族は何らかの疾病に対して社会的説明を必要とするのである。なぜかといえば、彼らは病気の自然的な原因を知らず、それを亡霊や呪術師の呪いによるものだと考えるからである。

死、病気、そして不幸は、私たちが記したように、たいていは社会関係の悪化した緊張状態によって生じる。つまり呪術や妖術といった神秘的な力に託された個人的な恨みとして、あるいは今いる親族が生きているあいだに生じるその祖先の霊の懲罰的行為だという信念として表現されるのである。だから占い師はクライアントから、彼らの血統集団における現在の緊張状態のパターンについて手がかりになるような返答を聞き出そうと努めるのである。占いはそのため社会分析の一形式となるのだが、それは個人と派閥のあいだの隠れた争いが、伝統的な儀礼的手続きによって対処されるために、明るみに出されるという経過においてである。(35)

(32) 引用文中にある「無意識の疑似的な表現形態」とは『アンチ・オイディプス』においてはオイディプスの神話のことを指しており、D－Gはこれを、精神分析が無意識を（現実を生産するものとしてではなく）神話をモデルにしてコンプレックスを表現するものとして捉えていると批判している。

(33) スキゾ分析の実践例としては、他に「レーニン的切断」という出来事が生じたとされるプロレタリア革命についての分析を挙げることもできるかもしれない。しかし本書がこだわりたいのは、あくまで問題状況に直面した時にそこで何をすることができるのかという実践的な側面である。プロレタリア革命についての分析は、分析することが実践することと直結するような記述になってはおらず、スキゾ分析の実践の実際をうかがい知るには資料として不十分であると考える。レーニン的切断への踏み込んだ考察については上野俊哉『四つのエコロジー――フェリックス・ガタリの思考』、河出書房新社、二〇一六年および佐藤嘉幸・廣瀬純『三つの革命――ドゥルーズ＝ガタリの政治哲学』、講談社選書メチエ、二〇一七年を参照。

(34) Victor W. Turner, “An Ndembu Doctor in Practice”, *Magic, Faith, and Healing*, edited by Ari Kiev, Jason Aronson Inc, 1996 (1964), pp. 230–263.

(35) Victor W. Turner, ibid., p. 232.

以上のような前提に立って、ンデンブ族の医師（彼は占い師、薬草の専門家、儀礼の精通者であり、一言でいえば「呪医」である）は、治療行為として患者についての社会分析や集団分析を実践する。D－Gはこの点をまさにスキゾ分析の実践、つまり「無意識の疑似的な表現形態の破壊」と「欲望による社会野の無意識的備給の発見」の実践として捉えている。

ターナーの観察した具体的な事例を見ていこう。ここで中心となるのはイハンバの儀礼と呼ばれるものである。イハンバとは、銃で猟を行う狩人の二本の上部前歯（門歯）のことをいう。ここに狩人の力がこもるとされ、死後に引き抜かれて狩りのお守りになる一方で、生きている人の肉に食い込み、体内に入って苦しめることもある。歯が食い込むのはその歯の持ち主であった狩人の亡霊の仕業（恨みや懲罰）であると考えられる。医師の仕事はこの歯を患者の体内から取り出すことである。ただし、患者の身体を切開すれば取り出せるというものではなく、イハンバ（＝歯の持ち主である亡霊）を満足させなければ取り出すことができないとされる。そのために儀礼が執り行われることになる。

イハンバの儀礼の主要な登場人物たちを挙げておこう。

【イヘンビ】ンデンブ族の医師。知識豊かで威厳があり、かつ柔和で魅力的な七〇歳代の白髪の老人。系譜的には王族の分家の血統に属していたが、その分家は別の分家との争いに敗れ、政治的な地位の継承から永久に除外されてしまった。その補償として儀礼を執り行う役職を与えられることになった。こうしてイヘンビは、村のなかで儀礼の執行者の役割を担いつつ、政治的にはアウトサイダーとして位置づけられる。

【カマハサニ】イヘンビの治療を受けることになる患者。物腰が柔らかで女性的な性格。うぬぼれが強く、自身が文明化された人間だと思うことで、周囲の人々を軽蔑している。ターナーによれば神経症、心気症。村人がいつも自分に向かって話しかけてくると感じていて（幻聴か？）、それを避けるために自分の小屋に閉じこもっていた。その他、背中や胸などに容赦ない痛みがあり、心臓の動悸が速い。インポテンツでもある。カマハサニは自分の父にとても気に入られていて、ある程度高い年齢まで父のもとで暮らしていた（母系血縁を重視するこの文化のなかでは稀なケース）。母はムカンアラという集団の王族（ニャカンジャタ）の血統を継いでいた。カマハサニは以前に住んでいた場所を追い出され、ムカンアラ（つまり母系親族）の領地にある村に移り住んだ（この村で彼はニャカンジャタの血統との関連で族長と村長の地位に就く権利を有している）のだが、その村は半分がンコンコトの集団（父系親族の集団）で占められていた。村では父系親族と母系親族とのあいだにコンフリクトがあり、彼はそれを調停することを期待される立場にあったが、その役割を果たすことはできず、村人たちから敵意を向けられることになった。

【ムンドンウ・カボンウ】最近亡くなったムカンアラの族長でカマハサニの母方の祖父。自分の死後に村にふさわしい村長が選ばれなかったことに怒っているとされる。しかし彼が亡霊となって苦しめているのは、現在の村長のカチンバではなく孫のカマハサニである（霊のイハンバ（歯）による迫害が向かうのは、個人ではなく全体としての村人、つまり村を象徴する人物だとされる。この事例においてカマハサニがイハンバに襲われるのは、村長のカチンバよりも彼の方が系譜的にそれにふさわしいからというのが理由だと考えられている）。

【ムディギタ】カマハサニの父。ンコンコトの先代の族長の息子であり、自身も偉大な村長で、名の知れた狩人でもあった。息子であるカマハサニが自分の母系親族と仲違いをしたことに対して怒っており、亡霊となって彼をイハンバ（歯）で苦しめているとされる。

【カチンバ】臨時の村長。内気で村の仕事に対して非常に消極的。彼の村の運営に対する村人からの不満や非難も多い。ニャカンジャタの血統に属する。

【サムウィヌ】〈真の村長〉といわれているが、現在は呪いを恐れて村を逃げ出し、別のエリアで暮らしている。そのことで村人の一部に軽蔑されている。カマハサニの治療儀礼のために村に呼び戻される。

【ジム】村長のカチンバの代わりに村の仕事をこなし、村内での地位向上を狙う野心家・戦略家。ニャカンジャタの血統に属する。村内のいざこざの調停や他の村とのあいだでの関係維持に強い関心を持っている。

【マリア】カチンバの娘で、カマハサニの妻。意志が強くエネルギーのある人物で、カマハサニに代わって仕事を行い、家計を支えている。カマハサニとともに現在の村に移住。そこでかつての恋人のジャクソン（ンコンコトの集団に属する）と再会し、愛人関係にある。しかし妻としての義務も怠っていない（これはカマハサニが村のなかで構造的に重要な立場にあることが関係しているとされる）。

【ンドナ】カチンバの妻で、マリアの母。カマハサニを疎んじており、マリアとともにカマハサニに妖術をかけたとされる。

【ウィルソン】先代の村長の息子で、カマハサニとは母系を同じくしない。カマハサニを嫌い、呪いをかけたとされる。

ここで挙げただけでも、父系や母系といった出自集団、縁組（婚姻関係）、村のなかでの地位をめぐる闘争、村の住人たちの感情的なコンフリクトなど、父‐母‐子のオイディプス三角形に還元しきることのできない集団をめぐる政治的かつ社会的な関係が見て取れる。ンデンブ族の医師はこれらの関係をひとつひとつ詳細に分析していくのだが、ターナーはその分析のスケールを四つに分類して示している。

①イギリス統治下での白人‐黒人関係の分析（植民地化による社会への影響の分析）。
②ムカンアラ（母系）の血統の分派間の関係の分析（母系社会内の派閥関係の分析）。
③村の内部での人間関係の分析（たとえばカマハサニにとって母系にあたるニャカンジャタの血統と父系にあたるンコンコトの集団との緊張関係のような、村人たちのあいだでの政治的‐感情的コンフリクトの分析）。
④患者の生活史の分析（父母との関係、系譜や身分、夫婦関係、村人たちとの関係、以上のことに付随する果たすべき責務、村内で自身が置かれている状況などの分析）。

このようなンデンブ族の医師の分析をスキゾ分析の観点で見ると、ここでの分析の内容は特定の集団における階級利益や利害関係の前意識的備給を明らかにしているといえるだろう。つまりンデンブ族の医師は、社会野への患者個人の前意識的備給だけでなく、集団のなかを走る複数の前意識的備給を分析し、複数の前意識的備給がひとりの人物（ここではカマハサニ）にしわ寄せのように集中することで病気が起きていることを明らかにするのである。とすれば、集団内のこじれた諸々の前意識的備給を解きほぐすことが治療になるといえるだろうか。ターナーが次のように記しているように、ある意味ではそうである。

私がここで強調したい点は、ンデンブ族の社会で不幸が神秘的な原因に帰せられるとき、かき乱された社会的関係の多くのまとまりが、関連のある諸集団によって綿密に調査されるのは一般的なことだということである。神秘的な信念についての曖昧さは、社会状況の優れた多様性に関係して処理されることを彼らに可能にする。ついにはひどい緊張が特定され、そして処理されるのである。[36]

ンデンブ族の〈医師〉は自分の仕事を、患者個人の治療という以上に地域集団の不全状態の改善として捉えているように見える。ある患者の体調不良はおもに、地域のなかで〈何事かが腐敗している〉というひとつの徴候（sign）である。集団内の人間相互の関係におけるあらゆる緊張と攻撃が、明るみに出されたり儀礼的な治療法に曝されたりするまで、患者は快方に向かわないだろう。[37]

しかし、前意識的備給を解きほぐすことに関心を向けるだけではスキゾ分析としては不十分だろう。とすれば社会野への欲望の無意識的備給はどう実践にかかわってくるのだろうか。これにかんしてD－Gは「利害関係による社会野の前意識的備給を見出すことだけが問題なのではない。むしろもっと深いところに、欲望による社会野の無意識的備給を見出すことが重要である。それは病者の婚姻や村のなかでの彼の地位、集団において強度として生きられる族長のあらゆる地位を経由している」（AŒ, p. 198／上、三一七頁）と述べているが、より踏み込んだ考察が為されていないため、その詳細については不明瞭なままである。[38]そこで引き続きターナーの論考をもとに考察をしていこう。

ンデンブ族の医師は治療儀礼において何を行っているのだろうか。右で整理したような、カマハサニの村での利害関係をめぐるさまざまな政治的な動きや感情的なコンフリクトを思い出しておこう。そこで患者であるカマハサニをめぐって次のようなことが行われる。まずイヘンビが行うのはカマハサニやその周辺人物たちについての徹底した情報収集である。そのなかから治療儀礼に必要な事柄を精査していき、イヘンビは問題を大きく二つに分ける。一方はマリアとンドナ、ウィルソンがカマハサニに妖術をかけているとする件であり、他方はムンドンウ・カボンウ（カマハサニの母方祖父）とムディギタ（カマハサニの父）によるイハンバにかかわる件である。前者の件にかんしてイヘンビはイハンバ儀礼とは別の儀礼で対処したようである（この儀礼は一種の警告として機能するもので、妖術をかけてカマハサニを苦しめたのがマリアとンドナであることやその動機が公衆の面前で暴露されることはなかった）。

後者の件は村全体にかかわる問題であるため、より重要な儀礼となる。イハンバ儀礼の要点を「役割の配分」と「コンフリクトの暴露」の二点にまとめることができるだろう。「役割の配分」から見ていこう。この儀礼はドラマのようでもあり、儀礼の執行者であるイヘンビによって儀礼の参加者たちに、それぞれにふさわしい役割が与えられることになる。たとえば〈真の村長〉とされるサムウィヌには他の参加者に先立って霊に呼びかけるよう頼んでいる。またカマハサニの妻マリアには〈母性〉や〈女性性〉を象徴する木の葉を茂みのなかに取りに行かせ、取ってきたその葉を噛みほぐしてカマハサニに吐きかけさせている。これらの象徴的な行為を通して、彼らが抱く利害関係への執着を病状回復への望みに変換していこうとしているようである。儀礼において誰に何の役割を割り振るかが治療儀礼の効果と関係しており、そこで医師の熟練度を測ることができそうである。

ではこれは欲望による社会野の無意識的備給という観点からはどのように捉えることができるだろうか。それは配分された役割をそこに配分された人が強度として生きるということではないだろうか。サムウィヌは〈真の村長〉とされながらも実際は村から逃げていた。その彼に儀礼上とはいえ村の誰より

---

(36) Victor W. Turner, ibid., p. 245.
(37) Victor W. Turner, ibid., p. 262.
(38) cf. AŒ, pp. 197-198／上、三一五―三一七頁。

も率先して霊に呼びかける役割や位置、つまり〈村長〉にふさわしい行為が割り振られる。それを形式的だけでなく実践的に引き受けることでサムウィヌはその役割を強度として生きることになるのではないだろうか。別の概念を用いて言い換えれば、サムウィヌは名目上の〈村長〉（実際は逃亡者）から儀礼上の〈村長〉へと移行する生成変化の主体になったといえるのではないだろうか。とすれば、イヘンビの実践は無意識の連接的総合における強度と遊牧的主体にかかわる操作を行っていると考えることができるだろう（この操作は集団内の役割や地位の配分でもあるので政治的な面を持つことになる）。しかもイヘンビはこうした役割の配分を儀礼の参加者全員に行う。つまりここでは無意識の連接的総合の操作が集団的で政治的なものとして実践されているのである。

次に「コンフリクトの暴露」について見ていこう。ンデンブ族の治療儀礼は集団内の政治的 - 感情的な緊張関係を明らかにし、解きほぐしていく場として機能する。しかし、そのためには集団に属している人たちに問題となっている事柄とそれに対する思いを率直に語ってもらわなければならない。それだけでなく、語ったうえでコンフリクトを解消していく方に人々に向かってもらわなければならない。ンデンブ族の医師にはその技術が求められることになる。実際、その技術とはどのようなものなのか。それを論じる前に治療儀礼の進行を簡略に押さえておこう。

①医師が患者の身体に吸玉瀉血療法用の角を取りつける（儀礼が中断されている時間にあたる）。
②儀礼の参加者全員で打楽器演奏と歌唱を行う（儀礼の開始にあたる）。
③患者に痙攣発作が起こり、瀉血用に取りつけた角がいくつか身体から外れる。
④医師が演奏をやめるように指示する。
⑤医師が患者から角をすべて取り外して、それらを詳細に調べる。
⑥血のなかにイハンバ（歯）を見つけることができればここで儀礼は終了。できなければ、イハンバ

が出てこなかった理由を医師が儀礼の参加者たちに説明する（その説明は患者の生活史や集団の相互関係にかんするものとなる）。
⑦医師がイハンバの霊に急いで出てくるように呼びかける。
⑧医師が村の人たちをひとりひとり祭壇の前に呼び、彼らが患者に対して抱いている敵対感情をどんなものでも打ち明けるように促す（患者自身を呼ぶこともある）。
⑨①に戻る。

ではここにどのような技術が使われているのだろうか。患者には瀉血、つまり血を抜く療法が行なわれる。医師はその血のなかにイハンバ（歯）を探す。すぐに見つかるということはなく、その理由として患者と患者が属する集団の緊張関係がまだ明らかになっておらず、解きほぐされてもいないことが医師によって村の人たちに説明される。そのことが動機となって彼らは自分たちの隠している思い（利害関係による敵対感情）を言葉にしていく。患者の瀉血療法が再度準備され、儀礼が再開される。もし医師が村の人たちの語りによって緊張関係は十分にほぐれたと考えれば、そのときにイハンバ（歯）は見つけられるだろう。しかし、そうでなければイハンバ（歯）は見つけられず、再度の語りが求められることになる。それは患者の血がさらに抜かれ、どんどん弱っていくことでもあり、そのことが隠している思いをオープンに語ることへの強い切迫感を生み出すことになる。以上のことから「コンフリクトの暴露」にかんするンデンブ族の医師の技術とは、患者の瀉血とそれによる容態の変化を管理すること、村の人たちによるコンフリクトの暴露の度合とそれによる緊張関係の解消の度合を見定めること、語りを促す切迫感を調整してイハンバ（歯）を見出すタイミングを計ることだとまとめられるだろう。その技術と効果についてターナーは次のように述べている。

イヘンビの最も偉大な技術はこの［儀礼の］中断－開始の手順を統御することのなかにあった。その結果として、それの数時間後には、集まった人々が患者の身体からイハンバを除去することへの全員一致の切望だけを抱いたのである。打楽器によって駆り立てられた激しい興奮。患者の身震い、〈イハンバを満足させる〉ために歌われる甘く悲しい、あるいは熱烈な狩人のカルトの歌への多くの人々の参加。これらに次のものが続く。多くの打ち明け話や不平不満の公表、〈自分たちの同族者を強くする〉ために霊に向けて医師だけでなく村の年長者たちによっても唱えられる敬虔な、あるいは力強い祈り、［瀉血用の］角からしばしば滴りとなって流れ出る血の光景と匂い。これらのすべての要素が活動の弁証法的で対話的なパターンを作っている。その活動とは、地域共同体の強い感情を生じさせ、懐疑的な態度を弱め、そして患者に対する共感を最大限に高めるものである。(39)

儀礼には患者だけでなく集団に属する多くの人々が参加している。(40) ンデンブ族の医師が儀礼の中断と再開（コンフリクトの暴露）を操作することで実践しているのは、利害関係から患者の回復への備給の集団的な移行である。打楽器が興奮を駆り立て、甘く悲しい歌がうたわれる。村の人たちを分断する不平不満は力強い祈りへと変わっていくかのようである。そして辺りには患者の血とその匂いが流れている。こうした儀礼を通して地域共同体に強い感情を生じさせるとあるが、これをスキゾ分析の観点から強度の発生あるいは消費と捉えることができるかもしれない。この実践が行われることで、人々は流れの領域に入っていくのではないだろうか。つまり打楽器のリズム、甘く悲しい歌、祈り、血とその匂いといったそれ自身流れるものを機能させることで、集団の強い感情という情動的で強度的なものの領域へ入っていくという技術を用いているのではないか。ターナーも述べている。

医師の仕事は、それらの［人々の社会的次元での］対立と結びついていたり、社会的であったり個人間であったりする争いと結びついている情動のさまざまな細流を、栓を抜いて流し出すことであり、そういった場面においてそれらの細流が顕在化するのである――そして社会的に肯定的な方向へとそれらが流れるように溝を掘ることである[41]。

ここまで治療儀礼を広い視野で捉えてきたので、肝心の患者であるカマハサニに焦点を絞ってみよう。この儀礼においてイヘンビはカマハサニに何を行ったのだろうか。イヘンビは儀礼のなかでカマハサニにも語る機会を与えている。ターナーによれば、カマハサニはそこで自身の母系親族（ニャカンジャタの血統）へ不満を抱くことになったエピソードと、それに付随した妻マリアの献身的なエピソードを語っている。この語りによってカマハサニは回復に向かっていくが、それによってイヘンビが狙っていたのは「カマハサニの父の影響圏からの遅い離脱に伴う数々の罪や不安からの解放」と「大人の責務がぶつかり合う場である母系圏」への彼の移行である[42]。この移行の興味深いところは、そもそも亡霊となった父がカマハサニを懲罰的に苦しめていた理由が父方の母系とカマハサニが仲違いをしたことであったにもかかわらず、その問題の直接的な解決は目指されず、カマハサニの母系圏への移行によって父からの懲罰（罪や不安）から逃れるという戦略が採られた点にある。その理由についてはターナーによっても

(39) Victor W. Turner, op.cit., p. 259.［ ］内は引用者による補足。
(40) 呪術における集団の機能については以下を参照。Marcel Mauss, "Esquisse d'une théorie générale de la magie", *Sociologie et anthropologie*, pp. 115-133, PUF, 2018 (1950).（「呪術の一般理論の素描」、『社会学と人類学Ⅰ』、有地亨・伊藤昌司・山口俊夫訳、弘文堂、一九七三年、一八五―二〇八頁。）
(41) Victor W. Turner, op.cit., p. 262.［ ］内は引用者による補足。
(42) Victor W. Turner, ibid., p. 258.

D－Gによっても掘り下げられていないが、もしカマハサニの語りのなかに出てくる妻マリアの献身への気づきにスキゾ分析のインデックスである「性愛」を読み取るとすれば（つまりマリアがカマハサニをンコンコト集団から切断し、ニャカンジャタの血統へ接続してくれる欲望する機械として機能しうるとすれば）、イヘンビはこの点に欲望による社会野の無意識的備給を見出していたといえるかもしれない[43]。

　長い考察になってしまったが、端的にまとめれば、こうした治療実践としての儀礼が行っているのは、病者が病気という形で表現することになる地域集団の不全状態を改善することである。言い換えればそれは、そこから病んだ個人が生じてくるような、病的な〈生きられた状態〉を治療することである。生きられた状態の治療があってこそ、病んだ個人の回復がもたらされる。これがンデンブ族の治療実践であり、D－Gにとってスキゾ分析のひとつの実践例となるものである。

本節のまとめ

私たちは〈生きられた状態〉という観点に立って、スキゾ分析の実践について前半では『アンチ・オイディプス』の理論面を、後半ではンデンブ族の呪術的な治療実践を考察してきた。この考察に必要な言葉は十分に尽くしたつもりだが、もちろんいくつも疑問は残っている。ここでは三点に絞って挙げておこう。

　ひとつはこの事例における「君の欲望する機械とは何か」ということである。実はD－Gはこの事例における欲望する機械について直接は言及していない。その点ではスキゾ分析の事例としては部分的であるといわざるを得ない。またそれをターナーの論考の記述から推測し補足することも難しい。現時点でいえるのは次のことだけである。私たちはマリアがカマハサニとって欲望する機械として機能したのではないかと考察した。しかしそれだけなのだろうか。というのもスキゾ分析は欲望する機械が単独で機能するとは考えないからである。スキゾ分析が実践となるためには、いくつもの欲望する機械との連鎖（接続と切断）を徹底して見出す必要があると考えるが、この事例では他に何が欲望する機械＝部分対象として機能しているだろうか。イハンバの歯だろうか。儀礼で使われる薬草となる植物だろうか。[44]

また、この実践では病んだ個人が回復することで個人はどうなるのか、はたして自我は解体されるのか、そうだとすればそれはどういった経験なのかということも明らかにされていない。ターナーの記述を見るかぎりでは、治療儀礼の一年以上後にカマハサニは個人として集団内で健康に生活しているようである（そして興味深いことに村にはンコンコト集団のメンバーが誰ひとり残っていなかったという）。しかし、スキゾ分析をラディカルにとるのであればここで終わるわけにはいかない。[45] では、自我を解体するような実践はどのようなものとなるのか。少なくとも『アンチ・オイディプス』にもターナーの論考にもそれは示されていない。

最後の疑問はこうである。このような呪術的な治療は文脈に高く依存するため、私たちのような地域共同体や集団性の薄まった現代的生活のなかでそのまま適用することはできない。だとすれば、それぞ

（43）ただしこの考えはマリアがニャカンジャタの血統に属する場合にしか妥当とはいえない。村内はンコンコト集団とニャカンジャタの血統集団に二分されており、マリアはンコンコトの集団に属していないため、消去法的にニャカンジャタの集団に属すると考えられるが、母であるンドナの血統が明らかにされていないため、実際のところは曖昧である。ともあれマリアの果たした役割は次章で触れる「コネクター」に近しいものといえる。

（44）ンデンブ族における植物のシンボリズムと欲望する機械の関係についてはACE, p. 214.／上、三四二―三四三頁を参照。

（45）「スキゾ分析の任務は、自我とその諸前提を飽くことなく破壊すること、自我が閉じ込め、抑圧する前人称的な特異性を解放すること、（…）自己同一性の諸条件に達しないはるか下で、分裂や切断をより遠くにより繊細に確立すること、個々人を裁断し直して、それらを別のものと一緒にひとつにまとめるような欲望する機械を組み立てることである」（ACE, p. 434／下、二七二頁）。

れの状況に合わせて実践を改変していく必要があるだろう。しかし改変はどのように可能なのだろうか。

ここまで来てさらなる疑問が出てきたが、見方を変えればこうした疑問が出せるところまで辿り着いたともいえる。以上の点を含め、まだまだスキゾ分析について解明されていない点は多いが、『アンチ・オイディプス』からの考察はここまでとしたい。しかしスキゾ分析の実践についての考察の手は休めず、続いて『カフカ――マイナー文学のために』（ドゥルーズとの共著）に視点を移してみよう。はたしてそこに何が描かれているだろうか。

第四章　スキゾ分析カフカ式

本章では一九七五年に公刊されたD－Gによる『カフカ――マイナー文学のために』を取り上げる。この著作の公刊は『アンチ・オイディプス』が発表されてからおよそ三年後であり、一九八四年に宇野邦一が行ったインタヴューでは、ガタリは『カフカ』を『アンチ・オイディプス』の結論として書いたと答えている。[1] そのため本書でも『カフカ』を考察する本章を『アンチ・オイディプス』を扱った第三章とともに第二部としてまとめた。

本書の関心はガタリの発案したスキゾ分析とは何か、どのような実践かというものであるが、『カフカ』には「スキゾ分析」という言葉が登場することは一度もないという点には注意が必要である。実際、ドゥルーズは『アンチ・オイディプス』の公刊後ほどなくして行われたと思われる討論会で「スキゾ分析」という術語の使用をやめると発言している。[2] それでもこの著作には「スキゾ」や「欲望」、「機械」、「アジャンスマン」、「罪責性」などのスキゾ分析に必要な基礎概念がしっかりと埋め込まれており、こ

(1) フェリックス・ガタリ「スキゾ分析の方へ」(聞き手：宇野邦一)、『現代思想　総特集：ドゥルーズ＝ガタリ』、臨時増刊号、青土社、一九八四年九月、一九頁・上段。

(2) cf. ID, p. 387／二八六頁。

こにスキゾ分析について考える素地がないとはいえないだろう。そのため本章では、この著作で論じられていることをスキゾ分析の議論と捉えて考察を進めていく。言い換えれば（D‐Gにとってンデンブ族の治療儀礼がスキゾ分析だったように）カフカの執筆行為・表現行為がスキゾ分析だったとすれば、それはどのような方法だったのかを考察していく。

本章の問いはシンプルである。『カフカ』がカフカによるスキゾ分析の実践例を探究したものだとすれば、D‐Gはそこに何を見たのか。カフカ式のスキゾ分析があるとすればそれはどのようなものか。

『アンチ・オイディプス』のパラノイアとスキゾフレニー

内容に踏み込む前に『アンチ・オイディプス』での議論を短く整理しておこう。スキゾ分析は神経症化を行う精神分析に対抗して考案された。そのため、神経症と精神病（スキゾフレニーが含まれる）の区別が重要であり、スキゾ分析は精神病をその射程に入れた議論である。このことは前節で確認した。では、もう少し精度を上げて見てみるならば、いったい何が見えてくるだろうか。

まず、ガタリは精神分析の存在そのものを批判したわけではない。彼の友人であり、同僚でもあった精神科医のジャン＝クロード・ポラックによれば、ガタリは晩年まで寝椅子を用いた精神分析に従事している。これはガタリが自分の実践の道具として精神分析を日常的に用いていたことを示している。彼が危惧し、批判しようと努めたものは「オイディプス（コンプレックス）」という考え方であり、精神分析のオイディプス化である。オイディプスとは、フロイトが精神分析の解釈作業のために導入した分析格子である。これによって父‐母‐子の三項からなる関係を基盤に、さまざまな心的現象や精神症状を解釈することが可能となる。精神分析にとって重要な分析格子であるこのオイディプスが現代社会になぜ現れ、どのように機能し、どのような悪影響をもたらしているのか、こうしたことを問うたD‐Gの著作のタイトルは『アンチ・オイディプス』であった。それは決して『アンチ精神分析』ではなかったのである。

次に押さえておくべきは、『アンチ・オイディプス』では、オイディプスが本来属するのは神経症ではなくパラノイアだと考えられているということである。たとえばこのようにいわれる。「息子をオイディプス化するのはパラノイア的な父である。罪責感、それは息子によって経験される内面的感情である前に、父によって投影された観念である」（AŒ, p. 327／下、一一七頁）。「だから、オイディプスは神経症患者の感情である前に、パラノイア患者の観念であるように、私たちには思われた」（AŒ, p. 436／下、二七五頁）。すると、オイディプス批判を真に展開するためにはパラノイア批判が要請される。このことから、神経症と精神病の区別が重要でないというわけではないが、『アンチ・オイディプス』では精神病圏におけるパラノイアとスキゾフレニーの区別のほうがより重要となってくる（とすれば、シュレーバーとアルトーの言説（妄想）には何らかの差異があり、D－Gはこれらを同列に並べているわけではないことになる）。こうして前者がモル的なもの、後者が分子的なものと区別され、スキゾ分析は後者を欲望の特性に適っているという点で高く評価する立場を取る。

スキゾ分析は、オイディプスをめぐって神経症から精神病にいたる技法というよりも、パラノイアからスキゾフレニーに移行する（「壁を抜ける」、あるいはbreak throughともいわれる）技法と捉えたほうがより精確である。この点から「神経症者をスキゾフレニー化する」というスキゾ分析のスローガンを理解するとすれば、こう考えられるだろう。つまり、神経症者が、パラノイア的な父によってオイディプス化された息子なのだとすれば、パラノイアからスキゾフレニーへと移行する分析技法が実践されることで、神経症者はオイディプスを脱してスキゾフレニー化する。もっと端的にいえば、神経症的息子をパラノイア的父から逃がす算段（あるいは息子が逃げる算段）、これがスキゾフレニー化であり、スキゾ分析である。

では、具体的にどうするのか。この問いへの応答は慎重を期す必要があり、論じることも実践で示すことも難しいが、本章では『カフカ』の考察を通して、前章のンデンブ族のそれとは少し異なる分析道具一式とその使い方を提示することができるだろうと考える。それをここでは〈スキゾ分析カフカ式〉と呼ぶことにする。

オイディプス三角形とその封鎖

『カフカ』では、右で示したオイディプスをめぐる神経症－パラノイア－スキゾフレニーの構図がやや変形した形で論じられる。ここでオイディプスはまず何より父－母－子が作る家族的三項関係である。この三項関係は欲望を抑圧し、このなかに封鎖するものとされる。これをここではオイディプス三角形(以下「三角形」と略記)と呼ぼう。D－Gはカフカとその父の関係を捉えつつ、三角形のひとつの項である父について次のように述べる。

父は、たとえ自身が生まれた〈田舎のゲットー〉から抜け出るためにすぎないとしても、自分自身の欲望や信念を諦めなければならなかった男として現れる。そして見たところ出口のない状況のなかで自分は支配的秩序に従属したのだという理由だけで、息子に従属を望む男として現れる。(K. p.19／一五－一六頁)

三角形は、従属する者が次に従属する者を再生産するメカニズムとして示される。そしてこれは「オイディプスを生み出すのは神経症である」(K. p.19／一六頁)と表現されており、さらにここで神経症とされるのは父である。先ほど触れた『アンチ・オイディプス』では、オイディプスも父もパラノイアにかかわっていたことを考えると、『カフカ』においてはパラノイアの位置が異なっているのに気づくだろう。ではパラノイアはどこへ行くのか。それは「オイディプスの倒錯的あるいはパラノイア的使用」

(K. p. 19) という術語において登場することになる。オイディプスの拡張的使用（脱領土化）を意味し、家族の域を超えて官僚制や資本主義、ファシズム、司法機関、あるいは超越的な法といったさまざまな形態を取ることになる。D－Gの別の言い方を借りれば、父を（地理的・歴史的・政治的な）世界地図へ投影することである。

三角形とそのパラノイア的使用とはどのような関係にあるのか。三角形は、子にあたる者をこの三角形に封鎖するよう機能する。簡単な構図だけでいえば、子に父への従属を強いるということである。ここで父への従属に対して子が自由を求めることをD－Gは評価しない。むしろそれはオイディプスに織り込み済みの出来事だと考えるのだろう。では自由に対して何があるのか。

> 父にかかわる問いは、父に対してどうやって自由になるかということ（オイディプス的問い）ではなく、父が道を見出さなかった場所でどうやってそれを見出すかということである。(K, p. 19／一五頁)

> 従属に対立する自由が問題なのではなく、もっぱら逃走線が問題であり、あるいはむしろただの出口、（…）可能なかぎり最も意味のない出口が問題なのである。(K, p. 13／九頁)

三角形への封鎖に対して「逃走線」、そして「出口」を見出すこと、これがカフカの活動から導出されるスキゾ分析の要点となる。だが、まだスキゾ分析の考察に入らず、パラノイア的使用についてしつこく見ておこう。オイディプスのパラノイア的使用は、オイディプスを脱領土化するともいわれる。どういうことかといえば、その使用には子が家族的三角形へと封鎖されるのを打ち破る働きがあるということである。では具体的にはどういった使用なのか。

まず父－母－子が作る三角形の三項のうちのひとつが別の項に置き換えられる場合を見てみよう。たとえば、父が経営する商店において、父－使用人－子という三角形が考えられうる。D－Gによればこの使用人は母の代わりではない。子が使用人の足にキスすることを欲望するのであれば、そのとき使用人は家族的三角形からの出口として機能し、子の欲望を社会の方へとつなぐことになる（欲望を母に向けて還元するような精神分析的解釈は採らない）。次に三角形の三項すべてが置き換えられる場合を見てみよう。D－Gは『訴訟』[3]を例にとりながら、裁判官－弁護士－被告（ヨーゼフ・K）の作る三角形やKの伯父－弁護士－ブロック（商人）の三角形、そして銀行員－警官－裁判官の三角形を提示する。さらにより大きなものとして、カフカの父の背後にあるドイツ人－チェコ人－ユダヤ人の地理的・政治的三角形をパラノイア的使用の例として挙げている。

以上がオイディプスの拡張的使用であり、父の世界地図への投影といわれるものである。このパラノイア的使用という契機でD－Gが示したかったことは、「自分たちが地理的・政治的な地図全体を持っているということを知る能力のない子どもたちはいない」（K, p. 23／二〇頁）ということである。言い換えれば、家族的三角形に還元し封鎖しない仕方で、つまり地理的・政治的方向へ展開する仕方で、欲望を経巡らせる道があるということを子どもたちは知っているということである。こうした見方が「地図作成」という考え方につながっていくことになる。

カフカの作品で官僚機構、司法機関、城、超越的な法などへと展開されるパラノイア的使用は、家族的三角形からの一種の「出口」を作り出すとされる。しかし、あくまでオイディプスの使用であるかぎり、それはやはり三角形として機能し、抑圧や封鎖をもたらすことにもなりうる。こうした封鎖にも逃走線を引くこと、出口を見出すことが、パラノイアに対するスキゾの特性に賭けられている。本章ではオイディプスの家族的三角形をパラノイア的使用へ、パラノイア的使用をスキゾへと移行させる実践をカフカ式のスキゾ分析と捉えて考察を進めていく。

事例としての『変身』──動物への生成変化

D－Gによる『変身』についての分析から、オイディプス三角形とその封鎖、パラノイア的使用、そして逃走線について確認しておこう。

『変身』はカフカの中編小説であり、彼の代表作ともいえる作品である。主人公であるグレゴール・ザムザは父と母、そして妹と暮らしており、女中を雇っている。父は五年間仕事をしておらず老いており、グレゴールは家族を養うために過酷な労働環境で働いている。その稼ぎのなかからいつかは妹を音楽学校へ通わせたいとも考えている。ある日、グレゴールは自室で悪い夢から醒めると虫になっている。そしてこの息子であり、兄である人物が虫になってしまったことで生じる家庭内のいざこざの顚末が描かれることになる。

D－Gはグレゴールの虫への生成変化（動物への生成変化の一例）が、家族的三角形からの逃走線として機能していると考える。虫になってしまった息子はもはや家族とは見なされず、虫を追い払うために父からリンゴを投げつけられ、やがて虫として死ぬことになる（終局の手前で家族は、なぜこの虫が息子であり兄であるグレゴールだと信じたのかと話しはじめる）。妹は曖昧な項であり、虫になった兄の世話を母に代わって進んで引き受ける点で、またバイオリンを奏でる点で、一種の出口として機能しようとしているかに見える。[4] だが実際には特に機能することはなく、最終的には妹もまた家族的三角形へと封鎖されることになる（虫の排除を実質的に決めるのは妹である）。『変身』のなかでパラノイア的使用の例にあたるのは、グレゴールの職場の支配人、再就職先の制服を家でも脱がない父、虫への変化後に間借りさせることになる三人の紳士である。支配人はグレゴールの姿を見て逃げ出し、三人の紳士は最後には

（3）『審判』という邦題で広く知られているカフカの未完の長編小説。

父に追い出されてしまう。結末に残るのは父‐母‐妹の家族三人である。このようにオイディプスによる封鎖が完成することで、作品は完結する。

D‐Gはグレゴールが死によって出口から出たとは考えず、むしろ袋小路に陥ったと考える。『アンチ・オイディプス』でも病院内で極度の自閉に陥った統合失調症者を、壁をbreak throughした者としてではなく壁にぶつかってbreak downした者と見なすが、それと同様の事態といえるだろう。D‐Gによれば、カフカの短・中編小説は往々にして逃走線が最後には封鎖されてしまうという。また、だからこそ作品が完結するともいう。では、いかにして逃走し、出口を見出してそこから出るのか。この問いを基点として、スキゾ分析は独自の領域を開いていくことになる。そして、それはカフカにとっては完成することのない開かれた長編小説と深く結びついている。

スキゾ分析カフカ式の機械主義

スキゾ分析にかんする考察に入っていこう。スキゾ分析が考える世界の構成要素は〈機械〉である。これは対象関係論で用いられる「部分対象」という概念を下敷きにして、そこに機械の持つ特性（諸部分の接続と切断の仕方によって機能が変わること、意味も主体もなしに機能＝作動することなど）を与えることで作られた概念である。この考えを展開することで、あらゆるものが機械からなり、あらゆるものが機械であり、あらゆるものが別の機械の部品となりうる、という機械主義が採用される。スキゾ分析はこうした世界の見方に立脚する。

『カフカ』では、カフカの作品群から機械にかかわる三つの基本概念が抽出される。「機械状インデックス」、「抽象機械」、「機械状アジャンスマン」と呼ばれるものである。D‐Gによれば、これらは短・中編小説と長編小説でその機能を変えるという。カフカの作品群において、それぞれがどのように機能しているかを見ていこう。（注記しておくと、アジャンスマンには二つの側面があり、機械状アジャンスマンとはそのひとつにあたる。もうひとつは言表行為の集合的アジャンスマンと呼ばれるものである。前者はアジャンスマンの「内容」、後者は「表現」とされる。本章では何の形容もつかない「アジャンスマン」をそれらの統一体を示す言葉として用いることにする。)

機械状インデックスとは、D－Gによれば、「それ自体に対してまだ取り出されても分解されてもいないアジャンスマンの記号」(K, p. 86／九四頁)のことである。インデックスとは、チャールズ・S・パースの使う記号分類のひとつで、自然的・因果的な結びつきにおいて対象を指示する記号である。たとえば、煙はその発生元で何かが燃えていることのインデックスとなりうるし、扉をノックする音は誰かの到来のインデックスとなりうる。ここで機械状インデックスといえば、「そのアジャンスマンを構成する部品だけが把握され、それらの部品がどのようにそのアジャンスマンを構成しているのか知ることさえない」(K, p. 86／九四頁)という状況にある記号ということになる。

(4) 音楽が「出口」として機能するという考え方は、『機械状無意識』でリトルネロ論として展開される。そしてリトルネロには「通過成分」という特性が与えられる。これは「出口」概念の発展形と考えられる。ガタリの著作を通覧してみると、『精神分析と横断性』における「過渡的幻想(移行幻想)」、『アンチ・オイディプス』の break through、『カフカ』の「出口」、『機械状無意識』の「通過成分」といったように、移行や変化を論じるための概念形成への努力を追うことができる。これがガタリ思想の主軸といえるだろう。過渡的幻想にかんしては、本書の第一章第二節を、また通過成分にかんしては拙論「スキゾ分析とリトルネロ――フェリックス・ガタリのプルースト論」、『ジル・ドゥルーズの哲学』、人文書院、二〇一三年を参照。

(5) 機械の機能＝作動に「意味も主体もなしに」という特性を与える発想は、ラカンにおけるシニフィアンの定義「シニフィアンは他のシニフィアンに対して主体を表象する」を意識したものである。この機械概念を獲得したことで、ガタリは非シニフィアン的記号論や言表行為の集合的アジャンスマン(「言表行為の主体は存在しない」)といった概念を作り出していくことができた。

カフカの作品のなかで何が機械状インデックスにあたるのかといえば、短・中編小説では動物であることが多いという。『変身』におけるグレゴール（虫）は、彼を含むアジャンスマンの部分であり、インデックスのひとつとして挙げられる。ただし、そこではどのようなアジャンスマンが作動しているかは明らかにならない。長編小説ではインデックスはその在り方あるいは機能の仕方を変えるが、そのことは後で触れることにしよう。

抽象機械とは、短・中編小説においては、機械状インデックスなしに現れるすべて組みあがった機械であり、機能を持っていないか、機能を失っている状態にある。例として挙げられるのは『流刑地にて』の処刑機械である。この機械は罪人の肌に判決を刻み込む仕方で処刑するよう前任の司令官によって作られたもので、その残忍なやり方のためにいまや時代錯誤の代物となっている。しかし現職の士官によって流刑地での処罰の執行のために現在でも愛用され、その必要性が説かれる。ところがこの処刑機械は、最後には士官自身に判決を刻み込みながら崩れていくことになる。D－Gはカフカの短・中編小説に描かれるこのような抽象機械群に超越的かつパラノイア的な法の表象を見出していく。抽象機械もまた長編小説においてはその在り方、機能の仕方を変えるが、D－Gの説明に不明瞭な点が多いため、本章では立ち入らない。

機械状アジャンスマンとは何か。これまでの規定を用いて暫定的に説明すると、機械状インデックスを伴うもの（＝どんな部分・部品でできているかわかっているもの）で、かつ組み上げられており、また機能を失ってもいない機械だといえる。さらに追加するなら、その機械のアジャンスマンは動的あるいは可変的でもある。この概念で捉えられるものは、カフカ作品では長編小説にしか登場せず、例としては『失踪者』[6]のホテル、『訴訟』の司法機関（裁判所）、『城』の（村まで含めた）城が挙げられる。

まだ機械状アジャンスマンの説明が不十分であるが、ここから先は複雑さを増すため、ここで一度区切りをつけておこう。道を失わず先に進むために、次の問いを道標としたい。スキゾ分析とはオイディプス三角形からの出口を見つけ、そこから出ていくことであった。そしてカフカの長編小説はそれを成し遂げているとD－Gはみなした。すると長編小説に固有の機械状アジャンスマンは出口についての実践とかかわりがあるはずである。それはいったいどのようなものか。

スキゾ分析カフカ式・第一手：機械状アジャンスマンの取り出し

ここからの議論はスキゾ分析カフカ式の手順あるいは操作にかんするものである。それは機械状アジャンスマンという世界の見方を基盤にして、抑圧や封鎖からの出口を見出すためのものである。スキゾ分析の第一手から見ていこう。D－Gはカフカの創作手法について次のように述べている。

カフカについての多くの解釈のなかで最も有害な三つのテーマは、法の超越性、罪責性の内面性、言表行為の主観性である。（…）彼はオイディプスにさえ、何にもましてオイディプスに救いの手を差し伸べる。好意からではまったくなく、オイディプスを彼の悪魔的な企てに役立つ非常に特殊な用途に使いたいからである。（…）実際のところカフカは、自身の作品の外見上の運動として、法・罪責性・内面性を最も必要とする。（K, pp. 82-83／九〇—九一頁）

引用中のオイディプスの「非常に特殊な用途」をここではオイディプス三角形のパラノイア的使用と解する。このことで何が起きるのかといえば、すでに述べたように三角形を拡張的に使用することで、家族的三角形の関係項を社会へとつなぎ、家族的三角形への封鎖を解除することである。ただし、引用

（6）『アメリカ』という邦題で広く知られているカフカの未完の長編小説。

からわかるように、パラノイア的使用はオイディプスの備えている法の超越性、罪責性の内面性、言表行為の主観性までも社会へと適用することになる。そのことでこの世界は罪責性に満ちたものとして捉えられてしまう。しかし、そのような罪責性はカフカにとってはあくまでも外見上のものでしかない。つまり実際には機能していないことになる。ではこの操作で何をしているのか。D‐Gによれば、カフカはこの外見上の運動を与えることを通して、言い換えれば法・罪責性・内面性が機能していないことを示すことで、実質的に作動している別のもの、つまり機械状アジャンスマンを取り出す実験をしているのだという。

『訴訟』を見ておこう。まずパラノイア的使用としてKは罪に問われ、司法機関とかかわることになる。次にKが罪を感じておらず、不安も持たず、逃げもしないことで、オイディプスのもたらす罪責性が外見上のものであることが示される。そしてこの長編小説は、Kが自身の裁判をめぐって司法機関にさまざまにかかわっていくなかで、司法機関が機械状に作動していること（機械状アジャンスマンであること）がその描写から明らかになっていくという過程をたどることになる。

第二手：分解

一手目はパラノイア的使用によって機械状アジャンスマンを取り出すことであった。それを受けて、二手目に行われる操作は機械状アジャンスマンの「分解」である。この分解という操作からスキゾの特性が現れてくるとD‐Gは考える。丁寧に議論を追っていこう。機械状アジャンスマンにかんしてすでに上で規定を見たが、あれは暫定的なものであった。ここでD‐Gによる規定を確認しておく。

要するに、このアジャンスマンは、神秘的な作動によって組み立てられ続ける機械としての価値はないし、同様に、機能しないかもしくはもはや機能しない完全に組み立てられた機械としても価値はない。というのも、アジャンスマンはそれが機械や表象に対して行う分解によってしか価値を持たないのである。そして実際に機能するとき、それはそれ自身の分解によって、かつ分解においてのみ機能する。アジャンスマンはこの機能＝作動から生まれる（カフカの関心を引くのは決して機械の組み立てではない）。（K, p. 88／九七頁）

この規定は何をいわんとしているのだろうか。アジャンスマンが「分解においてのみ機能する」とはどういう事態なのか。

ここでは次のように考えておく。パラノイア的使用は、三角形を家族の域を超えて大きなスケールで適用することである。三角形とはひとつの閉じた全体なので、それを適用することで、司法機関や城の官僚機構、ファシズム、そして資本主義などの外見上の運動をする大まかな全体を捉えることができる。しかしそれでは、実際の機能を引き起こしている内部の機構まで捉えることはできない。捉えられないかぎりは、そこで法・罪責性・内面性が機能しているように見えるままに留まってしまう。実際の作動を捉えるためには内部の機構を明らかにしていく操作が必要となり、その操作が「分解」と呼ばれる。では機械状アジャンスマンは何に分解されるのか。それは機械状アジャンスマンの構成要素であり、「機械状インデックス」、「切片」（segment）、「セリー」と呼ばれるものである。機械状インデックスは先ほど少し触れたが、これは長編小説では人間の形を取るといわれる。つまり登場人物のすべてが機械状アジャンスマンの部品であり歯車である。これらの登場人物がそれぞれ配分されている場所が切片であり、セリーである。機械状アジャンスマンは、いくつもの切片あるいはセリーによる編成体だといえる。

『城』で見ておけば、城はまず大まかな全体として与えられるが、実際には統治下の村を含んだ状態でひとつの機械状アジャンスマンをなしている。そのなかで、城と村はそれぞれ別の切片として区分することができる。また村は村で村長の家、奇紳荘、学校、バルナバスの家などの切片からなっており、さらに奇紳荘はそのなかに酒場、中庭、馬小屋、宿泊室、廊下、階段下の部屋などの切片を含んでいる（同様に城もいくつもの切片からなっている）。そしてそれらの場所に機械状インデックスとしての登場人物たちが配分されている。この一連の下位分割的な操作が「分解」と呼ばれるものである。

要点を整理しておこう。まずパラノイア的使用によって官僚機構のような大まかな全体が見出される。しかしこのままでは法や罪責性が機能しているという外見上の運動しか捉えることができない。スキゾ分析の第一手では、この大まかな全体という覆いをはぎ取って、その下に機械状アジャンスマンが作動していることまでを明らかにする。そして続く第二手となる「分解」は、アジャンスマンの内部の編成とその作動を具体的に明らかにしていくことで、大まかな全体が見せている外見上の運動から逃れよう（逃がそう）とする操作ということになる。アジャンスマンが「分解においてのみ機能する」とはこのような意味である。

第三手：増殖

分解はセットとして別の操作を伴ってもいる。それは「増殖」と呼ばれるもので、これ自体でスキゾフレニックと形容されることもある。この操作をスキゾ分析の三手目とみなしてよいだろう。何を行うのかといえば、分解の過程で新たな登場人物、切片およびセリーを生産していくのである。わかりやすい例は、『訴訟』においてブロックが六人の弁護士を雇っていると告白する場面であり、ここに弁護士の増殖を見ることができる。D－Gが示す別の例は『訴訟』におけるエルザ、ビュルストナー嬢、洗濯女、レーニ、ティトレリにまとわりつく少女たちといった女性の増殖である。(7) しかし、これらの例はわかりにくく、そのために重要でもある。わかりにくいというのは、これらの例で示されていることが分解と増殖のどちらの操作なのかを明確には識別できないからである。重要だというのは、この識別不可能な操作がスキゾ分析カフカ式の革命論とつながっているからである。しかしこの話は後で触れることにして、増殖の話を続けよう。

第四手：隣接性と生成変化

増殖は機械状アジャンスマンに何をもたらすのか。D－Gによれば、「これらの増殖するセリーの第一の特徴は、他の場合には袋小路で閉じられたひとつの状況を開いていくことにある」（K. p.97／一〇八頁）。この引用でいわれている「状況を開いていく」というのは、私たちが追っている「出口」のことだと考えてよい。ここまで来てようやく機械状アジャンスマンと出口の議論がつながることになる。では、どのように開いていくのか。ここで「隣接性」と「コネクター」という概念が追加されることになる。隣接性とは、切片あるいはセリーが（どれだけ離れていても）隣り合っており、移動できるということを表している。ただし、移動するためには隣り合った切片やセリーを連結している人物による導きが必要となる。この人物がコネクターと呼ばれる。

この隣接性とコネクターが機能している場面は、カフカの作品群ではさまざまに登場する。たとえば『訴訟』に登場するレーニという女性は、弁護士の女中であり愛人であるが、Kを誘惑する娼婦でもある。レーニは弁護士の切片に配分されており、そのことでKを弁護の依頼人のひとりであるブロックに結びつけることができる。それだけでなくKを司法機関専属の画家であるティトレリに結びつけるコネ

（7）『カフカ』では長編小説の主人公を統一的にKで表している。実際には『失踪者』の主人公はカール・ロスマン（Karl Roßmann）であり、『訴訟』はヨーゼフ・Kであり、『城』だけがKと表記される。『カフカ』においてKという統一的な表記が選ばれたのは、長編小説の主人公たちがKの増殖であると理解されたからであろう。そしてこのKはカフカ（Kafka）のKでもありうる。

クターとしても機能する。そのティトレリもまたコネクターであり、彼の家が裁判所とは逆方向の郊外にあるにもかかわらず、彼の家の裏口からKが出るとそこは裁判所につながっている。『城』では、Kに切片やセリーの移行をもたらすのは隣の部屋からやってくる人たちである（奇紳荘での官僚たち、学校でのハンス少年、城にある事務局から出た廊下で出会う官僚など）。

以上のように、第二手と第三手で行われた登場人物、切片、セリーの分解と増殖の操作と連動して、どの切片と切片が隣接しており、どの人物がどの切片のコネクターとして機能するのかを分析するのが、スキゾ分析の第四手となるだろう。ここで重要なのは、女性がコネクターとして機能する場合をD－Gが「女性への生成変化」と呼び、子どもが機能する場合を「子どもへの生成変化」と呼ぶという点である。ここでいう生成変化とは、自分がかかわり合うことになる相手に備わっている力能を自分のうちに捕捉することを指す現象であり、(8) このことから第四手は生成変化の技法だといえる。付け加えておくべきことは、抑圧や封鎖から逃れるためには、この分析は原理上無制限に続けられる必要があるということである。というのも、ある切片から出られなくなることを封鎖と見なすからである。(9)

補足事項：加速

ここまで分解と増殖の操作について見てきたが、D－Gはこれらの速度についても着目している。こ

---

(8) この現象について『千のプラトー』における「動物への生成変化」の観点からより詳細に論じたものとして拙論「神話の精神分析／呪術のスキゾ分析」、『構造と自然――哲学と人類学の交錯』、檜垣立哉・山崎吾郎編、勁草書房、二〇二二年を参照。

(9) 分解、増殖、隣接性、コネクターというスキゾ分析の概念群を得た後では、カフカの「掟の門前」について次のように考えることが可能になる。

「掟の門前」は一九一四年に短編として雑誌に公表されたものである。同時期に長編『訴訟』の執筆が行われており、「掟の門前」は『訴訟』の一部に組み込まれることになる。カフカの短・中編小説と長編小説の差異にかんするD－Gの理解に基づくならば、短編としての「掟の門前」は袋小路に閉ざされる作品となる。それに対して「掟の門前」を含み込む『訴訟』は、その袋小路に出口を見出し、開いていく作品となっているはずである。

短編「掟の門前」とは、男が掟の門前までやって来たのだが門番によって門を通ることを許可されず、門前で許可を待ち続けて結局死に絶えるという話である。法という抽象的なものとひとという個別具体的な存在者との関係をめぐる寓話となっていて、さまざまな解釈を喚起した作品である。『訴訟』では、監獄つき教戒師（権力機構の一構成員）によってこの寓話が裁判所に対する誤解を示すものだとして被告人ヨーゼフ・Kに語られる。この寓話が語られた後、この誤解がどういう内容か（誤解しているのは門前で待ち続ける男か門番か、彼らは何を誤解しているか）について教戒師はさまざまな解釈を語ることになる。ここではそれをスキゾ分析の見地から考察してみよう。

この誤解とは、端的にいえば、掟（法）と裁判所（司法機関）を取り違えているというものである。『カフカ』の議論によれば、法は外見上の運動でしかなく、ひとが具体的にかかわるのは司法機関という機械状アジャンスマンということになる。「掟の門前」を一読するかぎりでは、この寓話が男と門番のあいだで「法に入ること」に焦点を当てた謎めいた対話として読める。しかし、門番がいうには、無事最初の門をくぐったとしても、その内部は広間から広間へと続き、その部屋ごとに門番が立っている。しかもそれがどこまで続くのかは語られていない。このことは、門の先もまた部屋がいくつも存在するのであり、部屋という切片の分解・増殖・隣接性があることを示唆している。そしてこれはカフカが『訴訟』で描き出す司法機関のアジャンスマンの特性と同様である。カフカ＝D－Gにとっては門をくぐることだけに焦点があるのではない。さらにその先、その先へと通り抜けていくことに関心がある。

スキゾ分析の観点からいえば、この寓話は「司法機関」の門前を「掟」の門前として誤解したために、門前という切片の袋小路に封鎖され、逃げ場なく死ぬ話だといえる。そのため、寓話が喚起しているとされる「法に入るとはどういうことか」という問い自体が誤解に基づいて立てられたものといえる。実際に問うべきは「この門を通過するために機能するコネクターとは何か」ではないだろうか。結局、「掟の門前」にはコネクターは登場せず、そのため状況は打開されない。それに対して『訴訟』は数多くのコネクターがヨーゼフ・Kをさまざまな切片へと通過させることになる。このように見れば、「掟の門前」は『訴訟』の効果的な隠喩ではなく、むしろ乗り越えられるべき先入見なのではないだろうか。

れらの速度は加速されるのがよいとされるが、それはただ単純に速くすることを意味しているのではない。ここまでで述べたように分解と増殖は、パラノイア的使用によって見出される大まかな全体（官僚機構やファシズム、資本主義など）が機械状アジャンスマンであることを明らかにすると同時に、その大まかな全体の外見上の運動から逃れる（逃がす）操作である。すると、この操作の速度が遅い場合、大まかな全体から逃げ切ることができずに再封鎖（再領土化）されることになるだろう。再封鎖とは『カフカ』では分解された機械状アジャンスマンの切片の硬化によって封鎖と抑圧が生じることをいう。つまり「加速」が意味しているのは、分解と増殖が再領土化の動きに追いつかれないような速度に達することであり、言い換えれば再領土化と脱領土化の速度の差異に注意を払うということである。

第五手：地図作成

スキゾ分析カフカ式の第五手は『カフカ』ではまだ十分明確になっていないが、萌芽状態にある「地図作成」である。『千のプラトー』の序章「リゾーム」では地図は多数の入り口を持っているとされるが、同様に多数の出口を持っていると考えてもよいだろう。切片やセリーへの分割は線を引くことであり、製図することである。それによって、どことどこが隣接しており、どこに袋小路や出口があるのかをダイアグラム化（図表化）することができる。また地図はダイアグラムを固定するものではなく、つねに変更に備えており、切片やセリーの増殖に対応することができる。そして描かれた場所や経路はすべて中間地点、中継点となりえ、スキゾ分析の無制限性にも対応可能となる。このように地図作成は、スキゾ分析の特性によく対応し、その実践をサポートする優れた手段となりうる。

スキゾ分析カフカ式と政治、革命

さて、第三手で触れずにおいた革命にかんする議論に戻ろう。これはカフカの政治観にかかわり、またスキゾ分析の政治的側面にもかかわる。ある意味でいえば、それはＤ－Ｇの政治観でもありうる。それはいったいどのようなものか。Ｄ－Ｇはカフカの次のような一面を押さえている。

権力や権力の機械に対立するような革命的な欲望というものもない。カフカの作品における社会批判の毅然とした不在を私たちは見た。『アメリカ』［『失踪者』］では、最も厳しい労働条件はＫから批判を引き出すことはない、しかし［雇用先の］ホテルから追い出されるのではないかという彼の不安をより一層強めることになる。カフカは、チェコの社会主義やアナーキストの運動をよく知っていたが、それらの方法を借りはしない。労働者たちの行進とすれ違っても、カフカは『アメリカ』のＫと同様に無関心を示す。（K. p.105／一一七頁。［　］内は引用者による補足）

カフカのこの無関心は何を表しているのだろうか[10]。解釈の余地はさまざまあるが[11]、なんにせよカフカには社会運動への関心はない。ここからＤ－Ｇはカフカのミクロ政治学への関心を引き出してくる。彼ら

(10) 池内紀は『城』の翻訳のあとがきでカフカの次のようなエピソードを挙げている。「通りでは毎日のようにデモがあり、さまざまな集会が開かれていた。身近にカフカを見ていた人が語っているが、ある日、傷害保険協会に投げ込まれたアジビラにカフカはざっと目を通すと、屑籠に投げ込んだ。ビラに名前を並べた者たちについてたずねられると、「階級闘争の成金たち」と、小声で答えたという」（池内紀「『城』の読者のために」、カフカ、『城』、池内紀訳、白水Ｕブックス、二〇〇六年、四六〇頁）。

(11) ガタリであれば、デモのような群衆的な運動をモル的なもの、あるいはマクロ的なものと解して、それに対する無関心と捉えるかもしれない。または反体制的な運動に対して、父に抵抗する息子（オイディプス的問い）のアナロジーを見るのかもしれない。あるいは『アンチ・オイディプス』にあるように階級闘争を利害関心による闘争でしかないとして評価しないと考えることもできる。

によるオイディプスのパラノイア的使用にかんする言及を引用しておく。

逆に、オイディプスを拡張させ、太らせ、それに余分に付け足し、オイディプスを倒錯的あるいはパラノイア的に使用すること、それはすでに従属を脱し、頭を再び挙げることであり、父の肩越しにこの歴史のあらゆる時代で問われていたものを見ることである。それはつまり欲望、袋小路と出口、従属と矯正のミクロ政治学全体である。（K, p. 19／一六頁）

これまでの考察から、ここで記されていることがスキゾ分析カフカ式の方法だということはわかるだろう。言い換えれば、カフカの文学作品の書き方でもある。するとカフカの作品は「ミクロ政治学」を扱うものと考えることができる。ではミクロ政治学とは何なのか。それは個人的な事件が政治に直接結びつくことである（マイナー文学の特徴のひとつ）。『訴訟』でいえば、自分に罪などないと考えるKの行動のひとつひとつが、裁判所、弁護士、警官を巻き込む司法機関の政治になっているということである。ここでいう政治とは、切片を分割する線を引くこと、切片やセリーを増殖させて出口を見つけて出ていくこと（逃走線を引くこと）、判決を無際限に引き延ばすことである。D－Gはここにカフカの革命観を見出す。

カフカには、ロシア革命は転覆や復興というより、むしろ新たな切片の生産のように思われる。（K, p. 105／一一七頁）

機械状アジャンスマンを分解し、そのなかで切片やセリーを増殖させること、これがスキゾ分析カフカ式による革命の仕方である。しかし切片の生産や増殖は、ある面ではそれを含み込む官僚機構の強化・拡大にもなりうる。D－Gはこのことをよく理解しており、これに対して切片の生産や増殖を止めるのではなく、それらを加速させることで逃げる（逃がす）というのが彼らの考え出した実践なのである。

ここで示したかったことはささやかながら次のことである。つまり、スキゾ分析による政治は「自由」や「抵抗」というものを主題とせず、「逃走」と「生産」を主題とするということ。そして革命というものはスキゾ分析の過程に織り込まれているということ。

本章のまとめ

『カフカ』を通して、カフカの執筆行為・表現行為をスキゾ分析の実践例として捉えることで、その手順と操作を取り出した。再度眺めておくと次のようになる。

スキゾ分析カフカ式
第一手：オイディプスのパラノイア的使用による機械状アジャンスマンの取り出し
第二手：機械状アジャンスマンの分解
第三手：機械状インデックス、登場人物、切片、セリーの増殖
第四手：隣接性とコネクター、生成変化
（補足事項：分解と増殖、脱領土化の加速）
第五手：地図作成

『カフカ』は重厚ではないが複雑な著作のため、本章で取り上げることのできなかった重要事項がいくつもあるが[12]、ここまでの考察でスキゾ分析カフカ式を試してみるための準備は最低限整ったと考える。

しかもンデンブ式よりもかなり使いやすいだろう。さらに厳密に学ぼうとするのであれば『カフカ』を丁寧に読み直すのがよい。まだまだ多くのことがそこに記されている。

しかし、ここで取り出したのはあくまで「カフカ式」であり、私たちに必要で効果的な実践となるかどうかは別の問題である。また、『アンチ・オイディプス』から持ち越されている問題、たとえば「自我の解体とは何か」などの問題は『カフカ』のなかでも十分に解決されたわけではない。つまり、この時点でスキゾ分析は理論的にも実践的にもまだ多くの疑問や課題を抱えていることになる。事実、ガタリはここで止まらず、さらにスキゾ分析の原理原則の探究と更新を続けていった。それは本章の冒頭で記したように『カフカ』が『アンチ・オイディプス』の結論であるなら、ここから先はガタリにとって『アンチ・オイディプス』の思想圏を踏み越えていく作業になるだろう。あらかじめいっておけば、それによってスキゾ分析はさらに錯綜したものとなっていくことになる。本書は引き続きそれを追いかけるが、『アンチ・オイディプス』圏の探究である第二部はここで終えることにしたい。

---

(12)　本章で扱うことのできなかった重要事項は「内在性」、「マイナー文学」、「言表行為の集合的アジャンスマン」、「パラノイア的超越的法とスキゾ的内在的な法の差異」、「独身者の機能」、「ブロック」(『訴訟』の登場人物であるブロックのことではなく「塊」や「まとまり」のこと)、「非シニフィアン的な強度」という考え方、そして「欲望」である。

第三部　『千のプラトー』への助走――一九七二―八〇年

第五章　スキゾ分析にとって『分子革命』とは何だったのか

　ガタリは『カフカ』を『アンチ・オイディプス』の結論として書いた。とすれば、それ以降のスキゾ分析についての思索は『アンチ・オイディプス』の思想圏を超えていこうとするものだったといえる。実際、『アンチ・オイディプス』の正式な続編である一九八〇年公刊の『千のプラトー』は新奇な発想に溢れ、スキゾ分析についての考えを大きく更新するものだった。それは共著者のドゥルーズが『アンチ・オイディプス』公刊直後に「スキゾ分析」という語を捨て去ろうとしていたにもかかわらず、である（それだけでなくドゥルーズは、クレール・パルネとの共著で七七年公刊の『ディアローグ』のなかでスキゾ分析について論じる一方で、スキゾフレニーについて否定的な見解を表明してもいる。「私たちは言わされてきたのです、私たちにとってスキゾフレーヌは真に革命的なものだった、と。むしろ私たちは、スキゾフレニーとは分子状の過程がブラックホールへ落下したものだと考えています」（D, p. 167／二三二頁）。すると、『千のプラトー』での更新はどのようなものなのかと問うのが当然だろう。しかしこの問いは別の機会に先送りすることにして、本書ではその手前でガタリがスキゾ分析について何を新たに考えたのかを考察したい。

　というのも、ガタリは『千のプラトー』の前に二冊の単著を公刊している。それは七七年の『分子革命』と七九年の『機械状無意識』である。さらに『機械状無意識』と同時期に書かれ、CERFI[1]名義でフランス政府の設備省に提出された厚い報告書が二〇一一年に『逃走線』（邦題は『人はなぜ記号に従属するのか』）と題して公刊されてもいる。つまりドゥルーズとの共著である『千のプラトー』の手前に計三冊の著作が存在することになる。それらのなかにはスキゾ分析にかんして『千のプラトー』への助走となるような重要な考察が展開されている。ガタリのスキゾ分析を追ううえでこれらを無視して通り過ぎることはできないだろう。これら三冊のなかで『機械状無意識』についてはすでに拙著『ジル・ドゥルーズの哲学』のなかで公表しているので、ここでは『分子革命』と『逃走線』の二冊について彼の思想の展開を追っていくことにする。

第一節　スキゾ分析と反精神医学

第五章では『分子革命』をメインのテキストとして考察を進めていく。論を進めていく前にまず『分子革命』という本について簡単に確認しておきたい。

『分子革命』はガタリが発表した論考や評論などの集成として一九七七年にRecherchesから公刊されたものが最初の版である。一番古い論考の初出は七二年となっている。本の構成としては次のようにおよそ五部に分けられており、それぞれに四本以上の論考がまとめられている。

一．分子革命と階級闘争
二．司法と日常的ファシズム
三．追い払う
四．映画：マイナー芸術
五．記号論の漸進的構築

この後、八〇年に『分子革命』は10/18叢書から版を改めて公刊される。そのなかでは、とりわけ映画論と記号論にかんするものを中心に多くの論考が外され、かわってイタリアの政治状況に対する時事評論などの七九年までの論考が追加されることになった。構成も次のようにコンパクトに再編されている[2]。

一．分子革命と階級闘争

---

(1) Centre d'études, de recherches et de formation institutionnelles（制度についての学習・研究・教育センター）の略称で、ガタリが所属していた団体のひとつ。より詳しくは本書第六章を参照。

二．囚人護送車のヨーロッパ、そして／あるいは自由の新しい空間のヨーロッパ
三．欲望と日常生活のミクロ政治学

さらに『アンチ・オイディプス草稿』の公刊でも尽力したステファヌ・ナドーの編集で、二〇一二年になって『分子革命』の新版がLes prairies ordinairesから公刊されている。この版の特色は、10/18版で外された論考を再掲載したうえで、さらにRecherches版や10/18版で掲載されていた各論考の削除されていた部分を補っているというところにある（版の更新の際にガタリが行った用語の修正にまで細かく目配りしている）。いわば『分子革命』の完全版である。構成はおおよそ五部に分かれていて、Recherches版と10/18版の章立てを組み合わせたものとなっている。

一．分子革命と階級闘争
二．囚人護送車としてのヨーロッパ
三．欲望と日常生活のミクロ政治学
四．映画：マイナー芸術
五．記号論の漸進的構築

以上のように『分子革命』は、その変遷の副作用として、どの版を使うかで読みの印象に大きな違いが生じてしまうという事態となった。このことを意識しつつ、情報量の充実の観点から、ここではナドー編集の版をテキストとして使用する。

ここから本論に入っていこう。第五章の基底となる問いは「スキゾ分析にとって『分子革命』とは何だったのか」である。そしてこの問いに明確に答えるのは難しい。というのも『分子革命』のなかには「スキゾ分析」という語が十分とはいえない回数しか登場しないからである。ではここで書かれていることがスキゾ分析と何の関係もないかといえば、そうではないだろう。明らかに『アンチ・オイディプス』から引き継がれたスキゾ分析にかかわる主題があり、また『機械状無意識』や『千のプラトー』な

どに引き継がれていく主題がある。ここではその主題のなかからひとつを選んでスキゾ分析との関係を論じていきたい。それは〈反精神医学〉である。

反精神医学概説

なぜ反精神医学を本節の主題として選ぶのか。それを理解するためには、反精神医学とは何かを知っておくのがよい。

まずは大づかみで捉えておこう。「反精神医学」とは、五〇年代からはじまった精神医学への対抗運動にデイヴィッド・クーパーが与えた総称である。おもに欧米で展開され、イギリスではロナルド・デイヴィッド・レイン（精神科医）、デイヴィッド・クーパー（精神科医）、アメリカではトーマス・サズ（精神科医）、イタリアではフランコ・バザーリア（精神科医）、フランスではモード・マノーニ（精神分析家）、ドイツではＳＰＫグループ（患者の集団）[3]がそれぞれ活躍した。各地での運動にはそれぞれ個性があるが、運動で共有されていた大きな柱としては、精神科医の権力の抑制（ヒエラルキーの破壊）、治療

（2）　邦訳ではまずおもに10/18版に基づいて訳出され、『分子革命』として法政大学出版局から出版された。その後、同じ出版社から『精神と記号』というタイトルで10/18版で外された映画論と記号論の部分が訳出されている。本の体裁、そしてガタリの政治的言説への期待の大きさが相まって、『精神と記号』は『分子革命』よりも軽い扱いを受けやすいが、この二冊を同じ比重で読むことを推奨しておきたい。特に記号論にかんしては、次節でも扱うようにガタリの理論変遷を捉えるうえで避けることのできない重要な主題といえる。

（3）　Sozialistiches Patientenkollectiv（社会主義患者集団）の略称。ハイデルベルグ大学内の総合診療所でセラピーグループを作っていた四〇人の患者が、ヴォルフガング・フーバーという医師とともに結成した団体。精神医学のイデオロギーや制度的・官僚主義的な抑圧を批判、大規模な闘争に発展して逮捕者も出た。患者が主体となって運動を展開した点で他の地域のそれとは一線を画している。

よりも隔離収容に重心を置く病院環境の打破、病院スタッフの労働環境の改善、薬物や電気ショックなどの患者に負担の大きい療法の撤廃などがあり、その根底には「精神医学という名の暴力」からの患者の解放という理念があった(4)。

思想的にはもちろんさまざまな先人の考えを取り込んではいるが、なかでも統合失調症者が家族と取るコミュニケーションの様式を研究したグレゴリー・ベイトソンのダブルバインド論（五六年）や、アメリカの巨大精神病院をフィールドワークしたアーヴィン・ゴフマンの『アサイラム』（六一年）、狂気や狂人に対する認識と処遇の歴史的変遷をたどったミシェル・フーコーの『狂気の歴史』（六一年）、そしてサルトルの実存思想から受けた影響が大きい。また少なからず精神分析の影響を受けてもいる。

運動としては七〇年代に下火となっていき、現在その名を聞くことは少なくなったが、当時の著作を読むと、このとき育まれた思想のいくらかは今でもインパクトを持っているように思われる。とくに精神病院数が多く、薬の多剤大量処方への改善が進まず、身体拘束や電気ショック療法が増えてきつつあるといわれる精神医療後進国の日本で、今になってバザーリアの思想や活動が耳目を集めているのは興味深い。

なぜ本節で反精神医学を主題として選ぶのか。それはガタリの活動が（すべてではないにせよ）この運動と連動しているからである。より詳しいことは後で言及するが、たとえば『アンチ・オイディプス』では、狂気の経験について論じる重要な箇所でレインの思想に言及している。このためか『アンチ・オイディプス』は反精神医学の文脈に置かれることもある。しかしこの著作は反精神医学への厳しい批判点も少なからず挙げている。そしてガタリの著作群のなかで反精神医学とその関連領域への批判に最も多くの紙幅を割いているのが『分子革命』なのである(5)。七〇年代にガタリは、一方で制度精神療法・制度分析の牽引者かつ実践者あり、他方でスキゾ分析の提唱者かつ実践者であるという自身の思想的な立ち位置を定めるために、精神分析だけでなく反精神医学との距離も測る必要があったのではないだろうか。本節は、ここにスキゾ分析をよりよく理解するためのヒントがあると考える。その事情は細かくて複雑なのでこれから少しずつ紐解いていくことにしたい。

反精神医学における病いとその病者について

反精神医学の特徴についてここから少し精度を上げて見ていこう。もちろんそのすべてを網羅的に取り上げることはできないので、ここではおもにクーパーとレインの議論を導きの糸として、スキゾ分析との関係で論点となる特徴にだけ焦点を当てることにしよう。

まず取り上げたいのは、精神の病い（おもにスキゾフレニー）とその病者についての捉え方である。反精神医学の名づけ親であるクーパーは次のように考えていた。六七年に出された彼の著書『精神医学と反精神医学』（邦題は『反精神医学』）によれば、統合失調症は特定の症状を示す個人に医療者が貼るラベルであり、このラベルの貼り方に精神医学の暴力性がある。というのも統合失調症は、個人のなかに実在するものではなく、人々が相互にかかわり合っているミクロ社会的な状況の欠損によって生じるものだからである。その欠損とは、離脱するのが容易ではないある集団（クーパーにとってはとりわけ「家族」）のなかで、そこに属しているひとりの人物（ほとんどが息子か娘）の志向性が何らかの仕方で否定され無効化されることを意味している。言い換えれば、ひとつの集団のなかである特定の人物の考えや言動が、集団内の「非本来的」とも形容される歪な相互作用によって、意味のないものにされるということ

（4） 本節では「患者」と「病者」という言葉を併用している。前者はひとが医療において治療やケアを受けていて、そのことに文脈上の重要性がある場合に用いた。後者はそれにかぎらないより広い意味で用いた。ただし、厳密に切り分けられるものではなく、重なり合う場合もある。

（5） Recherches 版では反精神医学運動への評論が精神分析批判と合わせて第三部「追い払う」にまとめられていた。

とである。そしてこの無効化をどうにかしようとしてその人物によって新たに採られる考えや言動が、集団内のその他の人々にとって「異常」や「妄想」とされてしまう。さらにそこに精神医学のラベリングの暴力が重なって、ひとりの統合失調症患者が生み出されることになる。

『精神医学と反精神医学』ではこのような発想がベイトソンやサルトルの用語で論じられていくが、クーパーの要点は、家族のような集団内の歪な相互作用から逃れようとして採られる対応が人を病者にすると同時に、そのことでこの歪な相互作用がむしろ見事に維持されてしまうということである（というのも「意味のない言動や行為をするのが精神病者だ」という仕方で問題が個人に帰属させられてしまい、それによって相互作用の在り方は問われないままに温存されることになるから）。つまりクーパーの考える統合失調症とは、「障害を受けている集団の行動様式の多かれ少なかれ特徴的なモード」[6]のことであり、またその状況を生きるその病者にとってのチェックメイト状態を意味しているといえる。

レインもまたベイトソンの影響からか、病者の家族内コミュニケーションに関心を持ち、アーロン・エスターソンとともに実際に調査を行ったが、クーパーのようにそれを病因のように論じることはなかった。レインが関心を持っていたのは、ヤスパースが了解不能と規定した精神病が本当にそうなのかということだった。たとえば六〇年に出版された最初の著作『引き裂かれた自己』の冒頭で、実存的－現象学的方法を用いることで「狂気にはいたっていないスキゾイド的な世界内存在の在り方から精神病的な世界内存在の在り方への了解可能な移行があることを示すつもりだ」[7]と述べている。六四年の『狂気と家族』で家族内コミュニケーションを調査したのも、単独では奇妙なものでしかない病者の言動も、家族というシステムのなかで生じていること（過程）と、そこで誰が何をしているか（実践）を丁寧に辿れば、了解可能（可知的）になるのではないかと考えたためである。[8]この問いを探究することを通してレインは、精神病を了解不可能なものとして社会の外部に（つまり閉鎖的な精神病院に）その病者を排除しようとする精神医学に抗おうとしたといえるだろう。

レインの思想において重要な点をもうひとつ押さえておこう。それは統合失調症にかんするものである。六七年の『経験の政治学』にあるように、レインもクーパー同様に統合失調症をひとつのラベル、レッテルと考えている。そのようなレッテルが貼られることになる社会的な事実、政治的な出来事があるのであって、「「統合失調症」という「状態」は存在しない」[9]とまで主張している。しかし、その一方で実存的な意味での「スキゾフレニー」を精神医学の診断上のそれと区別して、前者を自然治癒の過程や「旅」として捉えてもいる。これはクーパーがチェックメイト状態としてだけ統合失調症を捉えていたことと比較すると大きな違いである。このポジティブな捉え方が『アンチ・オイディプス』のスキゾ分析に多大な影響を与えることになった。しかし、レインの考えるこの「旅」は、ガタリ（およびD－G）がスキゾ分析で思い描くものとは実は根本的な部分で異なっている。重要な論点なのでこの点については後で丁寧に論じることにしよう。

治療観、および病院に対するオルタナティヴ

反精神医学における病気・病者観に触れたが、ではそれと関連する治療観はどのように考えられてい

（6）David Cooper, *Psychiatry and anti-psychiatry*, Routledge, 2013（1967）, p. 29.（『反精神医学』、野口昌也・橋本雅雄訳、岩崎学術出版社、一九七四年、五〇頁。）この文章のすぐ後に「統合失調症者は存在しない」と続く。

（7）R. D. Laing, *The divided self*, Quadrangle books, 1990（1960）, p. 16.（『引き裂かれた自己』、阪本健二・志貴春彦・笠原嘉訳、みすず書房、一九九四年、一五頁。）

（8）「過程」、「実践」、「可知的」はサルトルの弁証法的理性を構成する重要概念。クーパーの著作でも使われている。

（9）R. D. Laing, *The politics of experience and the bird of paradise*, Penguin books, 1990（1967）, p. 100.（『経験の政治学』、笠原嘉・塚本嘉壽訳、みすず書房、二〇〇三年、一二八頁。）

るのだろうか。またその治療観に基づくと病院のような治療施設はどのような形になるのだろうか。

右で記したように、運動の基本的な姿勢としては、病院での拘禁・拘束や薬物療法、電気ショック療法など、心身ともに負担の大きい対処や治療から患者を解放することが目指される。このバリエーションとしては、ラカン派の分析家で反精神医学に強く共感したモード・マノーニがこの運動の要点を「狂気の言葉に、はばかることなくおのれを言い表すことを許すような諸条件を確立しようと努める」こと[10]に見出している。マノーニは六九年に精神病や精神薄弱、発達遅滞といった診断がつく子どもたちを集めたボヌーイ・シュル・マルヌ実験学校を開き、反精神医学の観点からの運営に努めた。さらにイタリアでは、バザーリアが牽引した運動によって、法律に基づいた公立の精神病院の全面閉鎖へといたっている。その代替としては地区割の地域精神保健システムが展開されている。

ではクーパーの場合はどうだろうか。少し詳しく触れておこう。彼は統合失調症を、歪な相互作用を維持している集団（とりわけ家族）の行動様式と考える。そのため、その治療は「家族内に現在ある相互作用のパターンを修正する試み[11]」となる。それは医療者の介入を前提としつつ、次のようなものとなる。

［治療とは］家族のメンバーがお互いにかかわり合いながら自分たち自身を修正するよう、管理された状況を供給することである。それは、少なくとも精神病と判断されるような崩壊（breaking down）にならない程度で、一方では患者にさせられたメンバーが自身にとって自律的といえる行為の範囲を徐々に見出していき、他方では同時に家族の他のメンバーがもっと「自己充足的」になるという仕方において、である。[12]

これは具体的には個人面接や家族面接を組み合わせて、家族内で繰り広げられている歪な相互作用のパターン（特定の人物を無効化するパターン）を明らかにし、また無効化されて患者にされてしまった人物の自律（家族からの相対的な離脱）を促すことで、そこで採られていたパターンを修正していく実践と要約できるだろう。一見シンプルな対応ではあるが、実際にはとても時間のかかるものとなるだろう。またそれだけでなく、クーパーはこの治療実践のなかに反精神医学的な考え方を持ち込んでいる。というのは、この過程が進むなかで、患者が危機的な局面を逃れるための戦略として、自己をバラバラに解体して再統合すること（死ぬことによって状況を抜け出し、その後に復活再生すること）を望む場合に、精神医学がその糸口を与えるべきだと考えるのである。ここでいう「解体」が人格の荒廃などの病気の増悪を意味するのであれば「再生」が実際に起きるかどうかわからない非常に危険な実践となるため、一般的な医療者であればこれを積極的に支持するようなことはしないだろう。

以上がクーパーの治療観の概略であるが、こうした考えに基づく治療の実験として、彼はシェンリー病院内にある病棟 Villa 21のなかに反精神医学的な発想で動く小規模のユニットを作っている（活動期間は一九六二―六六年）。

回復の旅程としての狂気

最後にレインの場合を重点的に見ておきたい。彼のモノグラフを著したズビグニェフ・コトヴィッチも書くように、レインは自身の治療実践にかんする詳しい説明を著作のなかにほとんど残していない。これは彼の関心が病者の了解可能性の探究にあったからだろう。彼の著作群から精神病理の理論を整理

（10） Maud Mannoni, *Le psychiatre, son fou et la psychanalyse*, Seuil, 1970, p. 10.（『反－精神医学と精神分析』、松本雅彦訳、人文書院、一九七四年、一一頁。）
（11） David Cooper, op.cit., p. 48.（前掲書、八〇頁。）
（12） David Cooper, Ibid., p. 48.（同書、八〇頁。［　］内は引用者による補足。）

し、そこから治療実践を導き出すことはできるかもしれないが、それは本節の目的ではない。実際、レインの独創性はその治療観にではなく、スキゾフレニーを自然治癒の過程と捉えたことにあるのではないだろうか。

その発想が登場したのは『経験の政治学』においてである。その第五章「スキゾフレニックな経験」のなかで、レインはまず「統合失調症」者とは精神医学によってレッテルを貼られた人のことであり、統合失調症とは社会が作り出した事実にすぎず、統合失調症と呼ばれる状態は存在しないという。次に、医療者がそのレッテルを貼って治療している人たちの幾人か（すべての人でもないし、多くの人でもない）に、奇異な言葉や身振り、行動を見るが、これはある経験のシークエンスの挫折型であって、そのシークエンスとは潜在的な自然の過程である、そしてその過程を挫折させているのは善意を持って治療に努めている医療者である、と議論を進めていく。ついにはこの潜在的な自然の過程が自然治癒の過程であるという見解に達する。

この過程とはどのようなものなのだろうか。レインは、私たちの経験が外的世界と内的世界に分裂しているという前提に立って論じはじめる。理解を阻むのは、何を基準に外／内と表現しているのかをレインが説明していない点である。とりあえずここでは、外的世界とは日常的に私たちが接している現実世界のことであり、それに対して内的世界とはこの現実世界との接触を断ったような別の現実世界と考えておこう（少なくともレインは「自分の内面にある世界」とは表現していない）。このとき過程は、この世界（外的世界）から別の世界（内的世界）へ入っていく過程として、また別の世界からこの世界へと帰ってくる過程として説明される。このような二つの世界を往還する過程は「旅」とも呼ばれ、次のようにまとめられている。

【行きの旅】
①外から内への旅
②生から一種の死への旅
③前進から後退への旅
④時間の進展から時間の停止への旅
⑤世俗的な時間から永遠の時間への旅
⑥自我から自己への旅
⑦外側にあること（出産後）から、万物の子宮の内部（出産前）への旅

【帰りの旅】
①内から外への旅
②死から生への旅
③後退からもう一度前進への旅
④不死から死ぬべき運命［人間］へ戻る旅
⑤永遠から時へ戻る旅
⑥自己から新しい自我への旅
⑦宇宙的な胎児化から実存的な生まれ直しへの旅(13)

（13） cf., R. D. Laing, op.cit., P. 106.（前掲書、一三六頁を参照。）

この旅のなかで本節にとって重要なのは【行きの旅】【帰りの旅】の⑥である。この旅が「スキゾフレニックな」経験と呼ばれるのは、それが自我の喪失あるいは解体の経験だからである。ここでいう「自我」とは何だろうか。レインは同じ著作の第六章「超越論的経験」で次のように説明している。

多くの人がほとんどの時間、私が自我的と呼ぶであろう何らかの仕方で、自分や他の人々を経験する。すなわち、ハッキリであれボンヤリであれ、彼らは、そこにいる‐あなた（you-there）に向かい合っているここにいる‐私（me-here）という一貫した同一性によって、彼らの社会の他のメンバーと共有している時間と空間についての確かな基礎構造のフレームのなかで、世界や自分たちを経験するのである。[14]

引用によれば、自我とは「ここにいる‐私」の同一性によって自分や他人、この世界を経験するひとつの安定した仕方と考えられる。すると自我の解体とはこの世界を経験する基礎構造を失うことを意味するだろう。このときひとは狂気に陥っているといえるが、レインによればそれは病的なものではなく、この世界を「突破」(break-through)[15]して別の世界に直面している状態である。さらにこの突破の意味を問うならば、それは【行きの旅】の③と⑦にあるように時間、あるいは生の「遡り」である。遡る理由は、【帰りの旅】の⑦にあるような生まれ直しのためとなるだろう。そしてこの生まれ直しによって、旅人は新しい自我を再建することになる。この再建がレインにとっての回復の意味である。要するに、自我の喪失から自我の再建にいたるまでの過程が自然治癒の過程であり、またスキゾフレニックで超越論的な経験、病的ではない狂気、旅と呼ばれるものなのである。

このような考えにいたったレインは、このような旅が可能となる場所を作ろうと動き出す。それがキングスレイ・ホールである。キングスレイ・ホールは病院ではない。ロンドンの郊外にある三階建てのレンガ造りの建物で、レインはここをまるまる借り切って、病者だけでなく、レインを含めた医師やスタッフ、その他の人々が寝食をともにしながら、病者たちが狂気の旅に没入できる共同体を作ろうとした（しかしレイン自身は一年でここを引き払っている）。共同体は民主的に運営され、病者の自由度も高ったようである。そのためか、夜間の騒音など多くのトラブルによって地域住民からはよく思われておらず、窓ガラスを割られるなどの嫌がらせも受けた。警察からも警戒されていたという。この活動は六五年から七〇年まで続けられた。ここでのことは、自身も住人で回復の旅を実践していた病者メアリー・バーンズの著書『狂気をくぐりぬける』（精神科医ジョセフ・バークとの共著）で多くを知ることができる。

ガタリの反精神医学批判

反精神医学について本節に必要な程度の整理ができたので、ここからガタリがどのように反精神医学に対して批判の論陣を張ったのかを『分子革命』を中心に見ていこう。

まず、そもそもガタリの思想や実践が反精神医学に分類されるのかどうかを確認しておきたい。大雑把に捉えるならば、そうともいえるだろう。ガタリがウリとともに運営に努めたラボルド精神病院は、精神分析の知見を導入して医療環境を制度の観点から改善し、患者の拘束を解き、外部から多様な人たちを招き入れつつ、狂気に語る場を与えるという実験的な実践の場であった。ここにはバザーリアが訪れてもいる。それだけでなくレインやマノーニとも交流を持ち、自分たちの主宰する雑誌『ルシェルシュ』に論考を寄せてもらってもいる。これだけを見れば、彼らのあいだで大きな意味での方向性の共有はあっただろうと考えられる。

（14） R. D. Laing, Ibid., pp. 112–113.（同書、一四六頁。）
（15） R. D. Laing, Ibid., p. 110.（同書、一四二頁。）

しかし、ガタリは「スタイル」(RM, p. 257／『分子革命』、二一一頁)という表現で、それぞれの活動の違いを感じてもいた。たとえばラボルド病院は電気ショック療法を採用し続けた点で、反精神医学の趣旨からは外れていたといえるだろう。ガタリ個人でも『精神分析と横断性』に収められている「精神医学のゲリラ」という評論のなかでバザーリアの見解に反して薬物療法を擁護する発言を残している。[16]さらにいえば、ラボルド病院はあくまで病院であるという意味では、イタリアのような精神病院そのものからの解放ともいえる発想から見れば、まだまだ保守的であると思われてもおかしくはない。マノーニもその著作で制度精神療法に対して、その実践が病院の制度の次元に留まっていると批判を述べている。[17]しかし、この点にかんしてはやや事情が複雑である。というのも、ガタリにとっての問題意識は病院の制度だけでなく、病院に対するオルタナティヴである地区割精神医療サービス(いわゆるセクター制)にもあった。彼は医療権力によるミクロな監視や管理がセクター制によって地域住民の日常生活に入り込む危険を『分子革命』のなかで繰り返し指摘した。これは反精神医学的な観点と考えてもよいだろう。要するにガタリの反精神医学の度合いはまだらなのである。とはいえ、ここまではガタリの制度精神療法・制度分析の実践者としての側面に寄った見え方だろう。

スキゾ分析から見た反精神医学

スキゾ分析に寄せて見たとき、ガタリは反精神医学への批判者として現れる。彼の批判はおおよそ次の四点に分けられるだろう。それはエリート主義、家族主義、精神分析主義、人格主義である。それぞれの批判の中身はどうなっているだろうか。

エリート主義批判とは、この運動がほとんどの場合に高度な専門知識とそれに関連する権威を持った精神科医による主導であったことへの批判である。マノーニは精神分析家であったが、それでも高度に知的で、実験校を開くことができるほどの権威を持っていたのは確かである。またこの批判の対象にガタリ自身が含まれるだろう。

なぜエリートが運動を牽引することが批判されるのか。たとえばシェリー・タークルによれば、七三年頃にフランスのとある精神病院で看護師（看護学生）らによる治療環境の改善の運動が起きたが、知的エリートがこの件に触れず、連帯しようとしなかったという。[18] この件にガタリがどの程度関与したのか詳細はわからないが、医師が主導の運動と看護師が主導の運動に優劣が付けられていた例といえるかもしれない。このような運動の主体をめぐる問題にかんしてガタリはどう考えていたかといえば、患者らの当事者（intéressé）が自分たちで声をあげられるようになることが望ましいと考えていた。それは彼の左翼的な経験から来る発想、つまり「自主管理」の思想をこの領域でも重視するというものである（この点で本章注3で述べたＳＰＫの運動をガタリは高く評価している）。

この議論の重要な点は、ガタリの当事者への関心が病者や労働者に留まらなかった点である。『分子革命』では女性や若者、移民、セクシャルマイノリティ、ジャンキー、子どもなどのさまざまなマイノリティについての話題が登場するが、この時期にマイナーであることへの関心が広がり、『千のプラトー』へと引き継がれていくことになったのではないだろうか（実際『アンチ・オイディプス』では、関心がスキゾフレーヌと革命家と芸術家にほとんどかぎられていたといえる）。

次いで家族主義批判を見ていこう。これは反精神医学のなかでも特にクーパーに顕著だが、スキゾフレニーの問題を家族の相互作用の問題に還元し、閉ざしてしまう傾向を批判したものである。すでに見

（16）精神薬理学にかんする擁護については『分子革命』のなかにも記述がある。cf. RM, pp. 457–458.（邦訳では『政治と精神分析』の一〇四―一〇六頁に同じ文章ではないが近しい記載がある。）
（17）cf. Maud Mannoni, op.cit., pp. 171–172.（前掲書、二〇八頁。）
（18）cf. Sherry Turkle, *Psychoanalytic Politics*, 2nd edition, Free association books, 1992 (1978), pp. 156–157.

たように、クーパーは統合失調症を家族が採っている行動様式の病的なモードと捉えていたし、家族の歪な相互作用に患者（＝子ども）の病因があるかのように考えていた。レインもまたエスターソンとの共同調査で家族内コミュニケーションのなかに患者の了解可能性を探ろうとしていた。ここには家族が正常な相互作用を回復すれば、患者は病いから治癒するという発想が見え隠れしている。しかし『アンチ・オイディプス』で私たちが見たのは、家族内の相互作用が正常かどうかという以前に、家族そのものが個人という病んだ主体を生み出す社会的な（もっといえば資本主義による抑制的‐抑圧的な）仕組みであるという主張であった。そして精神分析はこの仕組みに加担する現代的な方法として描き出された。それに対するスキゾ分析は、この家族なるものからどう出ていくのかにその実践の要点のひとつがあった。そこでは子ども（の欲望）は家族以前に社会野とつながっていて、また家族のなかの非家族的な部分を通して社会野とつながっていくという考え方が提案されていた。以上の比較から見えてくる家族主義批判とは次のようなものである。反精神医学はスキゾフレニーと社会あるいは政治の現実的な関係を捉える視点が欠けていて、そのために問題が家族という枠あるいは表象を超えることができず、結局は社会的な抑制‐抑圧に加担することになっているのではないか。

この家族主義批判は続く精神分析主義批判ともつながっている。ここでいう精神分析主義とは反精神医学に精神分析の影響が見られることをいう[19]。たとえばマノーニはそもそも分析家として反精神医学に歩み寄っていることから、このようにいわれることは避けがたいだろう。レインは精神科医であるが精神分析の訓練も受けており、彼のスーパーヴァイザーのひとりは高名な分析家であるドナルド・W・ウィニコットであった。またキングスレイ・ホールで病者バーンズの世話を担当した精神科医バークも精神分析を学んでいた。『分子革命』に収められている「メアリー・バーンズと反精神医学的オイディプス」によれば、何よりも病者のバーンズ自身が精神分析を強く求めていたという。

ガタリにとっての問題は、反精神医学の牽引者たちが精神分析を学んでいたということそれ自体ではない（彼もまた精神分析家である）。問題なのは、彼らが精神医学に向けた厳しい批判的まなざしを精神分析には向けることができなかったということになるだろう。だからこそ結局、キングスレイ・ホールがオイディプスの再演の場になってしまったとガタリは考える。

しかしキングスレイ・ホールに対する真の脅威はむしろ内側からやってくるだろう。人々は修繕可能な隷属状態からは解放されたが、しかし密かに抑圧を内面化し続ける。そのうえ人々は過度に単純な還元に支配された例の三角形——父、母、子——に囚われていた。この三角形は、正常といわれる行動の範囲をはみ出すいっさいの状況をオイディプス的な精神分析の鋳型のなかに閉じ込めるのに使われるものである。（RM, p. 242／『分子革命』、一九二頁）

引用でいわれる父－母－子の三角形とはキングスレイ・ホールでどのように再演されたのだろうか。ガタリの記述から推測するなら、そのひとつの形はレイン（父）－バーク（母）－バーンズ（子）となるだろう（ある意味でバーンズにとってバークは母であるだけでなく、父でもあり、恋人でもあったという）。しかもこのオイディプス的状況に引きずり込んだのは、言い換えればキングスレイ・ホールの精神分析主義を引きずり出したのは、病者であるバーンズだとガタリは考察している[20]。レインはキングスレイ・ホー

(19) ここでいう精神分析の影響とは、①「解釈」つまりある事柄が必ずそれ自身以外の別の事柄を意味しているということ、②「家族主義」つまりその別の事柄が家族的表象に還元可能であるということ、③「転移」つまり①と②の延長線上で患者の欲望が精神分析家の上に再設定されること、この三つのことを指している。cf. RM, pp. 246-247／『分子革命』、一九七–一九八頁。

(20) 「キングスレイ・ホールの真の分析家は彼女である」（RM, p. 253／『分子革命』、二〇五頁）。

ルを作ることで精神病院の壁を突破したが、しかし彼ですらオイディプス三角形からは逃げ切ることができなかった。スキゾ分析はこれを許さないのである。

スキゾフレニーと逃避行としての旅

最後に人格主義批判に触れておこう。これは人格が統合されている状態を健全なものとすることへの批判である。たとえばすでに見たようにクーパーは、患者が危機を逃れるために自己を解体して再統合することに医学的な支援を提供できるように尽力した。レインもまた、スキゾフレニックな経験としての旅の往路が自我の解体や喪失であったのに対して復路が自我の再建というように、解体が最終的に統合にいたることを過程の到達点として設定している。ガタリはこの考え方を批判するのである。本書でここまで追ってきたように、ガタリにとって人格や自我、身体などひとつの個人とくくれるようなものへの形象化は社会的（資本主義的）な抑制‐抑圧の成果である。言い換えればスキゾフレニーにこのような個人という枠を突破する力能を見出したといえるだろう。そのため、クーパーやレインのように人格の再統合や自我の再建を求めてしまうことは、社会的な抑制‐抑圧への回帰でしかない。

ここからスキゾ分析について次のようにいえるだろう。本書ですでに何度か触れたように、スキゾ分析とは「スキゾフレニーになる方法」であり、『アンチ・オイディプス』が掲げた課題である自我の解体を目指した方法である。つまり、スキゾフレニー（統合失調症）を治療する方法でもなければ、反精神医学のように、歪な相互作用に囚われて病者にされている状況から脱するためにスキゾフレニックな経験を通過儀礼的に経由するということでもない。反精神医学の旅が帰ることを前提とした旅とすれば、スキゾ分析の旅は帰らない旅となるだろう。それは逃避行と呼べるかもしれない。というのも、スキゾ分析にとって人格の再統合は社会に追いつかれて引き戻されてしまったことを意味するからである。

旅に関連して、反精神医学とスキゾ分析の違いについてもう一点触れておきたい。レインはスキゾフレニックな経験としての旅を内的世界への「遡り」(going back)と捉えたが、これを精神分析の用語で「退行」(regression)とも呼んでいた[(21)]。幼年期への退行に代表されるように退行とは自身の発達史のある地点へ遡ることを指すが、実際にキングスレイ・ホールでバークは四〇歳代のバーンズがさまざまな人生の時期に退行するのを目撃している。これに対してガタリは、スキゾ分析にとっての旅を退行として論じたことはないし、またレインのように内に遡るものとも考えていない。スキゾ分析にとって旅とは『アンチ・オイディプス』のなかでは強度の旅、生成変化の旅として論じられている。つまり、子どもに戻ることではなく「子どもになること」としての旅であり、さらにいえば「動物になること」や「女性になること」など、自分の属性にはなかったがゆえにそもそも遡ることなどできない何かになることとしての旅なのである。

本節のまとめ

第五章の基底となる問いは「スキゾ分析にとって『分子革命』とは何だったのか」であり、これに応えるために反精神医学とスキゾ分析の比較を行ってきた。反精神医学の考え方と比較することで、スキゾ分析の内実の理解には踏み込めなかったとしても、その輪郭をより鮮明に捉えることができるようになったのではないかと考える。とりわけ「自我の解体」について、レインから「この世界を経験する基礎構造の喪失」であると同時に「この世界の突破」という考え方を取り出せたことは、本書のなかで曖昧なままであった点が解明に向けて半歩でも進んだといえる点で意味があっただろう。

(21) cf., R. D. Laing, "Metanoia, some experiences at Kingsley Hall, London", *Revue recherches*, no. 8, pp. 51-57. http://www.editions-recherches.com/revue/extraits/extrait_08.pdf (最終アクセス日:二〇二三年八月二〇日)

もちろん半歩進んだだけで満足するわけにはいかない。すると次の問いはこうなる。この世界の経験の基礎構造を失った先に何があるのか。この世界を突破した先に何があるのか。それが人格の荒廃としての重篤な病状ではないとすると何なのか。もちろんそれは本節で論じたスキゾフレニックな旅がひとつの答えとなるが、『分子革命』のなかでガタリはさらに別のことも考えている。それは反精神医学の実存的 - 現象学的方法やコミュニケーション理論では見出せないスキゾフレニーに固有の領域のことであり、彼はその領域を探索するために独創的な記号論を構築していこうとする。私たちが次に追うのはガタリのこの記号論である。

第二節　記号論の漸進的構築と記号の政治学

本章の基底にある問いは「スキゾ分析にとって『分子革命』とは何だったのか」である。すでに述べたように『分子革命』ではスキゾ分析という語が使われることが少ないので、この問いに明確に答えることは難しい。答えるとすれば、『機械状無意識』や『千のプラトー』の準備段階として、スキゾ分析も含めた自身の思想を整理し練り直す時期だったということになるだろう。前節ではその一端であるガタリの反精神医学批判を追った。それを通してスキゾフレニーに対する彼の考えのある一面に光を当てることができた。とはいえそもそもの議論の土台が反精神医学に限定されているため、そこから取り出すことのできたガタリの考えは、独創性という観点からいえばやや消極的なものだった。本節ではガタリの思想の独創性がより積極的に表れている主題である〈記号論〉を追うことにしたい。

なぜ記号論なのか。ガタリはスキゾフレーヌ（＝統合失調症者）について『分子革命』のなかで次のように書いている。

> 私たちの機能は主体を世界に適応させ、逸脱を治療することなのか。スキゾフレーヌを治療するとは何を意味するのか。おそらくスキゾフレーヌを治療するために私たちがいるという以上に、私たちに呼びかけるためにスキゾフレーヌがいるのだろう。私が私たちと述べるとき、それは単に個々人としての私たちであるだけではなく、（…）社会的領野全体におけるひとまとまりの私たちでもある。スキゾフレーヌは、記号の関係や意味作用の生産が私たちの個人的な狂気や神経症を大きく超え出ていく世界のなかで足掻いている。（RM, p. 217／『分子革命』、一八九―一九〇頁）

ガタリがスキゾフレニーを治療の対象だと考えていないことはここまでのスキゾ分析の研究からも明らかだが、ここではそのことが明言されている。彼はスキゾフレニーが社会の治療‐変革につながると も考えているだろう。現代風にいえば〈社会にスキゾフレニーを処方する〉という表現になるだろうか。仮にそうだとして、問題はどのように処方するのかである。それを考えるうえで重要なのが、この引用した文章が置かれていた元の文脈である。それは「意味と権力」という記号論を主題とした論考のなかであった。スキゾフレニーは記号論を通してこそ、社会へと処方されるとガタリは考えていたのではないだろうか。とすればその記号論はどのようなものなのだろうか。

本論に入る前にガタリの記号論の歩みを手短に振り返っておこう。彼は『精神分析と横断性』のなかに「記号から記号へ」という論考を収録している。記号を主題的に論じたものではこれが最初のものである。これはガタリがラカンのセミネールを数年聴講して考えたことを、ラカン本人に手紙で送ったものを原型としている。この論考では、ラカンの精神分析の中心概念であるシニフィアンに対する批判が行われている。ここでのシニフィアンとはおもに、世界に生まれてきた主体が世界の秩序（象徴的なもの）に参入するために自己を抹消しつつ同一化する「一なる徴」（trait unaire）、あるいは原初的シニフィアンを指す[22]。ガタリの批判は非常にシンプルである。ラカンのいうシニフィアンとは言語に属する記号表現のことだが、そのようなシニフィアンになる以前の記号があるのではないか、あるとすれば記号はどのように生成し、どのような経緯でシニフィアンになるのか、といったものである。換言すればガタリの批判とは、シニフィアンが可能にする秩序以外にも記号が機能を持つ領野があるのではないか、ということになる。このような問いはまだ十分に精神分析への批判とは言い難いが、精神分析が寄って立っている言語観・記号観を問いに付すことが精神分析を転覆することにつながるというガタリの直観が現れている論考といえる。

「記号から記号へ」以降、ガタリは記号論を研究し続けていく。本書の第二章で見たように、イェルムスレウやパースの記号論を積極的に取り込むことでスキゾ分析を構築しようと模索するガタリの姿が『草稿』のなかに収められていた。また『分子革命』に続く『機械状無意識』や『千のプラトー』では、精神分析に語用論(23)と動物記号論を導入することでスキゾ分析をより進展させようとしている。このように記号論の研究は、ガタリにとっては決して一過性のものではなく、継続的に取り組む必要のある本質的な主題だったといえる。

『分子革命』も例外ではない。『分子革命』の初版(Recherches版)と新版(Les prairies ordinaires版)には「記号論の漸進的構築」と題された章があり、記号論について書かれた論考やノートがまとめられている。(24)年代順に並べると次のようになる。

一九七二年「共立性の平面(ノート)」(※『草稿』にも所収)

「ダイアグラム的意識」

七三年「価値、貨幣、象徴」

---

(22) 向井雅明『ラカン入門』、ちくま学芸文庫、二〇一六年、一六七―一六九頁、二七七―二七八頁、二八二頁を参照。

(23) 言語学では「語用論」と訳されるpragmatiqueは、ガタリやドゥルーズの邦訳のいくつかでは言語学よりも広い射程を持たせる意図で「プラグマティクス」や「プラグマティック」と表記されている。しかし、ここでは言語学との関係を強調するために「語用論」や「語用論的」という表記を採用することにする。というのも「プラグマティック」では、語用論の問題圏とパースのプラグマティズムを源流とするその歴史が省みられなくなる恐れがあるからである。それはガタリの記号論の射程を見落とすことにもつながってしまう。

(24) 「記号論の漸進的構築」の原文は"Échafaudages sémiotiques"である。échafaudageとは「足場」や「蓄積」、「寄せ集め」、「(理論の)組み立て」といったいくつかの意味がある。確かにこの章を一読するかぎりでは記号論について書いた文章の寄せ集めという印象が強いが、ここではより肯定的な意味で取って「漸進的構築」と訳すことにする。

七四年「強度の冗長性と表現の冗長性（ノート）」
「il と moi-je」
七五年「欲望のミクロ政治学に向かって」
七六年「意味と権力」（※新版では「欲望と日常生活のミクロ政治学」の章に所収）
未発表のため年代不明　「機械的命題」
「具象機械」

他にも映画論を集めた別の章のなかに映画と関連させて記号について論じた論考が収められている。これらの論考のなかでとりわけ重要なものは「il と moi-je」、「欲望のミクロ政治学に向かって」、「意味と権力」の三本であり、ここから『分子革命』においてガタリが構築しようとした記号論の体系を見ることができる。

彼の記号論の構築の試みは一般記号論の創設と見なすこともできるほど広い射程をカバーしているという印象を受ける。しかし彼の意図が無意識や欲望、スキゾに深くかかわる仕方での記号論の構築にあったために一般的とは言い難い偏りを含んでもいる。ガタリの記号論研究の狙いが、精神分析の言語観・記号観を、日々進展していく言語学・記号論の研究に基づいて更新していくことにあったことも考慮すれば、ガタリの記号論を一般記号論とは考えない方がよいだろう。こうした点を踏まえつつ、これから『分子革命』の記号論の具体的な中身について考察していきたい。

（※本節では「記号学」と「記号論」という用語を頻繁に用いる。前者はおもに sémiologie の訳語、後者はおもに sémiotique の訳語にあたる。記号学はソシュールに由来する。言語学を記号の中心的な位置に置くことで、言語の働き方からその他の記号の働き方を考察するものである。記号論は、言語を記号の一種と見なすことで言語学を中心に置かず、広く記号機能や記号過程を捉えようとするものである。こちらはパースに由来する。ガタ

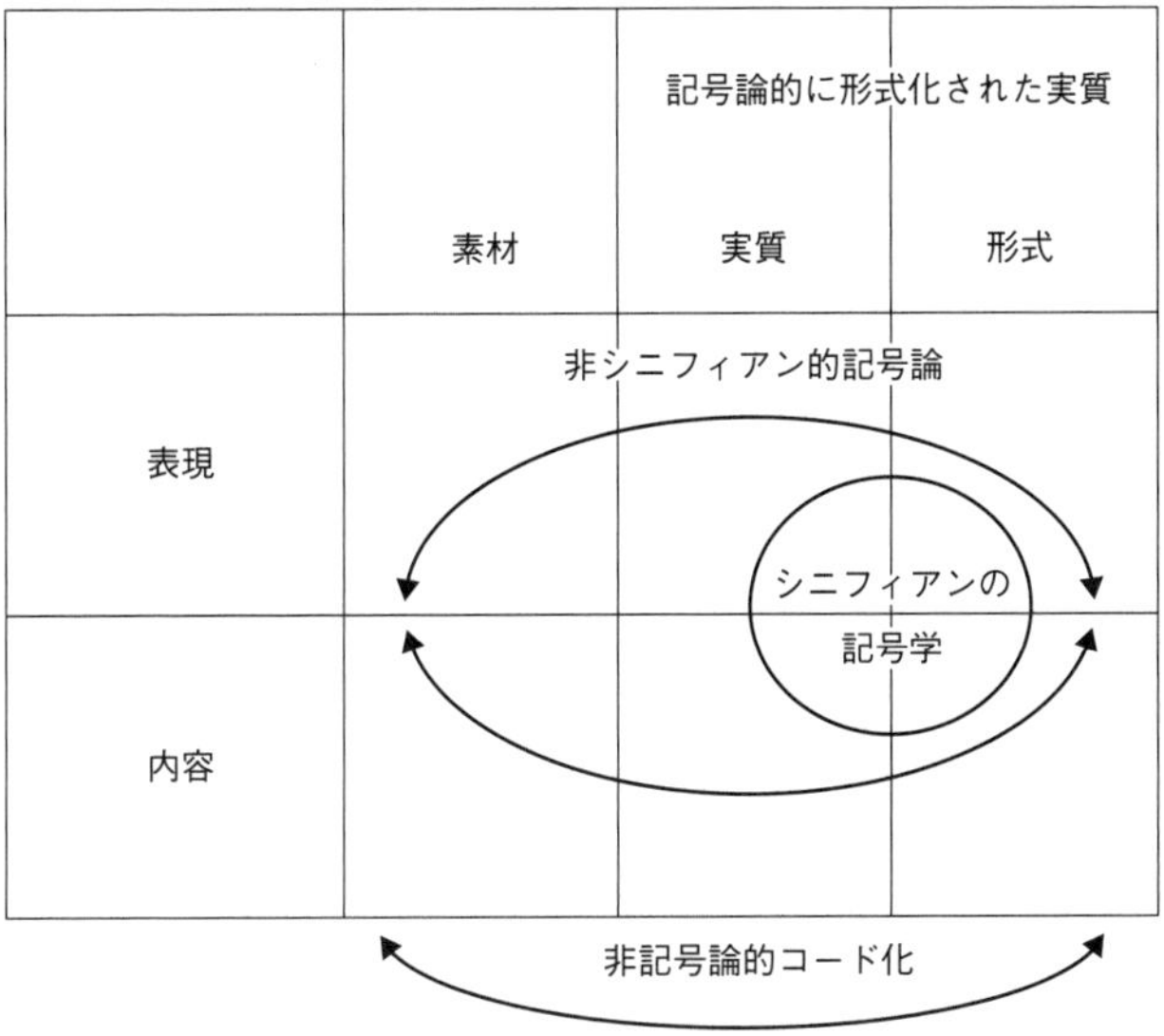

図5.1

リがこの区別を意識的に導入するのは『機械状無意識』からであり、それ以前は取り立てて区別せず乱雑に用いている。とはいえ非常に有用な区別であるので、本節では慎重に『分子革命』の記号論に適用した。そのため原文で sémiotique と記されている場合でも「記号学」と訳すなど、内容によって訳し分けた。）

ガタリによる記号系の三分類

まずは記号論の理論構成を押さえておこう。ガタリは『草稿』から引き続いてイェルムスレウの概念を用いる。それは記号の構造にかんするもので、表現／内容の対概念と、そのそれぞれをさらに区分する素材／実質／形式の三つ組みの概念である。これらの概念によって、表現の素材／表現の実質／表現の形式／内容の形式／内容の実質／内容の素材という記号についての六つのカテゴリーと、内容／表現というカテゴリーの外部というカテゴリーが得られる。ガタリはこれらを用いて上のような表を独自に作り出し[25]、そこから三つの記号系（機能で分けると四つの記号系）を抽出してくる。

ここに抽出された三つの記号系はそれぞれどのような特性を持っているだろうか。簡略にではあるがひとつひとつ確認していこう。

①非記号論的コード化（encodages a-sémiotiques）

素材／実質／形式は備えているが表現／内容のカテゴリーには属さずに機能するコード化の作用であり、自然的コード化ともいわれる。記号によるコード化（他のふたつ）とは区別される。例としてガタリはＤＮＡによる遺伝的コード化を挙げている。ジャネル・ワトソンによれば、この記号系では生物学的、化学的、物理学的な水準でメッセージやコードの伝達が行われており、たとえば内分泌の調性やホルモン信号、エンドルフィン放出などの操作が含まれる。このコード化の様式は、翻訳可能で自律した〈エクリチュール〉に訴えることなく、物質の強度的領野（素材）を形式化する。またここでのメッセージは言語のような連辞的・範列的に開かれた構造をしておらず硬直性を持つ。意味とかかわりを持たないので解釈されずに物質に働きかける自然的領野である。

②意味作用の記号学（sémiologies de la signification）

これは「記号論的に形式化された実質に基礎づけられている記号学」と難しく規定されているが、カテゴリー表を見るとわかるように、表現の実質／表現の形式／内容の形式／内容の実質を占める記号学、要するにシニフィアンの記号学のことである。しかしより正確には、意味作用の記号学はふたつの下位区分を持っており、ひとつが象徴的記号学、もうひとつがシニフィアンの記号学となる。

ⓐ象徴的記号学

象徴的記号学とは、象徴という用語を使用しているが言語から独立している点でラカンのいう象徴的なものとは一致せず、普遍的意味作用のシステム（＝シニフィアンの記号学）に決して完全には翻訳できない脱中心化した記号の領野およびその機能のことである。音声、視覚、身体運動などの多様で豊かな表現の実質が、シニフィアンという唯一の実質によって中心化されない状態で機能することのできる領野のことを表している。具体的にいえば身振り、姿勢、身体への刻印、儀礼など未開社会に見られる記号学であり、また子どもの世界や狂人の世界の構築にも関与しているとガタリは考える。叫びや歌、ダンス、性的なもの、神経症の発作なども含まれる。

シニフィアンの記号学との関係からプレ・シニフィアン的記号学とも呼ばれる。子どもや狂人などはこの記号学を用いることで、シニフィアンの記号学から自分たちの欲望の経済を守ろうとしているとされる。

ⓑシニフィアンの記号学

これはガタリが最も危険視する記号学である。この記号学では、シニフィアンの実質が〈シニフィアンの独裁〉と呼ばれるほどにその他の表現の実質の中心（参照先）となり、翻訳や解釈が可能となる（つまり精神分析が可能となる）。そして翻訳や解釈によって欲望や情動、強度を無力化し管理することができるという。

この参照先となる実質は、原エクリチュールとして理解されうる。しかし、これはデリダが主張す

（25） 表はRM, p. 450の図を日本語表記に改めたものである。

るようなすべての記号学的組織の起源となるひとつのエクリチュールではなく、「歴史的に日付を持ったエクリチュール機械の出現、つまり巨大な専制的帝国の根源的な道具としてのエクリチュール機械の突然の出現」（RM, p. 452／『政治と精神分析』、九七頁）として捉えられる。これはエクリチュールが本質的に国家権力と結びつくことを示している。ここからガタリは、無意識における文字の審級という精神分析の主題[26]について次のような考えを展開する。「確かに無意識において文字の審級は根本的ではあるが、しかしそれは文字の審級が原型的なエクリチュールに回帰するからではなく、専制的な意味形成（signifiance）の持続性を表すからである」（RM, p. 452／『政治と精神分析』、九七頁）。このように述べることで、ガタリは専制的帝国の出現と無意識における文字の審級の出現を異なる水準での同様の現象として、また同時に実際の影響関係として描き出している。ただ、すぐに付け加えておかなければならないことは、専制的な意味形成は国家や帝国にかぎらず、さまざまな水準やスケールの権力構成体（formations de pouvoir）とともに機能するということであるが、詳しくは後で取り上げることにしたい。これらによる影響も含めれば、無意識における文字の審級の複層性がうかがえる。

③非シニフィアン的記号論（sémiotiques a-signifiantes）

これはガタリ記号論の核となるものであり、カテゴリー表ではその全域を占めるものである。「脱領土化」や「質料的な流れ」、「機械」などのガタリのジャルゴンが頻出するのもここからである。とりわけ重要な概念が「ダイアグラム（図表）」である。本書の第二章でも触れたが、これはガタリがパースの著作から見出し、それを独自に展開したものである。またこの非シニフィアン的記号論はラカンの現実的なものの概念に対するガタリなりの拡張である。つまりここで述べられることがどれだけ精神と一見関係なさそうに思えても、欲望や無意識と深くかかわっていることを忘れてはいけない。

非シニフィアン的記号論はポスト・シニフィアン的記号論ともいわれ[27]、数学、科学、経済、音楽、芸術などの技術－記号複合体を含む。ポスト・シニフィアン的とは、その機能が部分的に言語記号に依拠していながらどんな言語的意味も必要とされない状態、換言すれば解釈が主要な機能にならない状態を指す。このような状態において働く記号のひとつが〈ダイアグラム〉であり、働くモノが〈機械〉である。では、それらのより具体的な特性はどのようなものなのか。

ガタリは非シニフィアン的記号論の特徴のひとつを言語機能の比較から述べている。それは、言語には外延指示（dénotation）の機能があるというものである。言語は客観的に存在する対象を指し示す。この外延指示の機能にガタリはイコン、インデックス、概念などを含めている。それに対して非シニフィアン的記号論は外延指示を新しい仕方で機能させるという。ここで起きることをガタリは次のように述べている。

(26)「無意識における文字の審級」とは、ラカンが論考「無意識における文字の審級、あるいはフロイト以後の理性」において展開した考え。簡潔な要約を許さないものだが、言語のように構造化された無意識の機構において根本的な役割を担う〈文字〉とその機序（隠喩や換喩、シニフィアン連鎖など）について論じている。例えば夢の内容をその心像的、物語的、あるいは象徴的に捉えてその意味を解釈しようとするのではなく、それらを文字にして、文字に固有の変換秩序に照らして解釈することが効果を持つような場合、これは無意識がその機構として根本で採用しているのが映像や物語ではなく文字だからということである。実例ではないが例えば「金色の鹿が出てくる夢を見るようになった」とクライアント（分析主体）が口頭で報告する場合、その夢の内容を文字にすることで「鏖」（金＋鹿→皆殺し）などと解釈するような場合。ジャック・ラカン「無意識における文字の審級、あるいはフロイト以後の理性」、佐々木孝次訳、『エクリ』Ⅱ、弘文堂、一九八七年を参照。

(27)「ポスト・シニフィアン的」という形容は、やがて『千のプラトー』において非シニフィアン的記号論と切り離され、情念と主体化を扱う独自の記号系を表すものとして捉え直されることになる。

実際、たとえば理論物理学における記号と指示対象との対置は、一定程度の妥当性を失っているように思われる。今日、ある粒子の存在に実証的な証拠を与えることはもはや要求されない。理論的記号論の総体のなかでその粒子を矛盾なく機能させることができれば十分なのである。外的な実験の結果が記号システムを作動させるその時にこそ、はじめて遡及的に粒子の存在について問題が提起されるだろう。(…)したがって、もはや粒子の存在をいちいち証明する必要はない。かつて基本的であった、時‐空間的測定の物理的効果によってその存在を物質化するという目標は放棄されたのである。(…)記号と指示対象とのあいだにひとつの新しい関係が打ち立てられたのであり、それは直接的な関係ではなくて、理論‐実験的なアジャンスマンの総体を作動させる関係である。(RM, p. 412/『精神と記号』、四四—四五頁)

あるいは次のようにもいわれる。

新しいタイプの化学連鎖の発明やミクロ物理学における粒子の発見などは、いうなれば、それらの時‐空間的な座標だけでなく存在の条件をも決定するであろう記号的生産によってあらかじめ形成されるのである。(RM, p. 453/『政治と精神分析』、九九頁)

記号系のなかで矛盾なく機能できる理論上の対象は、実験を通して否定されない場合、存在すると見なされる。ガタリは粒子の例を挙げているが、宇宙物理学のダークマターを考えると理解しやすいかもしれない。宇宙の誕生から現在までの時間経過と惑星の生成・分布状態との対応関係を考えたとき、未確認の物質(ダークマター)の存在を認めるのと認めないのとでは、認めたほうが説明のつくような場合、その物質は存在するとされる(ダークマターの存在を認めない場合、銀河の形成スピードはもっと遅く、現状の銀河の状況にはならないとされる)。これはシミュレーションというコンピューター上の実験によっても確認されている。

このように存在者の存在の条件および時‐空間座標を生産して物質に働きかけるという特性を持つ記号があるとガタリは考える。ここでいう存在者の存在の条件や時‐空間座標のうちでかつて基本的に機能していたものを前節で扱ったレインのいう「この世界の経験の基礎構造」だとすれば、ガタリであれば、そこで問題となった「経験の基礎構造の喪失」の際に何らかの記号が関与していると考えるだろう。この記号が〈ダイアグラム〉と呼ばれるものである。また意味も解釈も必要とせず、理論‐実験的複合体として機能するという特性を備えたモノがあるとされるが、これが〈機械〉と呼ばれるものである。

非シニフィアン的記号論の特徴として見落とせないのは、ガタリが活動家として闘い続けた資本主義もまたこの記号論に依拠して成立しているという点である。ガタリ自身が分析しているように、資本主義世界は貨幣的記号、経済的記号、威信的記号などの記号によって構成されている。これらの記号はシニフィアンの記号学から解放されたもの(つまり解釈されるべき意味を持たないもの)とされるが、その例としてガタリは貨幣が融資の手段となる場合や、あるいは株式市場での無意味な格子状の記号を挙げている。ジェノスコはガタリについての入門書のなかで、クレジットカードやデビットカードなどの磁気カード(磁気、PINコード、暗証番号などの記号からなる)による電子上での貨幣のやり取りに触れている。[28]ガタリは資本主義に経済的領野での言説の行使だけではなく、貨幣や磁気などの無意味な記号機械の統御と操作を見出している。また、資本主義にも権力の浸透を見て取り、資本主義が個人に対して医者や子ども、教師、男、女、同性愛者などの役割を付与し、それにまつわる意味システムに順応するよ

(28) cf. Gary Genosko, *Félix Guattari: a critical introduction*, Pluto press, 2009, pp. 96-99.(『フェリックス・ガタリ』、杉村昌昭・松田正貴訳、法政大学出版局、二〇一八年、一三八—一四二頁。)

う要求することを分析している（後で取り上げるように、ガタリの考える権力は意味やシニフィアンの記号学と深く結びついている）。

以上がガタリの構想する記号論の理論構成についての簡略な見取り図である。イェルムスレウやパースの記号論を援用しているので『草稿』と重なる部分も多い。たとえば『草稿』では第一次分節‐第二次分節‐第三次分節という欲望の段階的な分節が考えられていた。この三つの分節は『分子革命』の三つの記号系に重ねることもできる。第二次分節はシニフィアンの記号学に、第三次分節は非シニフィアン的記号論に多くの部分で重なっているといえる。ガタリのヴィジョンのなかで欲望の三つの分節と記号の三つの系には明らかに連続性がある。

しかし異なる点も少なくない。『草稿』ではコードや形式の創造性が重視されていたが、『分子革命』ではそれらへの関心がやや後退し、表現／内容から質料的な流れへの脱領土化や強度の多様体の回復への関心が前に出てきている。それに伴って強度を担うとされる「素材」に新たに焦点が当てられたり、記号と物質の識別が曖昧となる極限的な概念である「記号‐粒子」が改めて強調されたりしている。[29]このような関心の変化がガタリの思想においてどのような意味があるのかはとても重要な問いだが、『分子革命』だけから考察することは文献的に難しいのでひとまず先送りにしたい。

もう一点、記号論に関連して『草稿』と『分子革命』の違いに触れておこう。先ほど欲望の三つの分節と記号の三つの系の連続性に触れたが違いもある。それは前者の場合、分節間の関係が第一次、第二次、第三次というように一種の発展段階として素描されたのに対して、後者の場合は少し事情が異なる。もちろん、シニフィアンに対して「プレ」や「ポスト」などの接頭辞を使って記号系を区別しているかぎり、ガタリが時期や段階を意識していないとは考え難い。では何が違うのかといえば、後者では三つの記号系が混じり合って機能することができるという点である。この点についてガタリは次のように述べている。

専制的なシニフィアン的記号学と非シニフィアン的記号論のあいだに私たちが据えた対立は非常に図式的なものに留まっている。実際には、そのふたつから生じて多様な段階を持つ混成的な記号系しか存在しない。(RM, p. 503／『精神と記号』、一二九頁)

混成的な記号系とはどのようなものか。残念ながら『分子革命』では丁寧な記述はほとんどない。この記号系がガタリによって掘り下げられることになるのは『千のプラトー』の「いくつかの記号の体制について」となるため、この点については別の機会へと持ち越すことにする。記号論の理論構成についての議論はここで終えて、次からはその実践について見ていきたい。

ある女性の事例

ガタリは論考「意味と権力」のなかで、彼自身の患者ではないひとりの女性患者の既往歴を記している。ガタリが記号論を用いてどのように事態を捉えるのかを端的に示している場面なので目を通しておこう。その女性患者の既往歴は次のようにまとめられる。

①本人が生まれる三か月前に母親が妊娠性の嘔吐に見舞われている。
②本人は生まれて六か月目に食物アレルギーを起こす。

---

(29) 細かなことをいえば、『草稿』では質料的な流れは「実質」に位置づけられていたが、『分子革命』では「素材」へと移されている。

③三歳の時に全身に湿疹ができる。
④六歳で登校拒否。
⑤二〇歳の時に不安神経症の発作に襲われる。
⑥三〇歳の時に非特異性膣炎にかかる。
⑦四〇歳の時に自殺未遂。

ガタリはこの女性についての記述から、家族関係や抑圧など精神分析で主題となるような事柄には言及せず、「この病歴のひとつひとつの段階に、明らかに異なった記号部門〔記号系〕がかかわっているように思われる」(RM, pp. 201-202／『分子革命』、一七五頁。〔 〕内は引用者による補足）と述べている。ではそれはどのような記号系とかかわるのか。ガタリの考察をまとめてみよう。

①妊娠性嘔吐のような障害の発現は、特定の個人に留まるものではなく遺伝するとされるが、ガタリが考えるに、この事例では象徴的記号学が機能している。つまり、メッセージは言語的チャンネルではなく、身体、身振り、音、姿勢などを通して伝えられており、発話の場合のようにメッセージの送り手と受け手を完全に判別するというようには機能していない。

②これも象徴的記号学とかかわり、かつ①の時よりも象徴的記号の重要性が増しているとされる。というのはガタリによれば、子どもは生まれてから、さまざまな音や寒暑の印象、光、物質のぶつかり合い、他者の顔へのかかわりなどからひとつの世界についての諸々の座標を作りはじめるのだが、アレルギーはこの新しい世界への参入に対して子どもの皮膚に現れた拒絶を表している可能性があるからだという。つまり、身体における病的徴候が、自己と世界との折り合いのつかない関係や不調和の象徴的記号となっているということである。

③ガタリは「湿疹が形成されたのは科学的にか、それとも記号的にか」という問いに言及するに留まっている。
④学校への参加は、制度の言語や大人の言語などの「シニフィアンの記号学」の世界への参入にかかわるとされる。学校に入ることは嘔吐や湿疹などの象徴的記号学がその埒外にある社会法則の世界に入ることである。要するに湿疹ができても罰せられないが、計算ができなければ罰せられる世界への参入である。ここで一連のミクロな社会権力、つまり家庭や学校、地域権力が出現し、やがて国家権力にまで遡る。
⑤青年期に固有の統合失調症的な徴候であり、思春期の記号的構成要素（世界との新しいタイプの関係、未知を前にしての不安、周囲からの抑圧など）とかかわっている。そのような不安や抑圧をもたらすのは、リセや職業訓練校、スポーツクラブ、レジャー組織などの青年がかかわることになる権力構成体である。その権力構成体が青年の欲望に襲い掛かり、自閉へと導くように威嚇している。
⑥ウィルスやバクテリアなどに対する反応のような非記号論的コード化や、あるいは象徴的記号学にかかわっている可能性もあるなかで、ガタリは夫婦生活という女性患者にとって新たなミクロな社会権力とのかかわりを指摘している。
⑦ここでも医学、警察、宗教などの権力構成体とのかかわりがあるとされる。

以上をまとめるなら、全体を通して個人と世界とが記号を介してかかわっていることが示されている。そしてその記号は一通りのものではなく、人が成長を通していくつかの記号系へと参入し、それらと多層的にかかわることになっている。まず①と②は象徴的記号学にかかわっており、これは言語とは区別されている。③については考察がないため、非記号論的コード化にかかわっている可能性もあれば、象徴記号学の可能性もありうる。④から⑦においては言語や意味とかかわるが、そこでは制度の言語や大人の言語といわれるように権力構成体とのかかわりも生じる。個人は社会生活を営むかぎり何らかの制度や組織に属することになり、個人の生や欲望は、権力構成体とのかかわりのなかで言語を介して意味を与えられることになるのである。ガタリの見解としては、患者が精神の病いを患うのはこのような言語-意味-権力構成体とのかかわりにおいて、ということになる。ガタリが精神分析に向ける批判のひとつは権力構成体の分析が欠けているという点である。

意味と権力

ではなぜ権力構成体の分析が必要となるのか。それを知るためにはまず言語と意味と権力構成体の関係について、ガタリが何を考えているかを考察する必要がある。

ここでガタリの次のような想定を追ってみよう。まずガタリ自身がある部屋からしばらく姿を消したあと、ドレスなどの異性装をして戻ってくるとする。このとき起こりうる事態を彼は次のように想定する。まず彼自身が性倒錯者であることを表明する。このときその部屋にいる人間全員が性倒錯者なら嫌悪や蔑視を引き起こすことはないだろう。しかしその場所が聖職者の会合であれば、ガタリの発言はまったく違う意味を持つことになる。あるいはこれが精神病院内での出来事ならまた違った意味で解釈されるだろう。

この想定は七〇年代のジェンダー/セクシャリティ観に基づいているため現代的な観点から見ると議論がやや粗いが、これによってガタリが主張したいのは、発話も含めてある個人の行為の意味は、その個人がその場において支配的である権力構成体の側から何者と見なされるかによって変わってくる、ということである。「意味作用を把握することは権力を奪取することとつねに切り離すことができない」(RM, p. 212/『分子革命』、一八四頁)。そして発話や行為の意味はその場での権力関係の揺れ動きとともに変化するのである。

では、意味と権力構成体が原理的に結びついているとして、言語はそこでどのようなものだと考えられるのか。ガタリの記述から少なくとも三つの特性を取り出すことができる。

一点目の特性とは、言語がシニフィアンの記号学にとって特権的であるというものである。ここでシニフィアンという概念について改めて概観しておこう。シニフィアンは言語学者ソシュールによって提示されたものであり、シニフィエという概念と対をなす。ソシュールは前者を聴覚映像、後者を概念を指す用語として考案したが、一般的には前者は記号の表現面、後者を記号の内容面として捉えられている。そしてシニフィアンとシニフィエの結びつきは、概念「犬」を指すのに日本語でイヌ、英語でdog、フランス語でchienというように、表現の仕方に必然性がなく恣意的であるといわれる。この一対の概念は、ラカンによって精神分析に批判的に導入される。そしてフロイトによる無意識における文字の役割の重要性や言い間違いなどとのかかわりから、とりわけシニフィアンのシニフィエに対する優位がいわれることになる。またラカンにおいてシニフィアンは、「父の名」が母の欲望をシニフィエとするシニフィアンであり、それがさらに母に向かう主体の欲望を禁止する「父の否」というシニフィアンとなって、主体を法が機能する世界へと引き入れるという重要な役割を担っている。精神分析におけるシニフィアンの機能について手厚く説明することはしないが、重要なことは、シニフィアンは主体の欲望を挫折させ、享楽を不可能にさせつつ、主体を法や秩序、意味、他者の欲望の世界へと導入する働きを担っているという点である。

ガタリが考える言語の特性の二点目は、言語それ自体は意味を持たないというものである。意味を産出するのは権力構成体である。すると言語が意味を持つのはそれが権力構成体とかかわって使用される場合にかぎられる。発話者はつねに何らかの制度や集団に帰属しているのであるから一見当然であるが、これはガタリの言語論において根本的な事態を指している。というのは、意味のある発話がつねに権力構成体に基づいていることになれば、意味は、(言語それ自体だけでなく)発話者が言おうとしたことや言いたいことなどの、個人的な意図や欲求にも還元することができないのである。ここにはガタリによる「言表行為の主体は存在しない」というテーゼが暗に含まれている。

それはどういうことだろうか。ここまでの議論から、発話者の言表や言表行為はある特定の権力構成体において意味を持つものにかぎられることになるといえる。そして権力構成体はさまざまあり得るのだから、言語が意味を持つ仕方もさまざまあり得る。たとえばある個人が家庭では父親や夫として、職場では上司あるいは部下として、ある時は労働者としてまたある時は消費者として発話するように。すると言表行為はこのように、家庭／労働／経済などの集合性によってこそ機能すると考えられる。またそれらは多層的に重なり合うだろう。ある個人の発話は根底でこれら集合性に支えられていることになる。[30] これが「言表行為の集合的アジャンスマン」とガタリが呼ぶことになる事態の一側面である。

このような権力構成体とのかかわりのなかで言語とは、その権力構成体を体系化し構造化するものであり、社会的な場における価値や行動規範に仕える道具としても見なされている。また倒錯者の表明の例がそうであったように、ガタリの思想においてシニフィアンとシニフィエの（意味を生み出す）結びつきの恣意性が復活しており、政治的・社会的な恣意性といわれることになる。ラカンが意味をシニフィアンの可能な用法の束と見なすとき、ガタリであればさらに、これを束ねているのは権力構成体であり、その束ね方も権力構成体それぞれの在り方に委ねられているというだろう。

そして三点目となる特性は、言語には翻訳可能性があるということである。それは言語間での翻訳ではなく、別の記号系のあいだでの翻訳である。「意味と権力」においては次のようにいわれている。女性患者にかんする記述で見たように、言語記号以外に象徴的記号学がある。象徴的記号学とは、ダンス、マイム、神経症の発作、号泣、叫びなど、「即座に理解できる直接的な様式によって現れる一切の表現手段」（RM. p. 208／『分子革命』、一八一頁）とされている。これは言語に頼らない表現手段であり、子どもや精神病者によって使われることの多い欲望の表現である。それに対して精神分析家は、翻訳＝解釈のシステムを構築することになる。これによってあらゆる欲望の表現を同一の翻訳言語に納めることができるようになり、精神分析は象徴的記号学をコントロールするといわれる。

結局、以上のガタリの言語‐意味‐権力構成体の分析から帰結することは、私たちが言語を使用するかぎり、そこには何らかの権力が浸透しているということである。そして発話することは揺れ動く複雑な権力関係のなかに身を置くということである。言語の使用は、政治的・社会的・制度的・集合的行為であり、精神分析のやるように家族的・性的コードで一元的には解釈しきれない射程を持つ。しかしそれでも、たとえばあなたの発話や表現の意味を解釈するように権力構成体は働きかけてくる。どの権力があなたの欲望を解釈し、コントロールしようとしているのか。ここに権力構成体の分析が必要になる。そして精神分析もまた、子どもや精神病者の欲望の表現を家族的・性的コードを通して言語化することでその欲望をコントロールしてしまうひとつの強力な権力構成体なのだというのがガタリの主張である。そしてこの点が彼の記号論における問題提起となるだろう。言語あるいはシニフィアンの記号学によるコントロールを逃れる欲望や、言語として構造化されていない無意識はあるのか。この問いに答えるのが非シニフィアン的記号論である。

記号のふたつの政治学

ここまで来れば議論の的が「非シニフィアン的記号論は実際にどのように使われるのか」という問いへと絞られてくる。この問いに応えられれば、スキゾ分析の実践にさらに近づくことができるという希望が出てくる。しかしあらかじめ述べておけば、このことを『分子革命』のなかから明確に取り出すこ

(30) さまざまな言表行為が言表の主体に押し込まれることで、それを担う個人、つまり言表行為の主体が生産されることをガタリは「言語学的オイディプス」と呼ぶ。

とは至難の業である。理由は複合的だが、ガタリ自身が誰かにそれを伝授することを意識して文章を書いていないという点が大きいだろう（もちろん私の理解力がガタリの思考に追いつかないということも含まれている）。それでも迫れるところまで迫ってみたい。

すでにシニフィアンの記号学と非シニフィアン的記号論の対立関係について見たが、ガタリはさらに次のような観点でその対立関係を捉えている。

基本となる二つの記号の政治学――一方は意味形成と解釈の政治学、他方は機械状の連結と集合的な実験の政治学（RM, p. 446／『精神と記号』、八〇―八一頁）

この引用にある二つの記号の政治学の前者がシニフィアンの記号学に当たり、後者が非シニフィアン的記号論にあたる。ではそれらはどういう仕方で政治学なのだろうか。ガタリの引用で応えておこう。

パラノ‐ファシズムの典型としてのシニフィアンの記号学と、スキゾ‐革命的なダイアグラム化の典型としての非シニフィアン的記号論（RM, p. 503／『精神と記号』、一三〇頁）

つまりシニフィアンの記号学は「ファシズム」という政治的な事象・出来事に、非シニフィアン的記号論は「革命」という政治的な事象・出来事に関連するとガタリは考えている（前者がパラノイア、後者がスキゾフレニーと結びつけられている点も見落とせないが、この対立の構図自体はガタリが『アンチ・オイディプス』から引き続き採用しているものである）。では、このように二つの記号系を政治学と捉えることで何を考えることができるようになるのだろうか。この問いに対する応答のひとつは、言語がその二つの政治学の闘争の舞台となるということである。

ここでは私たちは二つの現実、一方が客観的でもう一方が主観的な現実のあいだの対置を拒否するように努め、二つの可能な政治学について考察しよう。それは、過去を振り返らせ、想像的なもののなかで展開する解釈の政治学と、欲望の現働的な強度を捉えて、欲望する機械主義として社会的・歴史的現実から直接構成される実験の政治学である。解釈か、実験か。〈科学的〉精神分析か、欲望の政治学か。これらの二者択一を正当化するために、私たちは普段姿を見せているような精神分析と政治学のその上流に遡り、それらをそれぞれが言語と持つ関係のなかに位置付けようとしなければならない。解釈は何によって行われるのか。話し言葉によってである！　実験は何によって行われるのか。記号によって、機械の機能によって、そして物とひとのアジャンスマンによってである。（RM. pp. 416-417／『精神と記号』、四九―五〇頁）

ここに『千のプラトー』で登場するスローガンのひとつ「解釈するな、実験せよ」の源流を見ることができるが、その解釈と実験の舞台としてガタリがここで挙げているのは言語である。すでに見たように言語には解釈される意味や解釈する権力が強くかかわっていたが、それに対して非シニフィアン的記号論は言語とどのような関係を持つのだろうか。もっと単刀直入にいえば、言語における実験とは何なのだろうか[31]。

（31）　ガタリのいう実験とは、「ある現象についての理論や仮説の正しさを証明するために実際にその現象を再現しようとする試み」というよりも、もっとシンプルに「実際にやってみることで何らかの（解釈するのとは別の）変化や効果をもたらす経験や実践」くらいのものである。

人称をめぐる実験－実践

『分子革命』のなかで言語の実験として捉えることができるのは、ガタリによる人称（personne）の考察だろう。「欲望のミクロ政治学に向かって」のなかで彼は、人類学者のピエール・クラストルが研究したグアヤキ・インディアンについて言及している。そこでガタリが取り上げているのは「私はジャガーである」という言表である。この言表に対して常識的に考えられるその言表行為の主体はグアヤキ・インディアンか、あるいはジャガーだろう。しかし、その「ジャガー」はグアヤキの文化においては同時に他のモノを指し示すという（実際、クラストルの『グアヤキ年代記』によれば、ジャガーは森の主人／死の運搬者／子どもの使者／世界の秩序を回復するために派遣された存在／見えない霊力の手先／独身男などを多義的に指し示す）。すると「ジャガーという言表に複数の言表行為の発生源が対応する」（RM, p. 427／『精神と記号』、六一頁）ことになり、「私」という言表の主体は、複数の言表行為の主体（発生源）と連結するといえる。言表の主体である「私」と一対一対応することになる言表行為の主体である〈私〉を生産するシニフィアンの記号学の観点からすれば、グアヤキの例は言表行為の主体の分裂・増殖ともいえる。このような言語の使用は、その多声的な特性によってシニフィアンの記号学の政治を（一時的にでも）攪乱あるいは転覆する実験－実践になりうるかもしれない。

このように非西洋の未開社会の言語使用を考察することは、シニフィアンの記号学の政治学から逃れるための戦略的な効果を持つだろう。しかし、私たちの日常とはかけ離れたエキゾチックな特殊事例にすぎないとして一蹴される危険性もある。そこで、ガタリが自身の母語であるフランス語から見出した人称をめぐる同様の議論にも触れておこう。その議論が登場するのは「il と moi-je」という論考である。ガタリは il に着目する。il とはフランス語で主語の働きをする三人称単数男性形の人称代名詞である（日本語では「彼」や「それ」となる）[32]。このありふれた語にガタリは非シニフィアン的な記号の機能を見出す。

ilはつねにどんな代名詞の代わりになることができる。ilはあらゆる代名詞の特性の上に身を乗り出していて、それが人称代名詞や指示代名詞、所有代名詞、関係代名詞、疑問代名詞、不定代名詞であろうと、そしてそれが代名詞、動詞、あるいは形容詞に関連しようとお構いなしである。ilは表現の鎖のつながりの潜在的な結節点を構成するが、そこでの〔表現に対応する〕内容は相対的に最も形式化されておらず、したがって状況の変化に最大限応じるかたちで再組織化される最大の可能性を持っている。このときilは主体を表しているのではなく、アジャンスマンをダイアグラム化しているのである。ilは、言表行為の主体のさまざまな様態がそうするようには、言表を超コード化したり超え出たりしない。そうではなくilは言表が（…）記号学的な布置の暴政のもとに落ちないように留めるのである。つまりilは、言表が支配的な人称的・性的意味作用の体制から自由になり、言表行為の機械状アジャンスマンとの結合に入ることになるかぎりで、言表の非シニフィアン的な記号論的母胎であり、まさしく言表の主体なのである。（RM, p. 495／『精神と記号』、二二二頁。〔 〕内は引用者による補足）

この引用文にガタリの主張が現れているが、ひどく圧縮されてわかりにくいため、本節に必要な範囲で嚙み砕いて見てみよう。まず「支配的な人称的・性的意味作用の体制」とはilを含めて人称が人称として機能するシニフィアンの記号学の体制のことを指している。ガタリは主語の人称と性を次のように分類して捉える。

（32） 非人称構文の主語としての用法もあるが、ガタリはそれには言及していない。

①相互主観性の軸：je － tu（私－あなた）、nous － vous（私たち－あなたたち）
②性的か非性的かの区別：たとえば on、ça などは非性的な指示詞
③性の内部での分割：il － elle（彼－彼女）、ils － elles（彼ら－彼女ら）
④人格心理学の三角形の手前や向こう側における主観的布置の配置
je －tu － il（私－あなた－彼）、nous － vous － ils（私たち－あなたたち－彼ら）

これらは人称や性に基づく排他的な対置関係のなかで自身の使う主語が確定されていくことを示しているが、私たちはこれに近しいものを『アンチ・オイディプス』における精神分析批判を論じた箇所で見ており[33]、これはそれを言語の領域で展開したものである。ガタリは il がこのような体制から自由になることができると考えている。その説明として彼は marcher - vers（～の方へ進む）という不定詞に il が主語として付く場合（il - marcher - vers）を挙げている。彼によれば、このときの il はひとりの人物でもありうるし、軍隊や一匹のノミ、感情、機械、アイデアなどでもありうるという[34]。つまり先ほどのグアヤキ・インディアンにおける「ジャガー」とまったく同じというわけではないが、il はそれが付く動詞との関係において、それが指示する対象あるいは行為の担い手[35]をさまざまに分裂・増殖させるものとして、またそれらの結節点として機能しうるのである（しかも、それらには人格を備えた存在者や生き物以外も含まれてくる）。そしてこの機能によって多義性や多声性、共立性がもたらされ、il - marcher - vers は「ひとつの多様体のダイアグラム的表現」（RM, p. 504／『精神と記号』、一三二頁）となるとガタリは考えるのである。

本節として問題なのは il のこのような非シニフィアン的な記号としての使用がどう実験になっているのかという点だが、この点についてガタリは言及していない。おそらくここまでの議論から考えられるのは、il とそれが結び付く不定詞との関係のなかで、これまで想定されたことのない指示対象（不定詞が

表す行為の担い手）との連結を新たに発見することができるのか、あるいはどのような指示対象を新たに生産することができるのか、そしてそれが表現としてどのような政治的社会的機能を持つのか（シニフィアンの記号学に対して革命を為しうるのかどうか）、ということになるだろう。

さて、ここまでくれば非シニフィアン的記号論についてさらに問うべきことが思い浮かんでくる。人称の実験‐実践はより個別的具体的にどのように行うことができるのか、それによってシニフィアンの記号学や権力構成体、アジャンスマンにどのような変化が起こるのか、欲望や強度、ダイアグラム、抽象機械をどのように考慮に入れておくのか、人称以外の実験‐実践（たとえば「素材」にかかわる実験‐実践）はどのようなものか、などである。しかし、これらの問いに納得のいく形で応えることは少なくとも『分子革命』ではできないだろう。それはガタリのテキストの性質上の限界でもあるし、それを前にした私の限界でもある。そのためいったんここで本節を閉じることにして、これらの問いに十分に応えられる然るべき機会に備えることにしたい。これらの問いが立てられる状態まで問題を開いたこと、このささやかな前進を本節の成果だと考えたい。

(33) 本書の第三章第一節を参照。
(34) テキストを読むかぎりでは、ガタリは il ですべて代置できるかのように議論を進めていくが、軍隊やノミ、機械、アイデアは女性名詞なのでそれを受ける代名詞は文法上 elle となるはずである。
(35) 文の主語が il となる場合、言表の主体は il であるが、その言表を発話している言表行為の主体は il ではない。つまり言表の主体と言表行為の主体が一致しないことになるため、この議論では言表行為の主体の分裂・増殖を主題にすることはできない。

本節のまとめ

「スキゾ分析にとって『分子革命』とは何だったのか」という問いに応えるために、ここではガタリの記号論について理論と実践の観点から考察を行った。理論面では三つの記号系（非記号論的コード化、意味作用の記号学、非シニフィアン的記号論）とそれらの混成系の構想について『草稿』からの体系的な展開を捉えることができた。実践面を充実した形で捉えることは難しかったが、意味と権力構成体の分析の必要性や人称をめぐる実験－実践についてまとめることができた。

とくに人称をめぐる実践－実験は言表行為の主体の分裂・増殖や言表の主体の増殖・生産などの観点から、ここまで問題として残されてきた〈人格の解体〉やスキゾフレニー化にかかわるものと考えられる。しかし、残念ながら『分子革命』においてはこれ以上深掘りすることができなかった。逆にいえば、スキゾ分析についてのこの突き詰められなさが『分子革命』の到達点ともいえるかもしれない。要するに「スキゾ分析にとって『分子革命』とは何だったのか」といえば、理論面ではある程度の進展を見せたが、実践面ではまだまだ不鮮明で途上にあることを示した中間報告の書、ということになるだろう。しかし、『分子革命』において非シニフィアン的記号論という領域を開いたことで、ガタリはスキゾ分析についてまた一歩踏み込むことができるようになるのである。

第六章　顔貌性とは何か――個人化する顔／逃走する顔

前章で見たように一九七七年公刊の『分子革命』ではスキゾ分析についての考察は息を潜めていたように思われる。一転して爆発的に展開されたのが七九年の『機械状無意識』である。この著作は一冊全体をスキゾ分析の論述に充てており、『分子革命』での記号論がさらに突き詰められることでスキゾ分析全体の理論的・体系的な構築の度合が格段に上がっている。またその実践例として本書第三章第三節で触れたンデンブ式や第四章のカフカ式とは異なるプルースト式を取り上げており、そのなかで〈リトルネロ〉という概念とその実践的な効能について集中的に論じている。スキゾ分析を研究するうえで『機械状無意識』は避けて通ることのできない著作である。

ところが、先述したように拙著『ジル・ドゥルーズの哲学』に補論として『機械状無意識』のリトルネロを軸としたスキゾ分析論を掲載してしまっており、私としては同じ内容を繰り返し書くことは避けたい。そのため、ここではガタリによってそれと同時期に書かれた『逃走線』（邦題『人はなぜ記号に従属するのか』）でのスキゾ分析について論じていくことにする。主題とするのはリトルネロと対をなす概念〈顔貌性〉（visagéité）である。というのも『機械状無意識』が顔貌性よりもリトルネロを強く主題化していたのに対して、『逃走線』はまさにその逆だからである。ガタリは明らかに姉妹編としてこの二つを書いており、私もそれに呼応したい。

『逃走線』とは七九年か八〇年の早い時期にフランス政府の設備省にCERFI名義で提出された報告書を、二〇一一年にガタリの単著としてタイトルを付けて出版したものである（序文を書いたリアンヌ・モゼールによれば、報告書の原題は「集合的装備と記号的従属」だった）。CERFIとはFGERI［制度についての研究・調査グループ連合］を活気づけるためにガタリによって創設された自主管理的な研究集団Centre d'études, de recherches et de formation institutionnelles［制度についての学習・研究・教育のためのセンター］の略称である。活動期間は六七—八七年と長く、七〇年代に最も活発に活動をしていたとされる[1]。名称からもわかるように制度精神療法や制度分析の延長線上にある集団であり、その報告書である『逃走線』も制度分析にかかわるものという体裁ではじまっている。

問題はスキゾ分析という言葉が出てくるのが『逃走線』の後半からであり、また言及される回数もそう多くはないためスキゾ分析論としての存在感が薄いという点である。こうなると制度分析とスキゾ分析を明確に区別する本書としては扱いが難しいのだが、語用論や鳥の求愛行動、そしてプルーストについてなど扱われている内容の多くが『機械状無意識』と重なっているため、『逃走線』をスキゾ分析の書として読むことは可能であろうと考えて論を進めていきたい。逆に『機械状無意識』と『逃走線』の違いは、前者がスキゾ分析の原理論としての側面が強いのに対して、後者は歴史や社会をどう捉えるかという政治‐社会的な側面が強いといえるだろう。

では『逃走線』において顔貌性はどのようなものとして描かれるのだろうか。そして顔貌性はどのような仕方でスキゾ分析と関連しているのだろうか。この理路を追うための入り口として『分子革命』から見ていきたい。

『分子革命』の顔貌性

顔貌性は『機械状無意識』や『逃走線』で突然現れた概念ではない。それに先立つ『分子革命』のなかで簡略ではあるがすでに論じられている。『分子革命』には画家が大作を描く前に行う習作のような論考がいくつも収められている。特に前節で扱った記号論にかんするものがそれにあたるが、顔貌性についても『逃走線』やさらにその先の『千のプラトー』という大作を前にした習作といえる論考が一本ある。それは「具象機械」と題されたものである。そこには顔貌性についてどのようなことが書かれているのだろうか。ここでは三点に絞って取り上げておきたい。

まず、顔貌性とは具象機械のひとつである。ところで具象機械とは何だろうか。具象機械とは抽象機械と対をなす概念であり機械である。では抽象機械とは何か。本書では難解すぎるという理由で十分に扱ってこなかったが、端的にまとめるなら次のようになる。ガタリは時－空間という存在の座標系というものを設定する。この座標系の内部にあるものは時－空間上に存在し、外部にあるものは時－空間上には存在しない。抽象機械はこの外部に位置するものである（だからといって時間を完全に超越した普遍的なものかというとそうではなく、歴史的な変化を被るという特性を持っている）。そしてアジャンスマンや地層のあいだにあってこれらを構成したり、領土化や脱領土化を操作したりする機能を持った、それ自体は実体を持たない機械のことである。「可能性の本質を構成するもの」と説明されることもある。(2) この説明だけでは混乱を招くかもしれないが、少なくとも〈時－空間という存在の座標系の外部に位置する〉という点だけでも捉えるなら、具象機械とは抽象機械の逆で、その座標系の内部に位置する機械、つまり実際に存在する機械といえるだろう。またガタリは具象機械を、抽象機械が存在の座標の外部で

（1） cf., François Dosse, "15 Le CERFI dans ses œuvres", *Gilles Deleuze et Félix Guattari Biographie croisée*, La découverte, 2007.（『ドゥルーズとガタリ　交差的評伝』、「15 CERFI の活動」、杉村昌昭訳、河出書房新社、二〇〇九年。）
（2） cf., RM, p. 525／『精神と記号』、一五六頁。

為そうとする事柄をその座標の内部で実現しようとするように連動して働く機械として考えているようである。すると顔貌性とは、それに固有の機能や効能によって抽象機械の働きを実際の場面で実現しようとする顔‐機械として捉えることができる。

ここまでの説明はやや思弁的すぎるので、もう少し踏み込んでみよう。ガタリは具象機械としての顔貌性をどのように使っているだろうか。

> 顔貌性の諸特徴は現実にあるミクロ権力を明示する。シニフィアンの地層化と主観化の地層化を土台とする資本主義システムのなかでは、この顔貌性の機械と関係を持つことなしにはどんな権力も打ち立てられることができないと考えることもできる。ひとりの資本家は〈一般的には〉権力を持っていない。彼は特定の領土や特定の工場を特定の国のなかで管理しているのであって、これらの空間ひとつひとつにつき、彼は具象機械であるいくつかの意味作用の変換機に依拠しているのである。(…)権力の具象機械のこのような構成は、生産力の発展や生産関係の脱領土化に固有の逃走線を資本主義システムに容認することや機能させることを可能にする唯一の道である。(RM, p. 525-526／一五七頁)

この引用では顔貌性が、資本主義のシステムを支えるために働くミクロ権力を担う機械であることが示されている。ひとりの資本家が権力を持つとしても、それは特定の国、特定の領土、特定の工場といったようにある具体的な状況や空間において(つまり時‐空間の座標系の内部で)であって、〈一般的に〉ではない。いわば具象機械とはこの反‐一般性ともいえる特性を与えるものであり、顔貌性はそのような機械のひとつとされる。ちなみにミクロ権力を担う支配的な顔貌性の例としてガタリが挙げているのは母親、父親、教師、警官、裁判官、スター、経営者の顔貌性であり、これも一般的な父親や一般的な裁判官というよりは、具体的な状況での父親や裁判官の顔貌性ということになるだろう。ここから顔貌性を具体的な状況においてミクロ権力を発動する機械としてまとめることができる。これによって引用中の中略記号以降の文に手短に描かれているような抽象機械と具象機械の連動の仕方を捉えることができるようになる。

続く二点目。顔貌性は個人化された（individué）主観化の様式と結びついている。個人化はガタリにとって批判の対象となる事象であり、本書の通奏低音のひとつにもなっている。顔貌性はこの事象についての考察に新たに加わる概念となり、それによって資本主義－具象機械－顔貌性－個人化という概念の連関が見出されることになる。これを押さえたうえで次の引用を見てみよう。

個人を扱う学（personnologie）の領野を均質化する資本主義の操作は、その操作が個人を成り立たせる基盤についての学の（infra-personnologique）領野において具象機械の分子化の水準へと導いたものと切り離すことができなかった。（RM, p. 532／一六三頁）

読み取りにくい文章であるが、着目したいのは「均質化」という言葉であり、ここからガタリの批判する個人化が均質化を含意していると理解したい。そして個人の均質化とは、サルトルのいう集列性（個人がただ並列に集まっているだけの、集団とは呼べない状態）とも結びつく。するとガタリのいう顔貌性とは次のようなことでもあるといえる。つまり顔を持つことが、ひとを一人ひとり異なる特異な存在者にするのではなく、見分けられるが均質で集列的な存在者にするということである。この捉え方の正しさはガタリの次の文章に表れている。

顔は（…）権力の意味作用を、つまり人間の一般的な等価性の意味作用を普遍化することを可能にするものとして認識されるのである。（RM, p. 535／一六七頁）

顔がなければ、〈一般的には人間は等価である〉という意味作用を普遍的なものにすることができないということである。ここでいう〈一般的〉の意味が取りづらいが、具象機械としての顔貌性自体は具体的な特定の状況においてしか機能しないはずなので、資本主義との関係のなかではその機能が何らかの仕方で利用されて、人間の一般的な等価性が顔によって普遍化されることになるということだろうか。この辺りの細かい機序については先送りにされている。

最後の三点目は、具象機械は逃走線を引くこともあるので、具象機械のひとつである顔貌性も逃走線を引く可能性に開かれているということである。ただし、『分子革命』ではこれはほのめかされるだけで、詳細な考察は残念ながら提示されていない。

ここまでの『分子革命』における顔貌性について整理しておくと次のようになる。

・顔貌性は具象機械である
―時‐空間の座標系の内部にあって機能と効能を持つ
―時‐空間の座標系の外部にある抽象機械と連動して機能する
―資本主義と関連することでミクロ権力を担う

・顔貌性は個人化と結びついている
―個人化は資本主義が推し進める事象である
―個人化は特異化ではなく均質化に向かう事象であり、人間を等価にする
―個人化は集団を形成するよりは集列化に向かう

・顔貌性は逃走線を引くこともある

これらの点を原型として、さらに展開したのが『逃走線』である。以上の点を踏まえて『逃走線』における顔貌性の議論を追っていこう。

『逃走線』の顔貌性①：集合的装備

『逃走線』は次のようにはじまる報告書である。

この研究は次の三つの事柄にかかわる問いの系列に手をつけるものである。
（1）権力構成体によって、とりわけ集合的装備（Equipements collectifs）によって作用する記号化の諸様式。
（2）（1）の領域における研究の増進に抑制をかけている現行の記号論のいくつかの概念の批判。
（3）（2）に付随して、社会的領野における無意識の機能に接近するために制度分析が考慮に入れるべき〈分子的〉パラメーターの例として、顔貌性の特徴と呼ばれる〈個人の基盤をなす〉（infra-individuelle）記号的成分の探索。（LF, p.13／一九頁）

『逃走線』の冒頭からさっそく顔貌性に「〈分子的〉パラメーター」や「記号的成分」といった一読では理解の及ばない規定が与えられていることが見て取れる。[3]それだけでなく『逃走線』の焦点が「集合的装備によって作用する記号化の様式」にあり、顔貌性はその集合的装備に包摂される位置にあるようにも読める。実際には顔貌性と集合的装備はどのような関係にあるのだろうか。その関係は顔貌性に何

（3）本章では〈分子的〉パラメーターについては掘り下げない。

をもたらすのだろうか。より詳細に見ていこう。

集合的装備からはじめよう。[4] 端的にいえば、それはある社会のなかに配置された機械、およびそれらが作るネットワークのことである。たとえば学校や病院、教会、警察、軍隊、銀行、工場、市役所、公共交通機関などのことであり、挙げればキリがないほど存在する（それだけでなく増殖していっているとガタリは考えている）。社会はそれらを装備していて、それらはネットワーク化されることで機能しているとされる。この考えは『分子革命』の具象機械論を展開したものだと考えることができる。

またガタリはこうした社会が装備し配置している機械を「制度的対象」と呼ぶことがある。この言葉でガタリが表したいものは、

①国家の管轄下にある経済的、政治的、行政的、法的な記号的成分
②公的でもあれば私的でもある制度のさまざまなレベルに属する経済的、都市計画的、テクノロジー的、科学的な記号的成分
③個人のレベルや、器官、機能、態度といった個人の基盤をなすレベルに属する身体的、知覚的、情動的、想像的な記号的成分

といった多様な性質の記号的成分がマクロからミクロまでレベルの差異を超えて相互作用し合う場でありモノでもある何かである。[5]〈記号的成分〉が何かというは後で触れるとして、ここまで見れば集合的装備が社会のなかで実際に作動している記号や起こっている事象を捉えるための実践的な概念であることがわかる。すでに概念の規定が濃密だが、これで終わりではない。ここに資本主義や権力構成体が絡んでくる。集合的装備はそれらの装備であり、かつそれらを可能にする装備であることがガタリによって論じられていく。

集合的装備は、資本主義のあらゆる経済的下部構造の可能性の条件を生産する機械として見なされ

るべきである。（LF, p. 28／三五頁）

議論が膨らんでいってしまうので、ここでは先ほど挙げた③に関心を絞りたい。集合的装備にとって個人とは何なのか、どのような関係にあるのか。ガタリは〈自由で自律しており、意識を備えている個人〉、〈運命を自分の手で切り拓く個人〉といった学術的あるいは通俗的な個人観をフィクションだと考える。彼によれば個人とはそういったものではなく、集合的装備によってすっかり製造されるものである。このことは、社会が何をどのように装備しているかによって製造される個人に違いが出てくることをも意味している。集合的装備から独立した個人は存在しないのであって、もっといえば、個人自体が集合的装備のひとつなのである（個人を装備していない社会があるのかと問われればガタリは、もちろん全面的にそうだとはいわないだろうが、ピエール・クラストルといった人類学者らが調査・研究した未開社会を挙げるだろう）。

では、集合的装備はどのようにして個人を製造していくのだろうか。それは集合的装備が個人の基盤をなすレベルに浸透していくことによって、そしてひとがそれらを装備しはじめることを通じてである。どういうことか。次の引用から確認しておこう。

個人の［内奥にあって近づきがたい］知覚や欲望、そして個人の意識さえも〈集合的装備〉になろうとしている。こうしてひとは社会的、性的、人種的といったさまざまな仕方で位置づけられたひとつ

（4）正確な初出はわからないが、「装備」という用語は『逃走線』に先立って『分子革命』のなかに見ることができる。ガタリの八〇年代の著作でもしばしば登場するが、最も詳細に論じられるのは『逃走線』といえるだろう。
（5）cf. LF, p. 26／三三―三四頁。

の意識を装備する。またひとは知覚や身体の運動性、知性の働き、想像力、記憶力の〈範型〉を装備する。その範型は、私たちに割り当てられた各々の〈ポスト〉や、私たちに定められたカーストや階級、環境への帰属に応じて異なってくるものである。なるほど、今日こうした組み立ては、私たちが自動車に対していうように〈一人ひとりに合わせたものに〉（personnalisés）されている！　肉体労働者と官僚は違ったタイプの知覚を装備させられるし、主婦と経営者は違った欲望の範型を装備させられるのである。（LF. p. 30／三八頁。［　］内は引用者による補足）

引用からわかることは、集合的装備は個人の製造にかんして環境、人種、性、階級、カーストなどの社会的な（個人を超えた）レベルと、知覚や欲望、身体運動、知性、想像力など個人の基盤をなす（個人よりも小さな）レベルとの二つのレベルから働きかけることがわかる。しかも、この二つのレベルは別々に作用するのではなく、〈ポスト〉という言葉が表している社会的な〈地位〉や配属された〈部署〉、与えられた〈持ち場〉などによって、個人の基盤をなすレベルで装備される〈範型〉が違ってくるという密接に連動した仕方で作用するのである。そして、この作用の結果として個人が製造されることになるというのがガタリの考えといえるだろう。

ここまでで集合的装備と個人化のつながりのおおよそを捉えることができた。いよいよ顔貌性について踏み込んでいこう。顔貌性はまさに社会的なレベルと個人の基盤をなすレベルが交錯する場所に現れる装備のひとつである。例として『逃走線』で言及される顔貌性の種類について列挙しておこう。貴族の奥方の顔貌性、子どもの顔貌性、官僚の、警官の、医師の、教師の、ソーシャルワーカーの、父親の、国家元首の、銀行家の、接待係の女性の、労働者の、長髪の顔貌性などなど。このように顔貌性はまさしく〈ポスト〉に対応したものとして現れるのであるが、もちろんひとはつねにひとつの同じ〈ポスト〉の顔貌性を装備しているわけではなく、それは生活している時間や場所や場面によって切り替わるし、あるいはより大きく時代や地政、社会構造の変化によっても影響を受ける。こうした変転も含めて、社会が人々に顔貌性を装備させることで個人を製造すると考えられるのである。

また顔貌性は、リトルネロが時間を作り出すのに対して、空間を作り出すとガタリは考える。その空間とは、感性の形式における空間一般のようなものではなく、ある社会的・政治的なコンテクストのなかで生きられる〈この空間〉のことをいう。そして〈この空間〉が作られるとき、顔貌性は風景を巻き込んでいるとされる。こうした考えは先ほど触れた〈ポスト〉とも関連しているだろう。つまり顔は個人だけでなく、それが住み着く風景をも作り出すということである。とすれば風景といったものまでも集合的装備として登録されていることになるだろう。

装備という言葉が入り組んだ使われ方をしているので整理しておくと、集合的装備とは社会が装備している機械のことである。集合的装備には、国家の管轄下に入るマクロな装備から公的／私的な制度のレベルの装備、個人の基盤をなす知覚や想像力、記憶力、器官、身体運動などのレベルの装備、そして個人という装備がある。そして顔貌性もまた装備である。これらの関係性をまとめるなら、社会は個人を装備しているが、個人を装備するために社会は顔貌性を人々に装備させることで人々を個人化する、とはいえ顔貌性を装備しているのは人々というよりは社会の方である、という関係性である。要するに集合的装備にかんして一番高い位置にあるのは社会ということである。補足しておくと、ここでいう社会とはおもに資本主義や権力構成体のことだということを忘れてはならない。以上で社会‐集合的装備‐個人化‐顔貌性の関係をざっくりとではあるが摑むことができただろう。

ここまでをまとめておくと次のようになる。

・顔貌性は集合的装備である
―集合的装備は社会のなかに配置された具象機械である

―集合的装備には物理的な対象だけでなく、制度的な対象も含まれる
―制度的対象には国家レベルのものから地域行政的なレベルのもの、個人の基盤をなすミクロなレベルのものまで含まれ、それらが相互作用している
―集合的装備は個人化を行う
―個人化は社会的な〈個人を超えた〉レベルと個人の基盤をなす〈個人よりも小さな〉レベルとの相互作用で生じる
―この相互作用の交錯地点に装備のひとつとして顔貌性が現れる
―顔貌性は個人化だけでなく、風景を含んだ〈この空間〉も作り出す

『逃走線』の顔貌性②：語用論的成分

次の引用を見てみよう。

顔の表情や顔貌性の特徴といった、一見しただけでは見分けがたく、束の間の、〈主観的〉でもある現実は集合的装備の諸機械を通して〈扱われる〉かぎりで、言説の単なる〈外装〉といった様式をなすのではなく、資本主義システムの根源的な記号的成分をなす。あらゆる場所、あらゆる瞬間に、権力のひとつの顔貌性が諸制度や社会的な力の諸関係の上に張り出す。顔貌性は今や最も重要な役割を演じていると人々は知っている。それはたとえば大統領選挙のときのような政治闘争において、テレビに仲介されることによってである。しかし、顔貌性は他の多くの機会においても支配的意味作用の生産という仕事にも同様に寄与している。(…)要するに、ここで探索され実験されるべきなのはミクロ政治学的なエソロジー［動物行動学］である。というのも、繰り返しになるが、集合的装備とは単に

壁でもなければオフィスでもなく、指令や情報の伝播でも伝達でもなく、何よりもまず多様な記号的成分を通して押し付けられる服従の儀礼や態度の塑形なのである。（LF, pp. 76-77／八七―八八頁。［　］内は引用者による補足）

本章のここまでの理路を十分に押さえていれば、〈顔貌性とは資本主義が人々を支配し、従属させるための集合的装備である〉というように、引用文の文意を半分程度は捉えることができるのではないかと考えられる。もちろんそれで満足することはできない。では、どうすれば残り半分を取りこぼさずに済むのか。そのためにはここまで触れてこなかった記号論に取り組む必要がある。

ガタリにとって記号論は思考の基軸のひとつである。前節で触れたように、七〇年代後半は非シニフィアン的な記号論の構築にとりわけ力を入れている。『機械状無意識』はそれが最も高まった時期であり、ほぼ同時期の『逃走線』にもそれが現れている。特にガタリが入れ込んでいるのは語用論という言語学由来の考え方である。これは言語学において意味の成り立ちを探究する意味論と文の成り立ちを探究する統辞論に対して、そのどちらにも属さない領野を指し、具体的には言語の機能をそれが使用される実際的な状況との関係で探究するものをいう。ガタリが語用論に着目しはじめた時期はまだ語用論が言語学のゴミ箱と呼ばれるくらい低く見られていたようであるが、ガタリはここにミクロ政治学と非シニフィアン的記号論を同時に扱える地点を見出していくことで、自身の思考の核に組み入れていく。『逃走線』ではこの語用論がガタリ独自の仕方でまとめられ、またガタリのこれまでの記号についての考察がこの語用論のもとにまとめられていき、その一部に顔貌性が位置づけられることになる。[6]

本章にかかわる範囲で踏み込んで見ていこう。ガタリはまず記号の領域においてその領域を構成し、そこで機能するものを「成分」（composante）と呼ぶ。ここから語用論の成分を大きく二つのカテゴリーに分け、それらそれぞれに二つの下位カテゴリーを設ける。まとめると次のようになる。

Ⅰ　解釈的変形的成分（生成的成分）：意味作用の記号学の優位をもたらすもの
　変形タイプａ：イコン的記号学に属する類比的変形
　変形タイプｂ：言語学的記号学に属するシニフィアン的変形

Ⅱ　非解釈的変形的成分：変形タイプａとｂの権力を転覆することができる
　変形タイプｃ：強度の記号論に属する象徴的変形
　変形タイプｄ：非シニフィアン的記号論に属するダイアグラム的変形

前節と重なるところもあるので細かな説明は避けるが、見慣れない表現があるものの、Ⅰの解釈的変形的成分は意味作用の記号学にかかわるので権力や権力構成体、および資本主義と関連する記号系であり、Ⅱの非解釈的変形成分は解釈的成分に対する闘争＝逃走となる記号系である。(7)このなかで顔貌性に強く関連するのは解釈的成分である。この関連を追っていこう。

解釈的変形的成分のなかでも変形タイプｂのシニフィアン的変形が重要である。というのもこれが言表行為の個人化を生じさせるからである。言い換えれば、言語の使用を通して個人が生み出されていくということである。これにはいくつかの説明法があり、その最も簡単な説明は〈話し手〉と〈聞き手〉という形での個人化であるが、これでは権力との関係性がつかみ切れないだろう。そこでガタリが取り上げるのが文法であり、チョムスキーのいう公理Ｓである。公理Ｓとは、個別言語ＬはＳ（sentence）の集合であるという生成文法の規定のもと、文の連辞的な樹形図の始点に来る記号Ｓであり、ガタリはこれを「言語の最初のシニフィアン的原理(8)」とも呼ぶ。そして、この公理Ｓについて次のように評価している。

Sは混合した標識である。それは何よりもまず権力の標識であり、続いて統辞法の標識である。文を文法的に正しく構成することは、〈正常な〉個人にとっては、社会的な法への全面的な従属の前提条件となる。法と同様に、文法性の原理を知らないひとは誰一人いないと見なされる。そうでなければ、文法性の原理は人間以下の者、子ども、異常者、狂人、社会不適応者のために整えられた諸々の制度を活性化することになる。(LF, p. 182／二〇五頁)

ここでガタリは、社会における法の支配の原則をパロディ化する形で文法を捉えようとしている。それは法(文法)への服従についての議論となる。また、文法が〈正常な〉個人とそうでない人々を選別する一線として機能していることを示している。文法にうまく服従できない人々は人間以下の者として、彼らのために設えられた制度へと繋げられる。ここでいう制度とは学校や病院、刑務所などの集合的装備のことであろう(ここに精神分析も含まれるかもしれない)。こうした文法の支配の背後にガタリは権力構成体や資本主義の存在を見るのである。[9]

---

(6) 〈語用論〉という表記に惑わされそうだが、ガタリの場合、これは言語に限定された理論、あるいは言語中心の理論を意味しない。彼にとっては言語にかぎらない〈記号〉が発せられ、それが政治的／ミクロ政治的に機能することを表す「言表行為」(énonciation)全般を扱う理論をいう。

(7) 細かいことをいえば、変形タイプcの強度の記号論は、前節つまり『分子革命』においてはプレ・シニフィアンの記号学として意味作用の記号学の下位カテゴリーに配分されていたものであり、位置づけに変更が見られる。こうした変更は『千のプラトー』でも見られ、記号論の構築の揺らぎがうかがえる。

(8) cf. LF, p. 182／二〇五—二〇六頁。

(9) 「公理S、つまり言語の最初のシニフィアン的原理——文法性の規範に対応する文の生産——は、何よりもまず資本主義の諸社会の根源的なミクロ政治的原理の統治下にあるように私たちには思われる」(LF, p. 182／二〇六頁)。

では、文法はいかにして言表行為の個人化を引き起こすのか。直接的には説明されていないが、主語や目的語といった文の構成要素と、〈転換子〉でもある指示詞（déictique）によるものだといえるだろう。これらを正しく用いることで話し手はひとりの個人として、たとえば「私」という言葉で自分のことを聞き手に向けて表現することができるようになる。このことは本書で何度か言及した言表の主体‐言表行為の主体の議論のバリエーションのひとつと考えることができる。

以上で文法の観点から権力および資本主義と個人化の関連を説くガタリの考えを確認することができた。『逃走線』でのチョムスキーの生成文法へのガタリの言及は他にもあるが、ここでは置いておこう。本章での問題は個人化を引き起こす解釈的変形的成分（とくにシニフィアン的変形）にどう顔貌性が絡んでくるのかである。ここもガタリによる明示的な説明はないが、彼の論述から次のように考えることができる。二つだけ挙げておこう。

まず、顔貌性は特殊な語用論的成分である。どのように特殊かというと、記号を顔に従属させるのである（言い換えれば顔とは記号を従属させる記号だということである）。これが何をいわんとしているのかを正確に捉えるのは難しいが、おそらく生産される文の出所を一点＝特定の個人に視覚的に集約するということではないかと思われる。つまり顔貌性は〈それは誰が言ったことなのか〉を視覚的に同定するよう機能するということである。これをガタリのいう言説の〈保証人〉になること＝言表行為の責任主体化と結びつけることもできるだろう。[10] ところで〈それは誰が言ったことなのか〉という問いは、単純に話し手を特定する意図だけを表したものではない。その話し手は父親なのか、教師なのか、若者なのか、子どもなのか、狂人なのか。話し手の〈ポスト〉によってその言葉の意味は変わってくるだろう（もちろん〈誰に向けて言ったのか〉も落としてはいけない要素である）。つまり顔貌性は意味を操作する記号でもある。

続いて、顔貌性は文法性と同様に〈正常〉とそうでないものを選別する機能を持つ。ガタリは、表情がある許容限度を逸脱したときにその意味や質感が変化し異常と映る例を挙げつつ、次のように述べる。

> こうして権力構成体のローカルになされる規範作りの多様な活動を序列化し調整する普遍的な正常さが打ち立てられる。〈正常な〉世界のシニフィアン的な座標は中央的顔貌性から出発して広げられ、調節される。〈正常な〉顔貌性に応じて〈人間的に〉なった世界は（…）。支配的顔貌性を脅かすあらゆるものはその抑圧に屈することになる。（LF, p. 252／二八四頁）

> この領土化された対立は資本主義的権力による価値の対立に取って代えられた。その価値の対立とは、時-空間的な座標の総体に宿っており、普遍的で正常な顔貌性と危険で逸脱した顔貌性を対置するものである。支配的顔貌性によって示される法を知らないひとは誰一人いないと見なされる。すべての顔はひとつの規範との関係で判断されたり評価されたりする位置に置かれることになる。あるいは軽視されもするし、場合によっては社会から治療や支援、再適応を受けたり、投獄されたりもするのである。（LF, p. 254／二八六頁）

引用からわかるのは、顔貌性が文法性の機能を反復することで視覚的な正常性＝規範を普遍的なものへと押し広げようとする動きである。これは権力構成体および資本主義が人々を選別する権能を拡張するミクロにもマクロにも政治的な動きでもある。ここにはもはや個人化する以上の機能が働いている。実際『逃走線』では、父親や教師、銀行家といった〈ポスト〉にかかわる顔貌性よりも上位の位相にあ

（10） cf. LF, p. 244／二七五頁。

る資本主義的顔貌性、中央的顔貌性、支配的顔貌性、最上位の顔貌性、平均的顔貌性、人間の原型的な顔といった概念を扱うようになる。こうしたことからいえるのは、顔貌性とは支配のために機能する記号、もっと端的にいえば支配する記号だということである。

長くなってしまったが、ここまでの要点を整理しておくと以下のようになる。

・顔貌性は語用論的成分である
—そのなかでも意味作用の記号学にかかわる解釈的変形的成分に強く関連する
—さらに解釈的変形的成分のうちのシニフィアン的変形に強く関連する
—文法性が個人化と権力、新たに正常さの結びつきを説明する
—顔貌性は記号を従属させる記号として文を従属させることで視覚的に個人化する
—顔貌性は意味を操作する記号である
—顔貌性は文法性の機能を反復することで視覚的に正常性＝規範を押し広げる
—顔貌性は権力構成体や資本主義の支配のために機能する記号である

『逃走線』の顔貌性③：逃走線

顔貌性について集合的装備と語用論的成分という観点からガタリの考えを整理してきた。そこでは権力構成体と資本主義が個人化という作用を通して社会に支配や管理を浸透させていく様子を窺うことができた。このことはガタリの考える顔貌性において主たる機能といえるが、これで尽きるというわけではない。『分子革命』の具象機械論でもそうだったように、顔貌性は支配や従属を推し進める側面だけでなく、それらからの逃走や解放の側面も備えている。厳密にいえば顔貌性が備えているというよりも、

その顔貌性を成分として含む語用論に備わっているといった方が正しいだろう。つまり語用論のうちの「非解釈的変形的成分（象徴的／ダイアグラム的）が解釈的生成的成分（類比的／シニフィアン的）のヘゲモニーを打ち砕くことができる」（LF. p. 214／二四一頁）ということである。この前者と関連して顔貌性が機能するとき、その顔貌性は逃走線となるだろう。それだけでなく集合的装備に対立する概念である集合的アジャンスマンもここに絡んでくることになる。

もう少し踏み込んでみたいが、その前に逃走線の考察が膨大にならないようにあらかじめ焦点を絞っておこう。本章はここまで顔貌性の支配的な側面を論じるために〈個人化〉と〈正常さ〉に議論を絞ってきた。とすれば逃走線の描く理路はこれらからどのように人々や世界を逃がすのかというものになる（それが解釈的生成的成分のヘゲモニーの解体や、権力構成体および資本主義からの逃走につながっていくはずである）。では、ガタリはどのような理路によって個人化と正常さからの逃走線を引くのか。顔貌性の逃走的な側面についての事例から入るのがわかりやすいかもしれない。

一九六八年、長髪の顔貌性が世界を揺さぶった。一時期、人々は言表が〈頭蓋を越え出て作動していた〉ような印象を持つことができた。聞いたこともない提案があらゆる分野において突然現れて、古びた明証性が数時間のうちにその意味を失った。可能なものの新たな秩序の可能性が浮かび上がったのである。人々はもはや［これまでと］同じ物を見ていなかったし、同じ仕方では愛さなかった。［これまでとは］違った関係を仕事と結び、環境とも別の関係に入っていった。そして［これまでとは］異なった幼年期や同性愛なども浮かび上がることになった。（LF. p. 252／二八四頁。［　］内は引用者による補足）

これはガタリも経験したフランス五月革命についての見解である。『逃走線』ではこの引用文の後に

〈正常時〉についての言及が続き、この引用部が非 - 正常時として対置されていることがわかる。ガタリはこれを逃走の出来事と捉えているといえる。このとき長髪という（その当時においては）逸脱した顔貌性が逃走線となって世界を揺さぶったのである。一読してシンプルな文章である。ところが、ここで書かれていることを紐解いていこうとするとガタリ独自の難解な概念を持ち出さなければならない。とりわけ〈集合的アジャンスマン〉と〈ダイアグラム〉である。

集合的アジャンスマンはすでに本書でも何度も登場しているが、それでも説明の難しい概念である。『逃走線』では集合的装備と対置される概念であるが、物質、制度、記号などを扱うという点では集合的装備と共通している。違いは集合的装備が権力にかかわるのに対して集合的アジャンスマンが欲望にかかわるという点にある。また前者が社会への配備に重点があるのに対して、後者は編成やその組み換えの動きに重点がある。さらに重要な違いをいえば、前者が言表行為の個人化に向かうのに対して、後者は言表行為を集合的なものとして捉えようとする。

言表は複合的なアジャンスマンによって生産され、理解される。それは幾人もの個人やいくつもの器官、物質的かつ社会的な機械、数学的・科学的な記号機械などの複合であり、言表行為の真の発生源をなすものである。（L.F. p. 221／二四九頁）

この考えによれば、例え言葉が個人の口から発せられるとしても、実際に言表行為をしているのは集合的アジャンスマンであり、個人はそのエージェント（担い手）をしているに過ぎないということになる。引用文中の「一時期、人々は言表が〈頭蓋を越え出て作動していた〉ような印象を持つことができた」というのは、まさに言表行為が個人を超えた集合的アジャンスマンから生じている感覚を捉えることができたということを表している。これに続く引用文は、それが突如思いもよらない規模で起こったこと、そしてそれがこれまでの物の見方を刷新したことをいわんとしているのである。

ガタリは、こうしたことは集合的アジャンスマンの変動から生じると考えるのだが、その変動を説明するのがもうひとつの概念であるダイアグラムである。これもここではそのすべてを説明し尽くすことができないくらい複雑な概念なので、本章にかかわる仕方でのみ触れておこう。ダイアグラムは事柄のあいだの関係を捉える記号概念であるが、単に関係を示すだけでなく、関係の結合や断絶、結合の質の変化、関係そのものの創造といった動きまで含むものとして広く捉えておくのがよいだろう。ガタリがダイアグラムの〈過程〉という場合、おそらくこの関係の動きのことを指している。ダイアグラムはシニフィアンに対置される。シニフィアンは意味作用とかかわるが、ダイアグラムはそれとはかかわりを持たない。つまりダイアグラムは意味とは無関係に機能する記号である。そのため、解釈的変形的成分が進める支配から独立しているのだが、ガタリはそれだけでなくダイアグラムの過程に解釈的変形的成分の進める支配を解体していくという特性も与えている。しかし、ただ解体していくだけではない。集合的アジャンスマンと連動することで、

ダイアグラム主義は、世界を対象化してその表象を固定するというようなことはせず、新しいタイプの現実を編成するのである。(L.F. p. 216/二四三頁)

ここでいう新しいタイプの現実が、先ほど挙げた引用文中にあったような新しい別の物の見方、別の愛し方、別の幼年期などにあたるだろう。こうして解釈的変形的成分がもたらす〈正常さ〉をダイアグラムが逸脱させていくことがわかる。

集合的アジャンスマンとダイアグラムについて整理してきたが、ではこれらは顔貌性とどのような関係にあるのか。残念ながらこのことは集合的装備と顔貌性の関係ほど鮮明には描かれていない。ただ、

ガタリは「ダイアグラム的顔貌性」と書くように、顔貌性が非解釈的変形的成分のタイプdとしても機能すると考えていたのは確かだろう。[11] はっきりさせることができないのは集合的アジャンスマンとの関係であり、それは言い換えれば顔貌性の脱個人化、あるいは脱個人化する顔貌性がどのような実践なのか、逃走するとき人々の顔に実際のところ何が起こるのかという問いが残り続けるということである。[12]これを『逃走線』の限界のひとつとして示すことで、顔貌性についての考察を終えたいと思う。

逃走線としての顔貌性について整理しておくと以下のようになる。

・顔貌性は逃走線を引くこともある
―顔貌性はここでも語用論的成分である
―そのなかでも意味作用から独立している非解釈的変形的成分に強く関連する
―さらに非解釈的変形的成分のうちのダイアグラム的変形に強く関連する
―ここでは顔貌性は権力構成体や資本主義から世界を逃がすために機能する記号である
―集合的アジャンスマンは言表行為を個人化するのとは別の仕方で作動する
―集合的アジャンスマンとダイアグラムは、〈正常さ〉を逸脱して新しい現実を編成していく
―集合的アジャンスマンと顔貌性の関係は不鮮明なままであり、顔貌性が脱個人化するという出来事あるいはその実践の詳細はまだ問いとして残されている

本章のまとめ

『逃走線』からガタリの顔貌性論をまとめてきた。ここまでの議論の意義としては、集合的装備と語用論について新たに触れられたこと、また顔貌性の観点にかぎってではあるが、集合的アジャンスマンとダイアグラムについてもある程度論述できたことにあるだろう。

表6.1

顔貌性	集合的装備（権力構成体・資本主義）	集合的アジャンスマン（欲望・逃走線）
語用論的成分	解釈的変形的成分 ・類比的変形 **・シニフィアン的変形**	非解釈的変形的成分 ・象徴的変形 **・ダイアグラム的変形**

顔貌性を通して個人化のメカニズムを考察できたのは本書全体にとって重要なことである。というのも、本章冒頭で述べたように『逃走線』はスキゾ分析論としては直接的な言及が少なく存在感が薄いが、個人化という観点からまさにスキゾ分析に繋がることができるからである。どういうことかといえば、第三章第三節でも触れたように、スキゾ分析の積極的な任務が〈個人（＝自我）を解体すること〉だからである。とすると『逃走線』はその解体するべき個人がどのような仕方で生じてくるかを徹底して考察することで顔貌性という概念を創造した著作といえる。そして、そのことによって個人の解体にどのような概念や理路が必要かを見出そうとした著作にもなっている。ただし、顔貌性の脱個人化を具体的に描き切れていないなど、やり残された点もある。それでもスキゾ分析論の観点から見て、顔貌性の理論構築を進めた『逃走線』の功績は大きいといえるだろう。

結局、スキゾ分析にとって顔貌性とは何だったのか。それは個人化と脱個人化のあいだで揺れている語用論的な記号である。この点においてスキゾ分析にできることがあるとすれば、支配と正常さをもたらす顔貌性と解放と逸脱を引き起こす顔貌性とを見分けることであり、また前者から後者への移行を捉えることである。この移行をひとが実際に引き起こすことができるのかどうか。そして、その

（11） cf. LF, p. 260／二九三頁。
（12） 振り返ってみれば本書第二章第二節の終わりに「ひとにとって〈個人〉を超えた先に何があるのか。この問いについての明確な答えは『草稿』にはない」と書いたが、ガタリは『草稿』からおよそ一〇年を経てもまだこの問いに十分に答えられずにいるのである。

ことを社会変革にまで繋げることができるのかどうか。スキゾ分析の再生はこの点にかかってくるが、この問いに明確に答えることができるのはまだ先のことである。

この先のために——再生に向けた暫定的な概括

ここまで『精神分析と横断性』から『逃走線』にいたるガタリのスキゾ分析の長く複雑な議論を追ってきた。ガタリ自身の思考の深まりや彼を取り巻く時代の推移、ドゥルーズとの共同作業などによって、スキゾ分析の議論も変化し続けていくのがわかるだろう。どの時期を取り出してもそれだけで錯綜している議論が時間の流れのなかでさらに変転していくので、一貫した像を捉えるのはかなり難しい。そのため、最後にスキゾ分析の実践の在り方について本書なりの簡潔な概括をしておきたい（冒頭で示したように本書の目的はスキゾ分析の実践の可能なかぎりでの再生である）。もちろんガタリが『機械状無意識』でスキゾ分析はあらゆる原則を疑わしいものとみなすと述べていることを尊重して、ここで書くことはあくまで本書なりの概括であり、また暫定的なものに過ぎないことを記しておく。

スキゾ分析は誰を／何をターゲットにしているのか

たとえスキゾ分析が雀蜂と蘭の婚姻のような人間に限定されない領域をも射程圏内に収めているとしても、ガタリがスキゾ分析でターゲットにしているのは端的にいえば〈個人〉である。そしてこの〈個人〉という概念にはさまざまな概念が結びついており、それらはひとつの群を形成している。スキゾ分析はこの群に向かっていく。

まず〈個人〉の多様な側面を表す自我、人格、人称、主体、身体、個体、実体などの概念群があり、次にこれらの概念群が求められることになる背景としての資本主義や権力構成体といった概念が控えている。そして権力構成体のなかに国家や行政（官僚機構）、医療（病院）、学校、軍隊、家族、精神分析などの集合的装備が含まれており、さらに精神分析との関係で神経症やパラノイア、オイディプス、シニフィアン、罪責性、個人幻想などの概念が結びついてくる。これら集合的装備が十全に機能することで〈個人〉が析出してくるとガタリは考えている。

もう少し踏み込んで〈個人〉の何をターゲットにしているかを見てみよう。わかりやすいところを取り出すなら欲望や罪責性、顔貌性などである。ガタリは欲望を〈生きる主体〉に先立つ〈生きられた状態〉として捉え、それが〈個人〉に閉じ込められることをよしとしない。しかし、資本主義や権力構成体は欲望を危険視するため〈個人〉という枠にそれを押し込めようとする。罪責性や顔貌性はその〈個人〉を形成するよう機能するため避けられるべきものであり、欲望は〈個人〉という枠から解放されることで自身に固有の在り方を回復することが望ましい。この在り方がスキゾフレニー、あるいは〈スキゾフレニックな過程〉として捉えられるのである。ガタリはおおよそこのように考えているだろう。

では、ここでいわれる〈個人〉に具体的に誰が入るのか。誰がスキゾ分析によるスキゾフレニー化を必要としているのか。私か、あなたか、それともあの人か。ガタリは直接「こういう人が」とは書き残していないので具体的には答えにくいが、あえて言葉にするなら「資本主義や権力構成体の働きによって〈それらの存続のために〉〈個人〉を生きさせられている人々」、あるいは「〈主体‐集団〉を形成していないすべての人」ということになるだろう。

スキゾ分析はどのような効果をもたらすのか

はたしてスキゾ分析はどのような効果を期待して為されるのだろうか。少なくとも二つの観点から整理できそうである。

ひとつは回復の観点である。すでに述べたように〈個人〉からの解放によって、それに先立つ〈生きられた状態〉の回復がもたらされるとガタリは考える。これは欲望の多声性、あるいは強度の回復ともいえる。これと関連して集団や集合の機能や価値が回復するといえなくもないが、これについてはまだ深く理解できていないので、これ以上は触れることができない。精神疾患との関連で見れば、そのテキスト群から、スキゾフレニー化がパラノイアや神経症、あるいは統合失調症からの回復をもたらしうるように読める。しかし、現実に病状に苦しむ人々がいるため、テキストだけに依拠した安易な断定は避け、精神医学との緊張感のある関係を持ちながら慎重に考察を続けていく必要があるだろう。

もうひとつの観点は逃走である。ガタリのいう逃走には「逃げる」だけでなく「逃がす」という側面も含まれていることを忘れてはならないだろう。では、何から逃げる／逃がすのか。主要なものを列挙していくなら、〈個人〉から、超自我から、法と裁きと罪責感から、抑制や抑圧から、隷属集団から、個人幻想から、オイディプス三角形から、シニフィアンの専制から、解釈から、権力構成体から、顔貌性から、資本主義から……となるだろう。このような逃走は、ガタリにとってはミクロにもマクロにも政治的な闘争でもあり、革命につながる観点でもある。ガタリの革命論については、私の現在の考え方や感じ方ではまだうまく捉えることができないので、別の機会に論じられるよう努力したい。

以上のように効果を整理してみて、実践として達成できそうなものや程度がある一方で、失敗のリスクや副作用が何かあるのではないかと思われるものもある。〈個人〉からの解放・逃走は〈自我の解体〉とも表現されるような事態であるが、それによって自身に何が起こるのか、精神や身体がどのような状態になるのか、廃人にならない別の在り方があるのかということまでは明確には描かれていない。おそらくここに集団や集合、生成変化といった概念を絡めることでガタリは議論を豊かにしていくだろうが、実践であるかぎり、私たちは失敗のリスクや副作用についても考慮しておく必要があるだろう。

スキゾ分析はいつ／どこで／誰が／どのように行うのか

これにかんしてはほとんどのことが曖昧かつ不明瞭である。雀蜂と蘭の婚姻をスキゾ分析の実践例とするなら、ガタリの記述から推察するに雀蜂に対して自身のコードを開く蘭がその実践者といえるが、蘭の行為者性を信じられない者から見れば、スキゾ分析は一種の自然現象のようでもある。つまりスキゾ分析は行うものではなく、起こるものであるという捉え方もできるということである。同様にレーニン的切断の例も、スキゾ分析がレーニンによって実際に行われたのか、それとも社会現象のように何らかの機会に突然起こったのかがガタリの記述からは不明瞭である。他方で、ンデンブ族の呪医の例やガタリ自身の実践例[1]はスキゾ分析が人為的なもの、つまり実践可能なものであることを示している。とすれば現状としては、自然的なものであれ社会的なものであれ現象として起こりうるものであるが、それを実践することもできるという理解が妥当だろうか。

もしスキゾ分析を行うことができるとして、いつ／どこで／誰が／どのようにというのもはっきりとはしていない。スキゾ分析の事例として挙げられるものを見てもプログラム面での共通のパターンのようなものはなく、精神分析のように厳密なもの（精神分析の専門家との一対一の面接／週四、五回で各セッション五〇分程度／寝椅子での自由連想／治療費の支払いは一回ごとで延滞不可など）があるわけではなさそうである。冒頭で述べたようにスキゾ分析の専門家の教育課程も残されていない。では、問題状況になればいつでも／どこでも／誰によってでも行うことができると考えてよいということだろうか。おそらくそうではないだろう。むしろ、直面している問題状況のなかでいつ／どこで／誰がスキゾ分析を行うのかということ自体が、その問題状況を解くための重要な要素となるような実践がスキゾ分析なのではないだろうか。

どのように行うのかは最大の難問だろう。ガタリは考察を重ねていくなかでスキゾ分析に固有の概念群を見出していくが、ンデンブ式が村を巻き込む呪術の儀礼、カフカ式やプルースト式が不特定多数の人々に広く読まれる小説の執筆といったように、スキゾ分析には分析者独自のスタイル（あるいは分析者とその人が置かれている状況とのあいだから導き出される分析のスタイル）がありそうである。とすれば、このようにやればスキゾ分析だといえる基本の型のようなものがあるわけではなく、分析は問題状況に合わせて概念群をアレンジしながら行っていくものということではないだろうか。

スキゾ分析は精神分析やその他の実践と何が同じで、何が違うのか

本書で取り上げたスキゾ分析と隣接関係にある実践は精神分析と制度精神療法／制度分析、そして反精神医学の三つである。それぞれとスキゾ分析の共通点と相違点について簡潔に触れておこう。

スキゾ分析と精神分析との共通点といえるのは、その術語あるいは概念である。ガタリ自身がラカン派の精神分析の教育を受けていることもあって、共有している術語が多くある。いくつか主要なものを挙げるとすれば、無意識、欲望、備給、幻想、部分対象、自我、超自我、オイディプス・コンプレックス、精神病（パラノイア、スキゾフレニー）、神経症、現実的なもの、象徴的なもの、シニフィアン、解釈などである。もちろん、このなかの多くがガタリによって批判されるために使われるのだが、それらを批判する理由はそれらがよく機能するためであり、それらの概念の実用性を認めている点でスキゾ分析は精神分析とその知見を共有し、利用しているといえる。『アンチ・オイディプス』ではスキゾ分析を「政治的社会的な精神分析」と述べる場面もあり、スキゾ分析が精神分析から考えるための素材や道具の多くを借り受けていると認めてもよいだろう。

一方で共通点はこのくらいで、むしろ相違点のほうが多いといえる。先ほども触れたように精神分析

（1）　本書第二章第二節における政治学院出身の元活動家の男の夢の分析を参照。

にはその実践となるセッションに厳密な構造化が施されているが、ガタリはスキゾ分析においてそのような構造化を行ってはいない（ガタリは自身のクリニックで精神分析の構造化された実践のなかでスキゾ分析を行っていた可能性があるが、この点はテキストからは十分に追い切れなかった）。また精神分析には教育分析という専門家になるために受けなければならない分析の不確定な期間があるが、スキゾ分析にはそういうものが考えられていない点も異なる。そうした制度面での違いもあるが、概念や理論の面でも精神分析とは異なる点が多い。本文の方で詳細に書いたのでここでは端的にまとめるが、論点として大きいのはオイディプスへの強い批判と、機械という概念を主軸に置いて欲望と無意識の在り方を肯定的に、そして政治と社会との関係のなかで捉えていく点である。それだけでなく精神分析の採るシニフィアンの記号学を批判し、非シニフィアン的な記号論や語用論を採る点でも異なっており、この点もスキゾ分析の理論と実践を考えるうえで最低限押さえておくべき重要な論点だと考える。

スキゾ分析と制度精神療法／制度分析の関係はどうだろうか（制度分析は制度精神療法と必ずしも一致せず、立ち位置が曖昧であるが、以下では制度精神療法に含めて議論を進める）。ここでも概念の共有は見られる。そもそも制度精神療法がラカン派精神分析の強い影響の下で発展してきているので重なる部分も多いが、スキゾ分析と制度精神療法に固有なものを挙げるとすれば、横断性、集団幻想、個人幻想、主体‐集団、隷属集団、集合などだろう。それぞれの理論の根幹にかかわる概念を共有していることがわかるが、しかし『アンチ・オイディプス』でも述べられたように、制度精神療法への批判があるからこそスキゾ分析が考え出されたのであり、相違点を捉えておく必要はある。スキゾ分析と制度精神療法の大きな相違点は、制度精神療法がオイディプスや転移といった概念に（つまり精神分析の基本概念に）依拠する点である。スキゾ分析ではオイディプスを強く批判し、転移についてはほとんど触れることがない。ガタリによる直接的な考察はないが、その理論上転移を採用することができないのかもしれない。この点は実践にかかわる部分なので引き続き考察して明確にしていきたい。

ところでスキゾ分析と制度精神療法では相違しているともそうでないともいえる微妙な論点がある。それが「治療において空間を使う」という点である。本書の第一章第一節で見たように、制度精神療法は治療において空間を使うことを明言しているのだが、スキゾ分析ではこの点にかんして率直に述べたことはない。しかし、スキゾ分析においても『アンチ・オイディプス』で登場する強度の空間や旅、『カフカ』での部屋の隣接性や増殖、地図、出口など、空間についての考えがないわけではない。このことを「治療において空間を使う」ということと同一視してよいかどうかであるが、もちろん制度精神療法ではオイディプスと転移を主軸に治療理論を組み立てているうえでの「空間」なので、完全な一致はありえないだろう。しかし、「治療において空間を使う」という発想自体は実践という観点からスキゾ分析を掘り下げるヒントになる可能性もあり、さらなる探究の課題として残しておきたい。

最後に反精神医学との関係について触れておくが、これについては本書で一節を捧げたので、ここではごく簡単にまとめておきたい。反精神医学(ここではレインのそれ)とスキゾ分析との重要な共通点は、「旅」と形容されるスキゾフレニックで超越論的な経験を回復の過程と見なして高く評価する点であり、反対に相違点は、この旅を前者が「退行」と捉えるのに対して、後者が「生成変化」として捉えるところである。また前者にとって旅がやがては帰還するはずのものであるのに対して、後者にとっての旅は帰還なき逃避行だといえるものである。しかし後者の、つまりスキゾ分析の発想の方は、文言としてはわからなくもないものの実践上の実態が不明瞭なため、実感として腑に落ちるまで理解には留保が必要である。この点もこの先の研究の課題のひとつといえるだろう。

スキゾ分析はどのような前提や理論、世界観を備えているのか

この問いは本書全体にかかわるものであり、安易な整理は誤解を引き起こす恐れがあるため、実践を考えるうえで「これだけは」と思えるものについてのみ書き記しておく。

スキゾ分析のおそらく最も基本的な前提は「欲望は歪められた形で〈個人〉の枠内に閉じ込められており解放される必要があるが、それを可能にするのはスキゾフレニー化である」というものだろう。ガタリにとって病いとは〈個人〉であることであって、スキゾフレニーであることではない。もちろんこれには多くの留保が必要であり、ガタリがスキゾフレニーにどのような理解を示していたのかを正確に知ることが重要だろう。〈過程の完成〉、増殖、分裂、機械の接続あるいは切断、強度の経験、自我の解体など、ガタリがスキゾフレニーから見出した特徴はさまざまあるが、彼がこれらを症状として描いたことはほとんどない。もちろんガタリが統合失調症者を治療が必要な病者として見ていなかったわけではないし、病者を作り出そうとしているわけでも決してない。この世界に統合失調症を病む人が存在することとスキゾフレニー化とのあいだに差異を見ているのであり、またスキゾフレニー化に賭けているのである。

では何を賭けているのか。資本主義や権力構成体に囚われることのない世界の在り方とでも呼べるものである。これが何かを明確には示すことはここまでのガタリには十分にはできなかったが、それでも第三次分節や〈過程の完成〉といった概念によって描き出そうという努力をしていることはわかる。これらは資本主義や権力構成体（第二次分節）からの逃走を子どもが体験している世界や未開社会（第一次分節）への退行とは別の方向として示そうとしたものである。

こうしたことを描こうとしてガタリが構想したのは、〈個人〉とそれより大きな存在である資本主義や権力構成体との関係であり、またそれだけでなく、個人の基盤をなすより小さな領域との関係である。このより小さな領域には情動や知覚、部分対象、欲望する機械などの概念が入るが、これらがどのような仕方で権力と関係を持っているか、それが〈個人〉にどのように作用しているかを診ていくことがスキゾ分析の実践となるだろう。もちろんそれだけでなく、欲望の在り方や〈個人〉の解体の先にある集団の在り方についても考察を巡らせる必要があるだろう。「〈個人〉に対して集団を重視すること」、これもスキゾ分析の重要な前提であるが、何度も書いたようにこの実態は実践として示せるほどには明瞭ではない。

〈個人〉より大きいもの－〈個人〉－〈個人〉より小さいものの関係を一種の構造と見なすならば、その構造を通して把握される具体的な状況や状態をどう移行させるかについて多くの思考を巡らせたのがガタリ哲学の最大の特徴であり、スキゾ分析の本領といえるかもしれない。すでに制度精神療法／制度分析の頃に隷属集団から主体－集団への移行を扱う過渡的幻想や横断性という概念が考案されていたように、スキゾ分析においても移行を思考可能にする概念群としてコード拡張、ダイアグラム、逃走線、生成変化、break through、アジャンスマン、隣接性、コネクター、地図、出口、通過成分（リトルネロと顔貌性）などが考案されていくのである。スキゾ分析の実践では、こうした移行概念を適切に使えることが必須だといえるだろう。

さらにここに付け加えるならば、ガタリが熱量を注いで考案した記号論を実践でどのように使うのかについて触れるべきだが、記号論については本書で一節を費やしているし、それでもまだ実践として的確に取り出すのは難しいため、これについてもこの先の課題としておきたい。

結び：この先のための一区切りとして

以上で本書の暫定的な概括を終わりたい。スキゾ分析の実践としての筋道はある程度描けたのではないかと考える。とはいえ、読者にはここで簡潔にまとめたものをそのまま受け取らないようにしてほしい。まとめるために多くの情報をそぎ落としているし、残したままの課題も多い。また、この概括だけを読んで実際に実践しても思うような効果は出ないだろう。まだまだ探究が浅いということになるが、それでもここまでスキゾ分析について整理できたこと、そして何がまだ不明瞭かを明らかにできたことをこの研究の成果としたい。これらを叩き台にして『千のプラトー』以降のスキゾ分析論に繋げていきたいと考えている。すでに論考にしたものもあるが、それらが一冊の書物になるのはまだ遠い先のことである。スキゾ分析の研究はこの先も継続していく。そのためにも本書としてはひとまずここで一区切りとする。

補論　ガタリ哲学におけるイェルムスレウ言語理論の理由と展開

――『アンチ・オイディプス草稿』から『分子革命』まで

はじめに

【ドゥルーズはガタリとの共著『千のプラトー』のなかで言語学者ルイ・イェルムスレウを「スピノザ主義地質学者」と評した[1]。ドゥルーズがスピノザの哲学を高く評価し、自身の思想形成への強い影響を隠さなかったため、それと連動する形でドゥルーズ研究の文脈でイェルムスレウへの関心や評価も高まった。ドゥルーズの難解な思想をより深く理解するうえでイェルムスレウは重要な思想家のひとりである。】

はたしてこの認識は正しいだろうか。あるいは正しいとして、それでも『千のプラトー』における

(1) Gilles Deleuze et Félix Guattari, *Mille plateaux*, Minuit, 1980, pp. 57-58.（『千のプラトー』下巻、宇野邦一ほか訳、河出文庫、二〇一〇年、一〇〇頁。）

イェルムスレウ論はドゥルーズの名において汲み尽くせるものだろうか。というのも、共著者のガタリもまた自身の思想形成にイェルムスレウの言語理論を必要としていたからである。文献上の事実としては、イェルムスレウへの言及はガタリのほうが圧倒的に多い。また証明は難しいが、最初にイェルムスレウとスピノザのあいだに思想上の共通点を見出したのはドゥルーズではなくガタリだった可能性もある[2]。それほどまでにガタリにはイェルムスレウを必要とする思想上の理由があり、その展開がある。

その発端はラカンの精神分析への批判をめぐるものである。この批判はやがて「ダイアグラム」を軸とするガタリ独自の記号論の構築へと進展していくのだが、イェルムスレウの言語理論はその一連の議論の基盤をなすものとなる。では、その一連の議論とは具体的にどのようなものだろうか。本論はおもに『草稿』と『分子革命』の二冊を通して、ガタリのイェルムスレウ論の理路とその展開を相当に簡略化して辿るものである[3]。この理路を端的にまとめれば「シニフィアン発―地層経由―ダイアグラム行き」と表すことができる。ただし注意が必要なのは、この行程は時系列的なものではなく、理論的かつ実践的な順序だということである。

1　シニフィアン発、あるいは争点としての「記号」

ガタリは一九五〇年代からラカンのセミネールに出席しており、六二年に彼から教育分析を受けはじめて六〇年代の後半（六九年か？）に精神分析家になったという経緯がある。そしてその過程のなかでラカン派精神分析への理論的な批判を抱くようになっていった。

その批判が明確に形にされたのが七二年の『アンチ・オイディプス』（ドゥルーズとの共著）である。このなかにイェルムスレウの言語理論が短く参照されるのだが、それはラカン派精神分析にとって基本的な概念であるシニフィアンとシニフィエを、イェルムスレウの提案した概念「表現」と「内容」によって乗り越えることができると説く場面である。この議論についての理論的な説明は後回しにして、まずここで確認しておくべきことは、ガタリが対精神分析戦略として言語を含めた「記号」を争点に選んだということである。

この争点が最初に現れるのは六六年の論考「記号から記号へ」である。これはガタリが六一年にラカンに宛てて直接手紙で伝えたものを再構成したものとされる。インクの染みについての記述からはじまり、点のような記号がどのようにしてシニフィアンになるのかについて論じている。しかし難解な部分があまりに多く、その論旨を精確に読み取ることはできない。このことから、この時期ガタリはまだ自分の考えを表明するための言葉を持っていなかったと考えられる。その後、彼は『草稿』でこの論考について振り返っているのだが、そこで登場するのがイェルムスレウである。

どういうことかといえば、染みや点を用いてガタリが論じたかったのは、まさにイェルムスレウのいう「記号素＝形象」(figur, figure)のことだったというのである(記号素＝形象とは「記号の構成部分として記号体系のなかに入る(…)非記号」[4]であり、ガタリはこれを「シニフィエの外部にある(…)下‐意味的[infra-sens]な素材」(EAŒ, p. 365／三四四頁)のことと理解する。ちなみにイェルムスレウが「記号」という

(2) cf. EAŒ, p. 378／三五四頁。ガタリが見出したイェルムスレウとスピノザの共通点についてまとめたものとしては本書第二章第一節を参照。

(3) 本論ではガタリの思想を辿るうえで避けて通ることのできない「スキゾ分析」、「抽象機械」、「脱領土化」、「アジャンスマン」などの独自語の使用を極力控える。正確を期すためには本来であれば欠かせないが、それらの難解な用語による説明がもたらす複雑さでこの短い論考で伝えたい内容が伝えられなくなることを恐れるためである。

(4) Louis Hjelmslev, *Prolégomènes à une théorie du langage*, traduit du danois par Una Canger, Minuit, 1971, p. 64.(『言語理論の確立をめぐって』、竹内孝次訳、岩波書店、一九八五年、五七頁。なお引用は仏訳を参照しつつ邦訳から行った。)

場合、おおよそ「言語」のことを指しているが、ガタリはこれを言語に限定されない記号にまで拡張して使いたいと考えている)。こうしてガタリはイェルムスレウの言語理論と結びついていくことになる。

2 イェルムスレウの理由――『草稿』

2-1 ガタリの前提

『草稿』が二〇〇五年に公刊されたことによって、精神分析と記号論の関連について非常に多くの、しかし錯綜した記述を読むことができるようになった。『アンチ・オイディプス』での言及の短さは何だったのかと思うほど、イェルムスレウの名は『草稿』のなかで繰り返し登場する。では、それは何のために/どのような仕方でだろうか。

すでに述べたようにそれはラカン(派)の精神分析を批判するためであるが、ここではもう少し深く踏み込んでみよう。ガタリは精神分析のトレーニングや精神を病んだ(特にスキゾフレニーの)人々との交流を通して次のような理解にいたった。「無意識は〈言語のように構造化されて〉はいない」(EACE, p. 268/二五六頁)。これはラカンの有名なテーゼのひとつ「無意識は言語のように構造化されている」を真っ向から否定するものであるが、ガタリは自身の考えを展開するための理論的な道具をイェルムスレウの言語理論に求めたのである。

後者の無意識をここでは「言語としての無意識」と呼ぼう。この無意識に対するガタリの論点を三つにまとめることができる。ひとつは意味作用(signification)をめぐるものである。ガタリにとっての意味作用とは、記号の表示面であるシニフィアンと記号の内容面であるシニフィエが一対一対応することでその効果として〈意味〉を生じさせる作用ということができる。とりわけガタリはシニフィアンに優位性があると考え、その対応関係をシニフィアンがシニフィエを従属させる関係と見なす(ガタリが

「シニフィアンの専制」や「シニフィアンの帝国主義」と呼ぶ事象)。

二つ目は象徴をめぐるものである。象徴とはシニフィアンとシニフィエの対応関係が類似でも因果でもなく、人為的なものであるような記号のことであり、だからこそシニフィアンがどのようなシニフィエに結びついているのかを〈解釈〉する契機が生まれる。精神分析ではこの解釈の作業においてオイディプス神話を基にした解釈格子を用いるが、ガタリはこれを還元主義的で無意識の分析には適さないものとして、また罪責性を背負う個人を生み出す操作として批判する(個人を生み出すとは、ガタリにとっては資本主義の末端で隷属させられる近代的主体を生み出すことをも意味し、そのため精神分析は資本主義の装置として捉えられることになる)。

三つ目は主体をめぐるものである。ラカン派精神分析の場合「無意識の主体」というものが重視されるが、ガタリがこだわるのはそれではなく「言表行為の主体」である。ガタリは言表行為の主体なるものは存在せず、言表行為の集合的なエージェント(担い手)がいるのだと主張する。そして後者はガタリの主要概念である「言表行為の集合的アジャンスマン」へと展開していく。

ガタリは、言語としての無意識を構成する右記の特徴(意味作用、象徴とその解釈、言表行為の主体)が人を社会に従属させるように機能すると考える(5)。ガタリがイェルムスレウを必要とする理由は、まさに彼の言語理論が言語としての無意識を批判するポテンシャルを秘めていると考えるからである。

しかし一見すると奇妙なことである。ラカンの精神分析はフロイトやハイデガーの言語観とソシュールやヤコブソンの構造主義言語学とが混じり合って作られているが、イェルムスレウはそのソシュールの最大の後継者と評される言語学者である。とすれば、ソシュールの延長線上にイェルムスレウはいる

(5) あるいはガタリの思想としては、社会に人を従属させるためにそのような機能を持つものとして言語としての無意識が精神分析によって発明された、と表現したほうが適切かもしれない。

のであって、むしろ精神分析を批判するよりも強化するほうに適しているのではないか。これに対するガタリの基本的な考え方が『分子革命』に所収の論考に示されている。「私が思うに、言語学者たちはイェルムスレウによる表現と内容のあいだの区別と、ソシュールによるシニフィアンとシニフィエのあいだの区別とを性急に同一視したのである」（RM, p. 450／『政治と精神分析』、九四頁）。

では、実際にガタリはイェルムスレウの言語理論の何を／どのように使って言語としての無意識を批判していくのだろうか。この点について『草稿』から掘り下げてみよう。

2-2 形象

ガタリが『草稿』のなかで扱うイェルムスレウの概念でまず取り上げたいのは「記号素＝形象」である。これは先にも触れた通り記号の素になる非記号（素材）を意味する概念だが、ガタリはこれを「その素材が形象である記号」（EAŒ, p. 365／三四四頁）と独自に捉え「形象-記号」と表記する。彼はこれに「（無意味とは異なる）非-意味であり（…）意味作用の外部で作動する」（EAŒ, p. 365／三四四頁）という機能を認める[6]。これはシニフィアンに還元することのできない機能である[7]。

ところがガタリは、せっかく切り分けた形象-記号とシニフィアンを同列に並べて論じたり、形象-記号に個人化（対象の身体化や実体化など）の機能を認めたりするなど、その理解には揺らぎがあるように見える。これをどう考えればよいのか。次の引用から考えるなら、ガタリは形象-記号をシニフィアンでもありシニフィアンを逃れるものでもあるという両面性を備えたものとして捉えていたと考えることができるだろう。

だから形象-記号を悪いものだと早急に判断しないことだ。もしそれがシニフィアンのエージェントだとしても（…）、それは革命的な道もまた開くのである、生産的な無-意味の分裂-倒錯的な道を。

（EAŒ, p. 366／三四五頁）

形象の議論はいったんここまでにして、イェルムスレウの別の概念に移ろう。それは「表現」と「内容」、次いで「形式」と「実質」と「素材」といった概念群である。これら概念群によって記号の「地層」というひとつのヴィジョンが描かれる。

2-3 表現と内容、形式と実質、地層

順を追って見ていこう。まず「表現」と「内容」とは、記号の表現面と内容面を表すものである。これらが言語学者らによってシニフィアンとシニフィエにそのまま重ねられるのはわからないことではないし、実際イェルムスレウも言語学者としてある程度そう考えていたと思われる。これに対してガタリは次の差異を重視する。ひとつは、シニフィアンがシニフィエを従属させる関係であるのに対して、表現と内容の場合は相互依存関係（連帯関係）であるということ。ここでいう相互依存とは、表現が内容の表現であり、内容が表現の内容であるというような、双方が他方を前提しなければ成立しない関係のことである。ガタリはここにシニフィアンの専制の解消を見出そうとしているように思われる。

次にガタリは、イェルムスレウのいう表現には音韻や音声、文字など言語にかかわるものだけでなく、身振りや形象、イコン、ダイアグラムなどの非言語的な表現も含められると考える（イコンとダイアグラ

（6） ここで対比されている「無意味」の原語は non sens、「非 - 意味」は a-sens であり、ガタリの記述から後者は infra-sens とほぼ同義だと考えられる。

（7）『アンチ・オイディプス』では、この記号素＝形象概念にさらにリオタールの形象論が接ぎ木されてシニフィアン批判が展開される。cf. AŒ, pp. 289-291／下、五六一―五九頁。

図補論.1

表現面	表現の素材
	表現の実質
	表現の形式
内容面	内容の形式
	内容の実質
	内容の素材

ムはガタリが参照するもう一人の重要人物チャールズ・サンダース・パースに由来する概念）。しかし、精神分析がシニフィアンに非言語的な象徴も含むことを考えれば、表現に非言語的なものを含むというだけではシニフィアン批判にはならない。とすればおそらくこういうことだろう。精神分析のシニフィアンが言語優位で、非言語的なものもやがて言語に還元される傾向が強いのに対して、ガタリの考える表現は非言語的表現に重きが置かれている。それは究極的にはダイアグラムに向かうのであり、それによって無意識は言語としての無意識を超えて「ダイアグラム的無意識」にいたるというのがガタリの主張である。

続いて「形式」、「実質」、「素材」について触れておこう。これらは表現と内容を分析することで析出される記号機能の区分であり、表現の形式／表現の実質／表現の素材、そして内容の形式／内容の実質／内容の素材となる。『記号学小辞典』での図を参照すれば上図のようになり[8]、これを「地層」と形容する。

イェルムスレウによれば「素材」は、内容の場合は無定形な思考の塊を意味し、表現の場合は無定形な音声領域の連続体を意味する。どちらにせよ未分化な連続体のことであり、「原意」(mening)と呼ばれることもある。「形式」とは体系的に形成された分節であり、これが素材を切り分ける。そして形式によって切り分けられた素材が「実質」にあたる。

『草稿』においてガタリの素材への関心はそれほど強くなく（素材と実質を混同するかのように）実質を純粋な連続体（物質流）と見なし、また形式[9]を「コード」と読み替えて議論を進める。そしてイェルムスレウが実質を軽視し、形式を重んじたことを高く評価して、ガタリ自身のコード論を補強するために彼の言語理論を用いていく。説明が複雑になるためここでは深く踏み込まないが、このコード論が「コードの剰余価値」や「コード拡張」、「共立平面」といった議論とともにダイアグラム論へとつながっていくことになる（雀蜂と蘭の婚姻の例）[10]。この先の議論と関連してここで注目しておくべきことは、この時点でガタリはダイアグラムをコード、つまり形式の枠内で捉えていたということである。

以上、『草稿』からかなり手荒く圧縮してガタリの議論を追ってきたが、この時期にすでに「シニフィアン発―地層経由―ダイアグラム行き」の理論的‐実践的順序が出来上がっていることがわかる。イェルムスレウの言語理論はこの順序のなかでシニフィアンからダイアグラムへの移行をつなぐ重要な役割を果たしているといえるだろう。

3　イェルムスレウの展開――『分子革命』

3‐1　権力と恣意性

『草稿』にはガタリのイェルムスレウ論のほとんどのアイデアが出揃っていたといえる。それは爆発的といえるほどの勢いと量である。しかし、決して体系的な完成度が高かったわけではなく、萌芽状態だったものも多い。そして時を経るなかで整理が進み、評価が変わったものや消えていったもの、そして練り上げられていったものもある。一九七七年に公刊された『分子革命』はそのようなガタリの試行錯誤が非常によくわかる論集であり、イェルムスレウへの言及も多い。ここからは『草稿』以後のイェ

（8）『記号学小辞典』、脇坂豊ほか編著、同学社、一九九二年、一六八頁の図を基に作成。

（9）これはガタリがイェルムスレウとスピノザのあいだに見出す共通点のひとつである。またガタリは自身のいう「コード」をイェルムスレウの「形式」、そしてスピノザの「様態」と同一視している。

（10）cf. EAGE, pp. 331-351／三一四―三三二頁。また、ガタリのコード論および雀蜂と欄の婚姻については本書第二章第一節も参照のこと。

ルムスレウ論の展開を『分子革命』から辿ってみよう。

『分子革命』において明確に前景に出てくる議論のひとつは「権力」と「政治」である。これらは『草稿』においてはまだうまく記号論と接合しきれていなかったが、『アンチ・オイディプス』を経て『分子革命』にいたるなかではっきりと接合されることになる。では記号と権力はどのように関連するのか。ガタリの考えを三つ列挙しておこう。

権力は意味作用の記号学［sémiologies de la signification］にもたれかかることでしか自身を維持できない。つまり「いかなる者も法を知らないとは見なされない」というが、これはいかなる者も語の意味を知らないとは見なされないということを前提としているのである。（RM, pp. 381-382／『精神と記号』、九頁）

意味は、（…）まぎれもなく実在し正確に特定できる社会的権力構成体［formations de pouvoir social］によって調整されている。（…）意味作用を捉えることはつねに権力を握ることと不可分である。（RM, p. 211／『分子革命』、一八四頁）

ある欲望にかんして「それは何を意味しているのか」という問いが出されるたびに、ごまかされてはならないことがある。つまり、ひとつの権力構成体が介入しつつあって、説明を求めに来ているのである。（RM, p. 212／『分子革命』、一八五頁）

これらの引用からわかるのは、権力と意味作用とが連動しており、権力構成体は意味を司ることができる、ということである。こうした考えが「言語としての無意識」にも絡んでくることになる。ガタリがこう述べている。

「無意識は言語のように構造化されている」とラカンは私たちにいう。もちろんそうだ！　しかし、誰によってそうなのか。家族によって、学校によって、兵舎によって、工場によって、映画によって、そして特殊な事例においては精神医学や精神分析によってである。（RM, p. 399／『精神と記号』、二八頁）

無意識はその本性として言語のように構造化されているのではなく、権力構成体（家族、学校、精神分析など）との関係においてそうなるというのがガタリの考えである。このような議論を通して彼はイェルムスレウ論の展開において重要な見解にいたる。

意味を生じさせる結合の操作の恣意性は、言語学者たちがシニフィアンとシニフィエと呼ぶもののあいだに彼らが描き出すものなのだが、実際のところ政治的な恣意性である。（RM, p. 213／『分子革命』、一八六頁）

シニフィアンとシニフィエの結合の恣意性に政治や権力構成体の介入を見出すのはガタリ独自の見解といえる。そしてまさにここが闘争＝逃走の場所となる。それだけでなく、シニフィアン－シニフィエが権力の介入する地点だとして、では表現－内容の連帯関係についてはどうなのかも問わなければならない。はたして表現－内容は政治や権力とどのようにかかわるのだろうか。

3－2　形象から非シニフィアン的記号論へ

「形象」から見ていこう。というのも『草稿』においては形象がシニフィアンに属しつつも、意味作用を逃れて別の仕方で作動するものとして描かれていたからである。『分子革命』ではどうだろうか。ここでは形象はどちらかといえばネガティブな側面で使われることが増え、また短く言及されるのみで議論が深められるということはない。端的にいえば存在感を失って後景に退いたといえる。

それに代わるように前景に出てくるのが「非シニフィアン的記号論」(sémiotiques a-signifiantes)というものである。これを厳密に捉えるのは難しいが、形象が記号(＝シニフィアン)の素になる非記号であり下－意味的な素材であると規定されていたのに対して、非シニフィアン的記号論は記号(＝シニフィアン)の素にはならない非記号であり、無意味な(意味作用から外れた)素材、しかし科学的あるいは芸術(特に音楽)的に形成された素材であると規定される。いわば形象よりもさらに意味作用から距離を取った記号論、もっといえば意味作用から「世界を逃がす」(K, p. 85／九三頁)記号論をガタリは構想していくのである。

非シニフィアン的記号論はガタリの記号論において核心をなすものであるが、本論の性質上この概念にこれ以上深く踏み込むことはしない。[11]ここではこの記号論がイェルムスレウの言語理論とどう関連するかを追う。すると見えてくるのは『草稿』では焦点の当たることの少なかった「素材」という概念であり、さらにいえば「表現の素材」という概念である。

3－3　素材と映画

素材とは何か。すでに触れたように、それは(内容であれ表現であれ)記号の形式がそこから実質を切り出してくるところのものである。[12]イェルムスレウ自身は言語学が扱うのはおもに表現の形式と内容の形式であるとして、素材そのものに対してそれほど関心を向けていないように思われる。それを受けてか、ガタリ自身も『草稿』では素材についての言及がないわけではないものの、形式（＝スピノザの「様態」＝コード）の創造性に重点を置いた考察を多く残していた。

しかし、非シニフィアン的記号論という考えが前景化してくるのと連動して素材についての言及が増えてくる。このことについてガタリは簡潔に次のように述べている。

> 実際、記号的に形成されていない素材と記号的に形成された実質との区別は、その区別が表現と内容の関係から独立して設けられるかぎりで、シニフィアンの記号学（sémiologies）から独立した記号論（sémiotiques）、すなわちまさにシニフィアン－シニフィエという二極性のうえに築かれるのではない記号論の研究への道を開くのである。（RM, p. 450／『政治と精神分析』、九四頁）

つまり、形式（および実質）の観点に留まるかぎり意味作用の記号学の枠内から出ることができないとガタリは考え、その脱出路として素材に着目したと考えられる。ガタリはこの考えをイェルムスレウの地層を用いて本書二二九頁の図のように表している。

この表によってシニフィアン（あるいは意味作用）の記号学と非シニフィアン的記号論の関係性を捉えることができるようになる。要するに前者が権力構成体が意味を司る領域を表しており、後者が権力構

（11）　本書第五章第二節を参照。

（12）　イェルムスレウはこれをデンマーク語で mening とも呼ぶが、フランス語では sens、英語では purport と訳されるように、素材それ自体に「意味」という意味を持たせている（日本語訳者はこれを意味の原料と捉えて「原意」と訳している）。ガタリは『草稿』のなかでこのことに戸惑いを見せているが、『分子革命』ではこれを「機械状の意味」（sens machinique）と考えるようになる。

成体が意味を司る領域の外部を表しているといえる。するとここまでの議論から、ガタリは素材を〈意味作用から世界を逃がす橋渡し的な機能を担うもの〉として捉えていると考えてよいだろう。ここで、イェルムスレウではなくガタリにとっての素材についてもう少し踏み込んでおこう。

ガタリの素材論が比較的わかりやすく論じられているのは『分子革命』に収められている彼の映画論である。このなかでもガタリは、映画の意味作用として機能する側面とそれを逃れる非シニフィアン的記号論の側面を対比的に論じている。そこで内容の素材と表現の素材の関係について、映画記号学者クリスチャン・メッツを参照しつつ次のように述べている。

非シニフィアン的記号論としての映画は、どうやってシニフィアンの記号学の枠を越え出るのだろうか。クリスチャン・メッツは私がやるよりもうまくそれを説明している。彼が教えてくれるのは、映画は分野が限定されて専門化した言語ではなくて、その内容の素材には限定がないということである。(…)映画の内容の素材は、その表現の素材を構成する記号論的混成物がそれ自体で外部の多種多様な強度のシステムに開かれているだけに、いっそう伝統的なコード化をはみ出していくのである。

(RM, p. 389／『精神と記号』、一七一—一八頁)

引用からうかがえるのは、ガタリが表現の素材を〈内容の素材を牽引するもの〉として捉えているということである。つまりガタリのなかに表現の素材の重視がある。実際、彼の論考のなかで内容の素材という概念が出てくることはあまりない。それは内容の素材がイェルムスレウにとっては無定形な思考の塊であり、ガタリにとっては「物質流の連続体」(RM, p. 449／『政治と精神分析』、九三頁)であるという理解のズレから来る扱いにくさによるものかもしれない。あるいは表現の素材が知覚的・感覚的なものであることから来る実践上の捉えやすさによるものかもしれない[13]。何にせよガタリは、その内容よりも表現の素材が過剰になるときに映画はシニフィアンの網の目をかいくぐっていくと考えるのである。

3 - 4　強度、地層、そしてダイアグラムへ

表現の素材についてもう一点だけ触れておこう。この表現の素材にガタリは〈強度〉という重要な特徴を与えている。これは十中八九ドゥルーズ由来の概念であり、時空間に現れ出る以前の存在の度合いとして感性の対象となるものを表す概念である。ドゥルーズにとってもガタリにとっても最重要概念のひとつである〈強度〉を表現の素材に結びつけていることに、表現の素材という概念の重要性がうかがえる。では表現の素材と強度はどのような関係かといえば、表現の素材が強度とつながりを持っており、そのうえで強度を担い、強度を伝達するといった関係である。

ガタリのイェルムスレウ論を考えるうえでこの〈強度〉という概念はひとつの指標となる。というのも、ガタリにとってイェルムスレウの言語理論は強度を積極的に肯定できない理論として映るからである。

シニフィアンの記号論［sémiotiques］は、強度の多様体を表象し、無効化し、無力なものにして、それが形式 - 実質のカップルに依存するように仕向ける媒介システムを打ち立てる。(…) シニフィアンの記号論は強度の素材に二重分節の地層の体制を課すのである。(…) イェルムスレウによって描かれる記号論的な地層にしても、このシニフィアンの記号論の地層が属している形式化の独自の様式にまだ属している。（RM, p. 435／『精神と記号』、六九頁）[14]

---

(13)　ガタリがメッツを参照しながら映画における表現の素材として挙げているものは、音声的な組成、音響的な組成、視覚的で色彩的な組成、色彩のない視覚的な組成、人間の身体の身振りと運動などである。cf. RM, p. 390／『精神と記号』、一八頁。

この「地層」という議論がイェルムスレウをある限界点に留まらせる。というのも、ガタリはその限界点を越えたところにダイアグラム論を設定するからである。どういうことかといえば、ガタリにとってダイアグラムが機能するのは究極的には表現と内容の区別が消失したところだからである[15]。だから地層のなかで記号の機能を捉え続けるかぎりは、表現と内容の区別が消える一線を踏み越えることができない。できるのは表現の素材によってその一線に極限まで近づくことだけである。

補足しておくと『草稿』では形式の位置にあったダイアグラムは『分子革命』では素材へと位置を変えている。また表現／内容の区別が消失することは形式／実質／素材の区別が消失することとは別のことである。ガタリは前者の区別の消失後も後者の区別は有効であると考えている。ガタリが表現の素材にこだわるのは、それが人間に扱えるものだからだろう。そして、たとえイェルムスレウの言語理論がこの一線を越えられないとしても、人間は表現の素材を通してダイアグラムのほうへと実践的に越える（脱地層化する）ことができるというのがガタリの考えであり、この考えが『機械状無意識』や『千のプラトー』に引き継がれ、深められていくことになる[16]。

結び

ここまで『草稿』と『分子革命』を通して七〇年代のガタリの思考を簡略に辿ってきた。以上から、ガタリにとってイェルムスレウの言語理論とは何だったかといえば、ラカン（派）の精神分析への批判という闘争的な論点を提供しながらもダイアグラムへの最後の一線を踏み越えられない理論ということになるだろう。しかし、一線は越えられないにしても、そこに線があること、そしてその向こう側があることを示すことに成功した理論ともいえる。表現と内容の区別がなければ、その区別の消失という事態を捉えることもできないからである。

つまり、ガタリの記号論におけるイェルムスレウの言語理論の価値は、本論で取り上げた概念群が描くヴィジョンの有効性（実用性）にあるといえる。ガタリにシニフィアンからダイアグラムへの移行という難解な理路を描くことを可能にしたのは、まさしくイェルムスレウの概念群である。その有効性は単に理論的なものであるだけでなく、徹底して政治的なものでもあることを無視してはならない。ここにドゥルーズにはおそらくできない、ガタリ固有のイェルムスレウ理解がある。こうした理解によってこそ、意味作用（およびシニフィアン）から世界を逃がす理論と実践の基盤がガタリの思想のなかに創設されたのであって、『機械状無意識』や『千のプラトー』以降においてもさらに練り上げられていくことになるのである。

（14）ガタリには記号論 sémiotique と記号学 sémiologie について明確な使い分けがなされていない時期がある。

（15）cf. RM, p. 437／『精神と記号』、七〇頁。本論のなかに入れ込むことはできなかったが、重要な論点として触れておきたいのが、ガタリが表現に「言表行為の集合的アジャンスマン」、内容に「機械状アジャンスマン」という概念を当てていくことである。ということは、表現と内容の区別の消失とは言表行為のアジャンスマンと機械状アジャンスマンの区別の消失をも意味することになるが、これ自体がガタリの思想のなかでどのような事態を指すものなのか、丁寧に掘り下げていく必要のある主題といえる。

（16）『千のプラトー』における「表現の素材」については別稿で扱った。本書第二章第一節注17で挙げた論考を参照。

文献表

本書を書くうえで参考になった文献をすべて挙げると膨大かつ茫漠になってしまうため本書にて直接引用あるいは言及したもののみを記載している。

外国語文献からの引用にかんしては、既訳のあるものは可能なかぎり参照しつつ、筆者が原著から訳出した。

またガタリとドゥルーズそれぞれの単著、および共著にかんしては慣例に従って引用の際に略号を用いた。

【フェリックス・ガタリの著作（ジル・ドゥルーズとの共著も含む）】

Guattari, Félix; *Psychanalyse et transversalité: Essais d'analyse institutionnelle*, La Découverte, 2003 (1972).（=『精神分析と横断性——制度分析の試み』、杉村昌昭・毬藻充訳、法政大学出版局、一九九四年。）［略号：PT］

——; *L'anti-œdipe: Capitalisme et Schizophrénie*, avec Gilles Deleuze, Minuit, 1973 (1972).（=ジル・ドゥルーズとの共著、『アンチ・オイディプス——資本主義と分裂症』上・下巻、宇野邦一訳、河出文庫、二〇〇六年。）［略号：AŒ］

——; *Kafka: Pour une littérature mineure*, avec Gilles Deleuze, Minuit, 1975.（=ジル・ドゥルーズとの共著、『カフカ——マイナー文学のために〈新訳〉』、宇野邦一訳、法政大学出版局、二〇一七年。）［略号：K］

——; *La révolution moléculaire*, Les prairies ordinaire, 2012 (*1977* / 1980).（=『分子革命——欲望社会のミクロ分析』、杉村昌昭訳、法政大学出版局、二〇〇四年／『精神と記号』、杉村昌昭訳、法政大学出版局、一九九六年。）［略号：RM］

——; *L'inconscient machinique: Essais de schizo-analyse*, Recherches, 1979.（=『機械状無意識——スキゾ分析』、高岡幸一訳、法政大学出版局、二〇〇四年。）

——; *Mille plateaux: Capitalisme et Schizophrénie 2*, avec Gilles Deleuze, Minuit,1980.（=ジル・ドゥルーズとの共著、『千のプラトー——資本主義と分裂症』上・中・下巻、宇野邦一・小沢秋広・田中敏彦・豊崎光一・宮林寛・守中高明訳、河出文庫、二〇一〇年。）
——; *Écrits pour l'anti-œdipe*, Textes agencés par Stéphane Nadaud, Lignes, 2012（2005).（=『アンチ・オイディプス草稿』、國分功一郎・千葉雅也訳、みすず書房、二〇一〇年。）［略号：EAŒ］
——; *Lignes de fuite: Pour un autre monde de possible*, Préface de Liane Mozère, L'aube, 2011.（=『人はなぜ記号に従属するのか——新たな世界の可能性を求めて』、杉村昌昭、青土社、二〇一四年。）［略号：LF］
——;「スキゾ分析の方へ」（聞き手：宇野邦一）、『現代思想　総特集：ドゥルーズ=ガタリ』、臨時増刊号、青土社、一九八四年。

【ジル・ドゥルーズの著作】

Deleuze, Gilles: *Empirisme et subjectivité*, PUF, 2007（1953).（=『経験論と主体性』、木田元・財津理訳、河出書房新社、二〇〇〇年。）
——; *Présentation de Sacher-Masoch: le froid et le cruel*, Minuit, 1967.（=『マゾッホとサド』、堀千晶訳、河出文庫、二〇一八年。）
——; *Logique du sens*, Minuit, 1969.（=『意味の論理学』上・下巻、小泉義之訳、河出文庫、二〇〇七年。）［略号：LS］
——; *Dialogues*, avec Claire Parnet, Flammarion, 1996（1977).（『ディアローグ』、江川隆男・増田靖彦訳、河出文庫、二〇一一年。）［略号：D］
——; *Critique et clinique*, Minuit, 1993.（=『批評と臨床』、守永高明・谷昌親訳、河出文庫、二〇一〇年）［略号：CC］
——; "Instincts et institutions", *L'île déserte :textes et entretiens 1953-1974*, Minuit, 2002, pp. 24-27（=「本能と制度」、加賀野井秀一訳、『無人島1953-1968』、河出書房新社、三三—三九頁。）［略号：ID］
——; "Deleuze et Guattari s'expliquent...", *L'île déserte :textes et entretiens 1953-1974*, Minuit, 2002, pp. 301-319.（=「ドゥルーズ／ガタリが自著を語る」、杉村昌昭訳、『無人島1969-1974』、河出書房新社、一四九—一七九頁。）［略号：ID］
——; "Capitalisme et schizophrénie（avec Félix Guattari)", *L'île déserte :textes et entretiens 1953-1974*, Minuit, 2002,

pp. 323-336.（＝「資本主義と分裂症」、杉村昌昭訳、『無人島1969-1974』、河出書房新社、一八七―二〇六頁。）〔略号：ID〕
――；"Pensée nomade", *L'île déserte :textes et entretiens 1953-1974*, Minuit, 2002, pp. 351-364.（＝「ノマド的思考」、立川健二訳、『無人島1969-1974』、河出書房新社、三二七―三四九頁。）〔略号：ID〕
――；"Cinq proposition sur la psychanalyse", *L'île déserte :textes et entretiens 1953-1974*, Minuit, 2002, pp. 381-390.（＝「精神分析に対する５つの提案」、三脇康生訳、『無人島1969-1974』、河出書房新社、二七七―二九〇頁。）〔略号：ID〕
――；『ニーチェ』、湯浅博雄訳、ちくま学芸文庫、一九九八年。

【その他の参考文献】

Artaud, Antonin; "CI-GÎT", *Œuvres*, Quarto' Gallimard, 2004, p. 1152.
Barnes Mary/ Berke, Joseph ; *Mary Barnes: Two accounts of a journey through madness*, Free association books, 1991 (1971).（＝メアリー・バーンズ／ジョゼフ・バーク『狂気をくぐりぬける』、弘末明良・宮野富美子訳、平凡社、一九七七年。）
Buchanan, Ian ; "Power, Theory and Praxis", *Deleuze and Politics*, Edinburgh University Press, 2008, pp. 13-34.
クラストル、ピエール『グアヤキ年代記――遊動狩人アチェの世界』、毬藻充訳、現代企画室、二〇〇七年。
ショーヴァン、レミ／ショーヴァン、ベルナデット『動物モデル』、森岡照明訳、思索社、一九八七年。
Cooper, David ; *Psychiatry and anti-psychiatry*, Routledge, 2013 (1967).（＝デイヴィッド・クーパー『反精神医学』、野口昌也・橋本雅雄訳、岩崎学術出版社、一九七四年。）
千葉雅也『動きすぎてはいけない』、河出書房新社、二〇一三年。
Dosse, François; *Gilles Deleuze et Félix Guattari Biographie croisée*, La découverte, 2007.（＝フランソワ・ドッス『ドゥルーズとガタリ　交差的評伝』、杉村昌昭訳、河出書房新社、二〇〇九年。）
フェアベーン、W・R・D「人格におけるスキゾイド的要因（1940）」、『対象関係論の源流』、相田信男監修・栗原和彦編訳、遠見書房、二〇一七年、一三―四〇頁。
フロイト、ジグムント「トーテムとタブー」、門脇健訳、『フロイト全集 12』、二〇〇九年、一―二〇六頁。

Genosko, Gary, *Félix Guattari : a critical introduction*, Pluto press, 2009.（＝ギャリー・ジェノスコ『フェリックス・ガタリ』、杉村昌昭・松田正貴訳、法政大学出版局、二〇一八年。）

合田正人「制度とゲシュタルト――トスケイェス・ウリ・ガタリ」、『医療環境を変える』、京都大学学術出版会、二〇〇八年、二八七―三〇七頁。

グリオール、マルセル／ディテルラン、ジェルメーヌ『青い狐――ドゴンの宇宙哲学』、坂井信三訳、せりか書房、一九八六年。

Hjelmslev, Louis : *Prolégomènes à une théorie du langage*, traduit du danois par Una Canger, Minuit, 1971.（＝ルイ・イェルムスレウ『言語理論の確立をめぐって』、竹内孝次訳、岩波書店、一九八五年。

池内紀「『城』の読者のために」、カフカ『城』、池内紀訳、白水Uブックス、二〇〇六年、四五三―四六〇頁。

カフカ、フランツ『カフカ短篇集』、池内紀編訳、岩波文庫、一九九九年。

――『カフカ Franz Kafka』、多和田葉子編、多和田葉子・川島隆・竹峰義和・由比俊行訳、集英社文庫ヘリテージ・シリーズ、二〇一五年。

――『失踪者』、池内紀訳、白水uブックス、二〇一六年。

――『城』、池内紀訳、白水uブックス、二〇一六年。

クライン、メラニー「分裂的機制についての覚書（1946）」、『妄想的・分裂的世界』、小此木啓吾・岩崎徹也責任編訳、三―三二頁、誠信書房、一九八五年。

小林卓也『ドゥルーズの自然哲学』、法政大学出版局、二〇一九年。

小泉義之『ドゥルーズと狂気』、河出書房新社、二〇一四年。

國分功一郎『ドゥルーズの哲学原理』、岩波書店、二〇一三年。

Kotowicz, Zbigniew, *R. D. Laing and the Paths of Anti-Psychiatry*, Routledge, 2008 (1997).（＝ズビグニェフ・コトヴィッチ『R・D・レインと反精神医学の道』、細澤仁・筒井亮太訳、日本評論社、二〇二〇年。）

ラカン、ジャック『精神病』（上）、ジャック－アラン・ミレール編、小出浩之・鈴木國文・川津芳照・笠原嘉訳、岩波書店、一九八七年。

――：『フロイト理論と精神分析技法における自我』（上）、ジャック＝アラン・ミレール編、小出浩之・鈴木國文・小川豊昭・南淳三訳、岩波書店、一九九八年。

——：「無意識における文字の審級、あるいはフロイト以後の理性」、佐々木孝次訳、『エクリ』Ⅱ、弘文堂、一九八七年。

Laing, R. D.: *The divided self*, Quadrangle books, 1990 (1960).（＝R・D・レイン『引き裂かれた自己』、阪本健二・志貴春彦・笠原嘉訳、みすず書房、一九九四年。）

——：*The politics of experience and the bird of paradise*, Penguin books, 1990 (1967).（『経験の政治学』、笠原嘉・塚本嘉壽訳、みすず書房、二〇〇三年。）

——："Metanoia, some experiences at Kingsley Hall, London", *Revue recherches*, no. 8, pp. 51-57. http://www.editions-recherches.com/revue/extraits/extrait_08.pdf（最終アクセス日：二〇一三年八月三〇日）

ラプランシュ、ジャン／ポンタリス、J‐B『精神分析用語辞典』、村上仁監訳、みすず書房、一九七七年。

Leach, E. R.: *Rethinking anthropology*, The athlone press, 1977 (1961).（＝E・リーチ『人類学再考』、青木保・井上兼行訳、思索社、一九七四年。）

リーダー、ダリアン「クラインとラカンにおける幻想」、『クライン‐ラカン　ダイアローグ』、バゴーイン＆サリヴァン編、新宮一成監訳、誠信書房、二〇〇六年、一一五―一三三頁。

Lévi-Strauss, Claude: *Les structures élémentaires de la parenté*, 2nd éd, Mouton, 1967.（＝クロード・レヴィ＝ストロース、『親族の基本構造』、福井和美訳、青弓社、二〇〇八年。）

——："Le sorcier et sa magie", *Anthropologie structurale*, Librairie Plon, 1958, pp. 183-203.（＝「呪術師とその呪術」、田島節夫訳、『構造人類学』、みすず書房、一九九三年、一八三―二〇四頁。）

——："L'efficacité symbolique", *Anthropologie structurale*, Librairie Plon, 1958, pp. 205-226.（＝「象徴的効果」、田島節夫訳、『構造人類学』、みすず書房、一九九三年、二〇五―二二七頁）

Mannoni, Maud：*Le psychiatre, son fou et la psychanalyse*, Seuil, 1970.（＝モード・マノーニ『反‐精神医学と精神分析』、松本雅彦訳、人文書院、一九七四年。）

Mauss, Marcel："Esquisse d'une théorie générale de la magie", *Sociologie et anthropologie*, pp. 1-141, PUF, 2018 (1950).（＝マルセル・モース「呪術の一般理論の素描」、『社会学と人類学Ⅰ』、有地亨・伊藤昌司・山口俊夫訳、弘文堂、一九七三年、四七―二一七頁。）

向井雅明『ラカン入門』、ちくま学芸文庫、二〇一六年。

野中モモ・ばるぼら『日本のＺＩＮＥについて知っていることすべて』、誠文堂新光社、二〇一七年。

Oury, Jean ; "Psychanalyse & psychiatrie et psychothérapie institutionnelles" , *L'apport freudien : éléments pour une encyclopédie de la psychanalyse*, Sous la direction de Pierre Kaufmann, Larousse, 1998（1993）, pp. 822–839.（＝ジャン・ウリ「精神分析と病院精神医学及び精神療法」、『フロイト&ラカン事典』、ピエール・コフマン編、佐々木孝次監訳、弘文堂、一九九七年、五五二―五六〇頁。）

——; *Le Collectif : le séminaire de Sainte-Anne*, Champe social éditions, 2005.（＝『コレクティフ――サン・タンヌ病院におけるセミネール』、多賀茂・上尾真道・川村文重・武田宙也訳、月曜社、二〇一七年。）

Polack, Jean-Claud; "L'analyse entre psycho et schizo", *Multitudes*, No. 34, 2008, pp. 54–62.

ローハイム、ゲザ『精神分析と人類学』上・下巻、小田晋・黒田信一郎訳、思索社、一九〇八年。

Roulot, Danielle; "Schizophrénie", *L'apport freudien : éléments pour une encyclopédie de la psychanalyse*, Sous la direction de Pierre Kaufmann, Larousse, 1998（1993）, pp. 499–512.（＝ダニエル・ルロ「精神分裂病」、『フロイト&ラカン事典』、ピエール・コフマン編、佐々木孝次監訳、弘文堂、一九九七年、一七一―一八一頁。）

坂本和啓「ドゥルーズ＝ガタリ『アンチ・オイディプス』における社会機械の概念」、『熊本大学社会文化研究』、二〇〇三年、一三五―一五〇頁。

サルトル、ジャン－ポール『弁証法的理性批判：第一巻　実践的総体の理論』、人文書院、Ⅰ巻：一九七二（一九六二）年／Ⅱ巻：一九六五年／Ⅲ巻：一九八〇（一九七三）年。

佐藤嘉幸・廣瀬純『三つの革命――ドゥルーズ＝ガタリの政治哲学』、講談社選書メチエ、二〇一七年。

杉村昌昭「フェリックス・ガタリのアール・ブリュット的思想機械」、『フェリックス・ガタリと現代世界』、ナカニシヤ出版、二〇二三年、三〇三―三二〇頁。

Turkle, Sherry ; *Psychoanalytic Politics*, 2nd edition, Free association books, 1992（1978）.

Turner, Victor W. ; "An Ndembu Doctor in Practice", *Magic, Faith, and Healing*, edited by Ari Kiev, Jason Aronson Inc, 1996（1964）, pp. 230–263.

上野俊哉『四つのエコロジー――フェリックス・ガタリの思考』河出書房新社、二〇一六年。

Watson, Janell ; *Guattari's Diagrammatic Thought*, Continuum, 2009.

山森裕毅『ジル・ドゥルーズの哲学――超越論的経験論の生成と構造』、人文書院、二〇一三年。

——「神話の精神分析／呪術のスキゾ分析」、『構造と自然：哲学と人類学の交錯』、檜垣立哉・山崎吾郎編、勁草書房、二〇二二年、七七―一〇〇頁。
――「ガタリの〈artifice の哲学〉における「素材」について――自然と機械の差異の向こう側を語る試みとして」、『21世紀の自然哲学へ』、近藤和敬・檜垣立哉編、人文書院、二〇二四年、一七三―一九二頁。

【辞書・辞典類】

『記号学小事典』、脇坂豊・川島淳夫・高橋由美子編、同学社、一九九二年。

初出一覧

【第一部】

第一章

第一節：「ミーティング文化の導入――制度精神療法、オープンダイアローグ、自助グループ」、『メンタルヘルスの理解のために』、ミネルヴァ書房、二〇二〇年四月

第二節：「制度分析のプロトコル――幻想・集団・横断性」、『流砂』八号、批評社、二〇一五年五月

第二章

第一節：「artifice の哲学と〈雀蜂‐蘭〉の機械状生態学――フェリックス・ガタリ『アンチ・オイディプス草稿』より」、『hyphen』三号、DG-Lab、二〇一八年五月

第二節：「スキゾ分析の初期設定」、『ドゥルーズの21世紀』、河出書房新社、二〇一九年一月

【第二部】

第三章

第一節：「過程の語彙で語ること：『アンチ・オイディプス』のスキゾ分析について」、『現代思想』四二巻一号、青土社、二〇一四年一月

第二節：「強度と制度：『アンチ・オイディプス』における罪責性の世界史」、『流砂』七号、批評社、二〇一四年三月

第三節：「ンデンブ族の医師によるスキゾ分析」、『I・R・S　ジャック・ラカン研究』一七号、日本ラカン協会、二〇一八年九月

第四章：「カフカ式スキゾ分析について」、『hyphen』二号、DG-Lab、二〇一七年五月

【第三部】

第五章

第一節：「スキゾ分析と反精神医学」、『hyphen』七号、DG-Lab、二〇二三年一月

第二節：「フェリックス・ガタリにおける記号論の構築——『分子革命』の三つの記号系」『年報人間科学』三三号、大阪大学人間科学研究科、二〇一一年三月

第六章：論文としては未発表（二〇二三年八月一二日にDG-Labにて口頭発表）

【補論】

「フェリックス・ガタリにおけるイェルムスレウ言語理論の理由と展開」、『hyphen』八号、DG-Lab、二〇二三年一〇月

あとがき

前の本を出すときにはすでに次はフェリックス・ガタリと彼のスキゾ分析で本を書くと決めていた。そこから十年あまり、ここまで手こずるとは思っていなかったが、どうにか出版まで辿り着いた。多くの人に読まれることは決してないだろうが、それでも自分にしかできないことがあると信じて熱意を持って取り組みはじめた。そして思い知ることになる。「こんな厄介なものに手を出してはいけなかった……」と。

＊

発端は些細なことである。大学院生の頃、フロイトやラカンなどの精神分析を学びはじめた同級生や後輩たちのあいだで精神分析ごっこがちょくちょく行われていた。ちょっとした言い間違えをするとそこにどんな意味があるのかと探りを入れてくるあの陰気な遊びである。私はその遊びにはあまり楽しみを見出せなかったが、逆にそんな精神分析を強く批判していたスキゾ分析には興味を覚えた。スキゾ分析ごっこがしてみたかった。一歩引いて冷静に見れば、精神分析ごっこに興じていた彼らと大差のない熱量低めの初期衝動である。違いがあるとすれば、スキゾ分析がごっこ遊びを許すほど生易しくなかったことである。私はいつの間にかスキゾ分析がどんな営みなのかを本気で知ろうと躍起になり、依怙地にもなり、何度も泣き言をいい、気づけば泥沼のなか。よくも悪くもそこから抜け出せなくなってしまっていた。

＊

この本についてのあとがきを書くのは難しい。先ほど書いたことも含め、あまりにも多くの要素によって成り立っているからである。確かに私は偶然にも指導教官の隣の部屋の教員（記号論の研究者）から記号論のおもしろさや奥深さを教わっていたからこそ、ほかの研究者たちとは別のルートでガタリの難解な思想に接近することができた。この要素はこの研究を進めるうえで非常に大きかった。しかし、これだけではこの本のような仕方でガタリのスキゾ分析を紐解くことはできなかった。

例えば、私があまりに出来の悪い院生だったために指導教官から大学院を追い出され、十か月間パリで陰鬱に過ごすという日々がなければこの研究はそもそもなかっただろう。フランス語もできないまま移り住んだ異邦の地で無数のデモやスト、学校封鎖、郊外問題、人種差別などに日常的に触れる経験がなければ、それまでまったくのノンポリだった私が活動家のガタリに出会い直すことはなかったはずである。

あるいは大阪にある精神科の医療法人や東京にあった自助活動グループなどが、得体の知れない哲学の研究者である私をおもしろがってにせよ警戒してにせよ、活動や実践の場に受け入れてくれることがなければ、精神疾患・精神障害を抱えて生きる人々やその家族、医療者・支援者らのリアルについて身をもって知ることはないままだった。結果この研究のなかの言葉になっていない部分の手触り（質感）はもっと薄っぺらく寒々しいものになっていただろう。

はたまた私がバイト先の個別指導塾で出会った人間関係や実存的な問題に悩み苦しんでいる子どもたちとのときに深刻で、ときにおちゃらけたやり取りがなければ、この研究を続ける意義を早々に見失っていたに違いない。

経済的な面では、科学研究費助成事業・特別研究員奨励費『スキゾ分析とは何か――フェリックス・

ガタリの思想とその現代的意義に関する研究』（課題番号16J03114）と科学研究費助成事業・若手研究『フェリックス・ガタリの「スキゾ分析」の理論、およびその臨床実践に関する研究』（課題番号18K12184）に大いに支えられた。これらがなければ活動や実践の場に参加することは叶わず、ガタリの思想に向き合うための耳と眼が養われることはなかったといえる。

そしてコロナ禍である。このパンデミックによる社会機能の一時停止期間がなければ、そしてあの死と無力さと退屈にじわじわ浸蝕されていく感覚にアテられなければ、既出の論考を掘り起こして加筆修正しはじめたり、あるいは新たに執筆したりして一冊の本にまとめ上げるという膨大な時間を持つことは絶対になかった。

このようにこの本の成立要素を挙げていけば本当にキリがないが、要するに何がいいたいかというと、この本を書くうえでは文献を緻密に深く読むこと以外の経験的で偶然的な要素の比重があまりに大きかったということである。それは主題として扱っているのが〈実践〉だからである。自分の経験したことをすべて動員することなしには私がスキゾ分析にここまで踏み込むことはできなかった。このための経験を積ませていただいたすべての人々や出来事に心から感謝したい。すべての人々というのは、敵味方に関係なく文字通りすべての人々であり、すべての出来事というのは、大小に関係なく文字通りすべての出来事である。

＊

先ほど「ここまで踏み込むことはできなかった」と書いたが、何も完全無欠の研究書を書いたなどとはまったく思っていない。扱えなかった概念や追い切れなかった理路、読めなかった二次文献など現時点でも気づいている欠点は無数にある。気づきもしていない誤解や誤読、知識の不足、論理の破綻などもきっとあるだろう。副題に挙げた〈再生〉にはまだまだ遠いと感じる。一方で、現代的な問題や論点にリンクさせられなかったことで、レトロで地味な研究だ（ガタリ研究としては物足りない）と感じられる読者もおられるだろう。これは私自身の傾向性に起因するものなので研究のスタイルを変えるのはなかなか難しく、もちろん心残りなところもあるが、自身としてはこのスタイルを気に入ってもいる。

結果がどうであれ私としては現役の、あるいは後に続く研究者らの、そして何よりこれからの私自身の踏み台・叩き台になればそれで十分である。この本の導入でも書いたようにガタリ研究に現在必要なのは千の方法である。何はともあれやってみることこそが次につながっていくと信じている。

＊

この本の制作において実際的に労力を割いていただいた二人に感謝いたします。

ひとりは田中佑樹さん。大阪大学人間科学研究科博士後期課程でガタリ研究に励む田中さんには拙い原稿に目を通してもらい、有益な助言や批判をいただいた。この本が少しでも読みやすく、かつ機能するものになっているとすれば彼の尽力のおかげである。

もうひとりは松岡隆浩さん。読み手を選ぶこの厄介な本の出版を引き受けていただいた人文書院の編集者である。前著の出版でもお世話になったが、その折に「一冊目は誰でも出せる、二冊目を出してこそ本物」という厳しくも背中を押す言葉をいただいた。二冊目を出すのに十年以上かかってしまったが、この本でどうにか本物の端くれくらいにはなれただろうか。今回は内容というよりも私のスキゾ分析への執念をかっていただいたようで、人文学の発展を担う編集者の心意気に応えられるよう引き続き研究に努めていきたい。

二〇二四年　横浜にて

山森　裕毅

マ 行

ヤ 行

ラ 行

ワ 行

人名索引

ら 行

さ 行

た 行

は 行

事項索引（※著作のタイトルに含まれるものは除く）

著者略歴

山森裕毅（やまもり　ゆうき）

1980年生まれ。大阪大学大学院人間科学研究科博士後期課程修了。博士（人間科学）。現在、滴塾第二学舎舎長。著書に『ジル・ドゥルーズの哲学』（人文書院）、共著に『オープンダイアローグ』（東京大学出版会）、『ドゥルーズの21世紀』（河出書房新社）、『構造と自然』（勁草書房）、『21世紀の自然哲学へ』（人文書院）など。

https://dishu-dierxueshe3.webnode.jp/

Printed in Japan

ISBN978-4-409-03134-6　C3010

フェリックス・ガタリの哲学
――スキゾ分析の再生

二〇二四年一〇月二〇日　初版第一刷印刷
二〇二四年一〇月三〇日　初版第一刷発行

著　者　山森裕毅
発行者　渡辺博史
発行所　人文書院
〒六一二-八四四七
京都市伏見区竹田西内畑町九
電話〇七五・六〇三・一三四四
振替〇一〇〇〇-八-一一〇三

印刷所　創栄図書印刷株式会社
装　丁　間村俊一